法 学 阶 梯
INSTITUTIONES | 普通高等教育**法学规划教材**

普通高等教育“十一五”国家级规划教材

法 学 导 论

An Introduction to Law

| 第三版 |

卓泽渊 著

法律出版社
——北 京——
始创于1954年

好书，同好老师和好学生分享

出版说明

法律出版社在奋进发展的六十余年光辉历程中，秉精诚之心，集全社之力，服务于我国法学教育事业，致力于法学教材出版。尤其在改革开放四十余年间，本社以“传播法律信息，推进法制进程，积累法律文化，弘扬法治精神”为宗旨，协同司法部法学教材编辑部，规划并组织出版了国家“八五”“九五”期间的法学规划教材，为我国改革开放之初的法学教育和法治建设做出了开创性贡献；进入21世纪之后，法律出版社又根据教育部的部署和指导，相继规划并组织出版了“十五”、“十一五”和“十二五”法学规划教材，为我国法学教育事业的发展与改革付出了艰辛努力。

承蒙法学教育领域专家作者的信任，以及广大法律院校师生的支持，法律出版社经过三十年的发展与积累，相继出版各类法学教材达五百余种。在学科范围方面，完成以法学核心课程为重心，涉及法学诸学科的“全品种”横向结构；在培养层次方面，健全以本科教育为根本，兼顾职业教育和研究生教育的“多层次”纵向结构，进而打造“法律版”法学教科书体系，以期更好地为法学教育服务，为法治建设贡献绵薄之力。

近年来，法律出版社因应法学教育的发展变化，在教材编写体例及系列安排方面做出相应调整。在教材编写体例方面，结合当前教学实际与培养方案，将系统、全面的理论知识讲授与灵活、丰富的法律实践和能力训练相结合，倡导教材内容差异化，增加教材可读性，以期更好地培养法科学生的思维能力和法学素养。在教材系列安排方面，全力推进新品教材编写与注重既有教材修订相结合，根据教材风格与特色进行适当的套系整合，集中现有的国家级规划教材和在编的规划教材，形成以“普通高等教育法学规划教材”为名的全新教材系列。

本系列教材多为出版多年且广受好评的经典教科书。此次全新推出，既是向长期以来关心支持法学教育出版事业的专家作者的崇高致敬，也是法律出版社为中国当代法学教育事业发展拳拳努力之情的真诚表达。法律出版社将以高度的精品意识和质量标准，不断丰富、完善本系列教材的结构和内容；除教材文本之外，还将配有多层次、多形式的教辅材料，更好地为广大师生服务。

“好书，同好老师和好学生分享”，法律出版社愿与法律共同体诸同仁，分享好书，分享智识，分享法治进程中的点点滴滴！

法律出版社　谨识

作者简介

卓泽渊

中央党校(国家行政学院)教授、副教育长,兼任中国法学会副会长、北京市社会科学界联合会副主席。历任中国法学会法理学会、中国行为法学会、中国比较法学会、董必武法学思想暨中国特色社会主义法治理论研究会、法学教育研究会副会长。曾任教于西南政法大学、中央党校政法部、中央党校研究生院,挂职最高人民法院司改办。出版有"卓泽渊法论丛书"系列:《法的价值论》《法政治学研究》《法治国家论》;"卓泽渊法治文论系列":《法治期待》《法政讲堂》《法之言说》《法眼园窥》;《法律价值》、《法的价值总论》、《法治泛论》、《中国的法治之路》(中英文版)以及文化哲学著作《我们与世界》等;总主编10卷本"法学论点要览丛书",主编高等学校法学教材《法学导论》《法理学》,独著普通高等教育法学规划教材《法学导论》《法理学》等。

目　录

下篇　法　学

导 言

一、法学导论的概念

法学导论是从宏观上概括论述法和法学最基本概念、知识和原理的，对法和法学的学习、研究具有引导和指导意义的入门课程与基础读物。它对法和法学的学习与研究都具有最基本的引导和指导意义。

法学导论论述的是法的基本概念，如法、法律、法律规范、法的形式、成文法、不成文法、法的种类、公法、私法、国内法、国际法、实体法、程序法、特别法、一般法、法律效力、法律解释、法系、英美法系、大陆法系、伊斯兰法系、法制、违法、法律后果、法律责任、法律制裁等；法学导论还将论述和研究法与经济、法与政治、法与道德、法与宗教、法与科技的相互关系，以及法的起源、法的历史类型、法的发展等有关法的最一般的基本知识。

法学导论论述的是法学概念、法学历史、法学体系、法学学科、理论法学、应用法学、法律史学、比较法学、边缘法学、法学教育、法学人才、法学方法，以及法学的定义、功能、体系结构、学科划分、研究方法等有关法学的最基本的概念和知识。

法学导论是最基础的法学入门课程，是学习法和法学的必要基础与知识准备，它对法学学习与研究都具有指导意义。法律发展并不是由对法律一无所知的人推进的，任何法学学科都不过是对法的整体或其某一方面的研究而已。任何法律部门都是法学的研究对象，任何法学学科都是法学的构成部分。对法和法学基本概念、基本问题的研究，始终是法学最基本而又最重要的课题。它们在理论上的任何变化都可能引起整个法学或多或少的变化。其名词、概念、术语和最基本原理无疑具有经典性，将被整个法学尊重、贯彻。所以，法学导论对于法学具有引导和指导的双重意义。也正因如此，本书才没有采用历史上有过、现实中仍被我国台湾地区等法学教育采用的“法学绪论”这一语词，而改用“法学导论”。当然将其称为“法学绪论”也未尝不可，只是称为“法学导论”更准确，更能表达对该门课程“引导”和“指导”双重属性的意义与寓意，也更能将其与类似课程相区别。从本书的内容中，读者可以清楚地看到它与既有法学绪论的差异。

二、法学导论的地位

法学入门课程在法学教育中占有十分重要的地位。也许正是这样，在法学发展史上一些被作为法学入门的著作才被称为“经典法律著述”。[1] 法学导论作为法学教育的入门或基础课程,具有自己独立的存在意义和特别价值,其地位是不可取代的。在历史上,法学教育中曾经开设过与法学导论相类似的课程,如法学绪论等,后来由于种种原因而被取消了,甚至用国家与法的理论或法学基础理论,或其他类似课程取而代之。科学的逻辑和历史的实践都证明,这种随意取代是错误的。

(一)法学导论及国家与法的理论

国家与法的理论或者国家与法权理论,并不是中国的产物。它们源自苏联。在1949年以前,中国的法学教学中曾有法学绪论课程。1949年以后,以前的法学被彻底否定了。包括其法学教学的课程设置,也同样受到了极其严厉的批判。法学绪论的课程设置不可能再被采纳。新中国迫切需要新的法学教学体系及其相应的课程设置。这时新中国的法学教学既不能采用旧中国的课程设置,也难以在短期内创设一个全新的法学课程体系,基于当时的客观实际,向苏联学习,甚至照抄苏联的法学教学课程设置,也就成了历史的必然。于是,苏联以国家与法的理论作为法学入门课程的模式,就被全盘照搬。1949～1957年中国的政法干部学校和司法、检察干部训练班等法学教育机构的课程设置除马列主义基本理论、民法、刑法、审判法、行政法等课程外,作为业务理论和基本政策开设的就是国家与法的理论、中国宪法、过渡时期的总任务以及主要政策等课程。各个高等政法院、校、系,也是在学习苏联法学教育经验,改造旧的政法院、系的基础上创办起来的。在“苏联先进经验与中国革命实践相结合,理论与实际相结合的办学方针指导下,法律系的教学计划基本上是按照苏联高等学校法学专业教学计划的模式安排的”。有的学校“还聘请了一批苏联专家担任学科指导和教学工作”。由国家与法的理论担负法学入门课程和理论课程的双重任务的教学模式,也就被确定下来。[2] 直至“文化大革命”结束,依然保留了国家与法的理论的课程设置,直到20世纪80年代法学基础理论课程开设为止。

将国家与法的理论作为法学的入门课程是不妥当的。首先,它混淆了法学与政治学的界限,把本该由政治学研究的“国家”作为法学研究的核心范畴。“国家”理论是法学理论的基础,但并不是法学理论本身。其次,它所论述的国家理论或者法的理论,都不能担负起法学入门课程的重任,其内容既不能归结为对法或法学的引入,也不能归结为对法或法学的深入探讨。最后,它将法或法学的入门引导与理

---

〔1〕[英]沃克编辑:《牛津法律大辞典》,北京社会与科技发展研究所译,光明日报出版社1988年版,第451页。

〔2〕《当代中国》丛书编辑委员会编:《当代中国的司法行政工作》,当代中国出版社1995年版,第85～95页。

论概括相混同,使其既要对法学的基础知识进行介绍,又要对整个法学理论进行高度的理论抽象,这一目标设定对于"国家与法的理论"课程或教材都必须兼顾来说,是十分困难的,也极不科学。

(二)法学导论与法学基础理论

20世纪80年代,面对过去对"国家与法的理论"课程内容的不科学设置,许多学者都主张将其中的"国家理论"予以剔除,保留并扩展法的理论,建立"法学基础理论"课程以适应新时期法学教育发展的需要。仓促之间,中国法学理论界难以认真思考,基于特定的时代背景,"法学基础理论"课程与教材的创设是十分难能可贵的。但随着法学理论研究的深入,法学基础理论课程名称与内容的不合理性日益突出。

首先,法学基础理论实质上仅是"法的基础理论",与其名称"法学基础理论"名实不符。法学基础理论或类似教材中通篇阐述的几乎都是"法"的问题,如法的概念、法的本质、法的作用、法制、法的制定、法的适用、法的遵守、法律关系、法的消亡等。同时,它几乎整体地忽略了对法学的基础理论的阐释。早在1985年就有学者提出要在法学基础理论学科中充实"法学的基础理论",否则就会有"文不对题"的问题。[3]

其次,法学基础理论既作为法学的入门课程,又作为法学的理论课程,难以胜任。法学教学的确既需要引导性的入门课程,也需要理论性的深化课程。但是二者应是有所分别的。将二者混同在一起,期望通过一门课程而得以完成,显然不切实际。如果这样的法学基础理论开设在法学院系的低年级,在一定程度上解决了给学生入门教育的问题,但又使低年级的大学生陷入难以理解一些高深的法学理论的困难之中。如果将其开设在高年级,又有一个如何引导学生登堂入室的问题。在学生对法学基本概念一无所知的情况下,期望他们能很顺利地学好宪法学、民法学、刑法学、行政法学、诉讼法学等各个法学学科,显然是极不现实的。因此必须将历史上由法学基础理论承担却又未承担好的双重任务予以分解,由不同的两门课程来完成。于是有学者提出并倡导了将法学基础理论分解为法学导论和法理学的实践。[4] 这一改革即是由新的"法学导论"和"法理学"来承担"既有法学基础理论"难以承担的教学任务。

(三)法学导论与法理学

法学导论与法理学是两门联系紧密的法学课程。两者担负的任务不同:法学

---

〔3〕 卓泽渊:《"法理"学科应当充实法学基本内容》,载《政治与法律》1985年第2期。

〔4〕 卓泽渊主编:《法学导论》,法律出版社1998年版;卓泽渊主编:《法理学》,法律出版社1998年版。

导论作为法学教育入门课程,担负着宏观介绍和指导的任务;法理学作为法学理论学科课程,担负着对法律现象深入探讨,培养学生理论素质的任务。两者的理论深度不同:法学导论立足于给学习者以法和法学的一个基本引导和指导,理论深度相对较低;法理学则要给学习者以理论训练和培养,对法和法学以理论抽象和概括,理论深度相对较高。两者在法学教学课程设置中时间不同:法学导论一般开设在法学院系的低年级,法理学多开设在法学院系的高年级。两者的对应课程不同:法学导论对于法学专业的学生来说,是其他法学课程学习的先导,与其他法学学科相对应;对于非法律专业的学生来说,法学导论是与法学概论或法学通论相对应的入门引导,可以为法学概论和法学通论的学习奠定知识基础;对于法律或法学的爱好者来说,法学导论可以作为他们登堂入室学习法律或法学的第一步。法理学则是对整个法律或法学进行理论深化与理论概括的学科,法学导论独立于法理学,二者不可相互取代。

(四)法学导论与各个法学学科

法学导论与法学各个学科,是一种引导和指导的关系。第一个方面,引导关系。法学是一门十分复杂的科学,初学者很难立即顺利地进入法学的天空,在法学领域中自由翱翔,因此他们需要了解法和法学一些最基本的概念和范畴,才能有一个进一步学习法学的知识基础。法学导论开设的目的正是要为其他各个法学学科的学习奠定一个基础,有助于各法学学科的教学活动的进一步开展。法学导论不代替任何法学学科,任何法学学科都需要法学导论的入门先导和学科先导。第二个方面,指导关系。法学导论所阐述的基本概念、基本知识、基本原理,对所有的法学学科都具有指导意义。法学的任何分支学科都必须认真对待这些最基本的学科基础,都必须首先并始终接受这些基本概念、知识和原理的指导,而不可随意变更。

三、本书的特点

这本《法学导论》不同于《法学阶梯》或《法学总论》。《法学阶梯》曾是古罗马法的基本教科书的书名。历史上许多法学家都写过名为《法学阶梯》的著作。其中最著名的是盖尤斯的《法学阶梯》和查士丁尼的《法学阶梯》。“在查士丁尼时代之前,学生入学第一年要学习盖尤斯的《法学阶梯》”,后来“查士丁尼采纳了一份新的教学大纲”。按照这个大纲,一年级学生学习《法学阶梯》和《学说汇纂》的序言部分;二年级、三年级学习判决部分、法律原则部分和《学说汇纂》的第一、二、三部分;四年级自学《学说汇纂》的第四、五部分;五年级自学《查士丁尼法典》。[5] 从这

---

〔5〕［英］沃克编辑:《牛津法律大辞典》,北京社会与科技发展研究所译,光明日报出版社1988年版,第528页。

一教学大纲的安排来看,不难明白《法学阶梯》在法学教学中的入门课程地位。"这些著述常常在宏大的范围上系统地阐述全部法律,或者,至少系统地阐述全部民法或全部刑法。"〔6〕查士丁尼的《法学阶梯》在我国又被译作《法学总论》或《查士丁尼法学总论》。〔7〕在中世纪的欧洲,波伦亚大学也在相当大程度上援用了古罗马法学教学的课程体系。"《法学阶梯》,这是为初学法律的学生所编写的一本篇幅不大的教科书。"〔8〕您手中的这本《法学导论》与古罗马及其援用者的《法学阶梯》或《法学总论》是不同的。它们都是入门性质的法学教科书。但是,无论是内容还是体例都根本不同。本《法学导论》分为上下两篇,分别讲述法和法学;而古罗马的同类著作都不具有这样的内容,它们大多数以民法为中心来展开论述。就是查士丁尼的《法学阶梯》(又名《法学总论》),其内容包括的也是人法、物、债、继承、担保、诉讼等,〔9〕与本《法学导论》相去甚远。我国有少数法学著作也取名《法学总论》等,但它们并不是教科书,在内容上也与《法学导论》有很大差别。

《法学导论》不同于《法学概论》或《法学通论》。《法学概论》或《法学通论》多是为非法律专业的学生学习、了解法律和法学而编写的教科书;它理应是对法学各个学科的概括论述,但实际上它是对法律各部门的宏观介绍;其内容往往包括法理学、宪法、行政法、刑法、民法、经济法、刑事诉讼法、民事诉讼法、国际法、国际私法等最概括与最基本的知识与理论。本《法学导论》是为法学专业学生以及其他初学法学者编写的法学入门教科书;它并不论述各个法学学科或者法律部门的具体法律制度或法律规范,即使论述到各个法律部门或法学学科,也仅作宏观引导。

《法学导论》不同于此前的《法学绪论》。在我国1949年以前的法学教育中曾开设有法学绪论这一课程。现在,我国台湾地区也还继续开设法学绪论。我国台湾地区的法学院法律学系五年制的必修科目中法学绪论为2~4学分,法理学为4~6学分。〔10〕它们都有"法的概论"的嫌疑。它们的内容一般包括"'法'与'律'之语源""法律之定义""法律之进化""法律与其他社会现象之关系""法律之渊源""法律之种类""法系之概述""法律之适用""权利与义务"等"法律"的基本知识;以及民法、刑法、诉讼法、行政法概述等内容。《法学绪论》与《法学导论》相比较,其差别是十分明显的:第一,法学绪论基本不论及法学的基本问题,本书则用整

〔6〕[英]沃克编辑:《牛津法律大辞典》,北京社会与科技发展研究所译,光明日报出版社1988年版,第451~452页;[古罗马]查士丁尼:《法学总论》,张企泰译,商务印书馆1989年版,"出版说明"。

〔7〕[古罗马]查士丁尼:《法学总论》,张企泰译,商务印书馆1989年版,"出版说明"。

〔8〕[美]哈罗德·J.伯尔曼:《法律与革命》,贺卫方等译,中国大百科全书出版社1993年版,第152页。

〔9〕查士丁尼的《法学阶梯》讲述的主要是民法的基本概念和基本原理,这与大陆法系以民法为代表的法律传统是一致的。但这并不影响《法学阶梯》作为法学入门学科的地位。

〔10〕廖兴人关于我国台湾地区现行法学教育的著述(书名不便直接引用,故从略),黎明文化事业有限公司1982年版,第431~433页。

个下篇的篇幅专门论述法学;第二,法学绪论具体地分章介绍主要法律部门,而本书仅是在论及法律体系时予以概括说明;第三,对法的问题的选择和阐述的重点也有重大差异。

法学导论与相应的法理学是从 1997 年开始尝试进行的课程设置。[11] 其中的法学导论不是对“法学绪论”的简单重复,它与法理学并行的模式是改革法学基础理论的尝试,也是法学课程设置的一次创新。[12] 本书作者作为主编的西南政法大学《法学导论》和《法理学》教材均已在 2003 年和 2004 年出版了第四版,为许多高校所选用。在作者于 2003 年离开西南政法大学之后,该校法理学科又于 2005 年出版了《法理学初阶》与《法理学进阶》教材。

四、学习法学导论的意义

法学导论是法学的入门课程,但并不是最简单的学问。它所论述的是法和法学的最基本的概念和原理,在法学领域一般都有其定论。一旦发生争论或者概念和原理发生某些改变,都可能引起整个法学对有关问题认识的改变。所以它既是最基本的,也是最重要的。也正因如此,在古罗马,乃至整个西方,对法学入门学科的看重,足令许多人感到惊奇。在苏格兰,人们将那些仿效查士丁尼《法学阶梯》并自称“法学阶梯”的著述称为“经典法律著述”。“所有这些著述,都被认为具有高度的权威性,并对法律的形成和发展有着重大的影响”;“从这些书籍所具有的权威性来看,以及从后来的法官和法学家们所表现出的与这些书籍的不同之处来看,该术语已经逐渐成为英格兰的‘权威典籍’的对应语。因此,载于经典法律著述的著作中的陈述,便是对法律的良好证明,并具有如同苏格兰最高民事法院对上诉案件所作的判决一样的权威性”。而且“经典法律著述的特权性地位并不自动地扩及于特定法学家的一切著述”,“从技术的角度而言,关于特定题目的教科书,是绝不能成为经典法律著述的,尽管它们对于法院的令人信服的影响作用,并不比经典法律著述的相差多少”。[13] 我国台湾学者认为:“法学入门或法学绪论之类的书籍,不仅为攻读法律专业者的奠基石,由此对法律的全貌与精义有所掌握,再进一步深入个别法律领域之中,得见堂奥之美。而且也是一般社会大众对法律了解的开端起点,而全民健全法律意识的培养,却正是迈入现代化法治国家的必要条件。”[14] 这些论述未必能准确描述法学导论的课程意义,但可以得出某些重要的启示。

---

〔11〕 1997 年,在西南政法大学,由本书作者及法理学科的老师们开始尝试将法学导论与法理学并行、分别开设的课程模式和教学模式,由本书作者主编了全国第一套并行的《法学导论》《法理学》教材。

〔12〕 2001 年获得重庆市人民政府优秀教学成果一等奖。

〔13〕 [英]沃克编辑:《牛津法律大辞典》,北京社会与科技发展研究所译,光明日报出版社 1988 年版,第 451 页。

〔14〕 李太正等:《法学入门》,台北,元照出版有限公司 2018 年版,“作者序”。

法学导论既是进行法学学习和研究的引导，也是进行法学学习和研究的指导。学习法学导论具有重大的意义。

其一，学习法学导论，是学习法学的知识基础。法学导论所论述的是法和法学的最基本概念和原理，是学习其他所有法学课程与专业的知识准备；其他法学课程与专业立足于其上，但并不会重复讲述这些基本知识。没有对这些知识的把握，要学好法学将是非常困难的。所以说，它是法学院系学生步入法学殿堂的阶梯，是学好整个法学的先导。学习法学者应当从法学导论这一基础起步。

其二，学习法学导论，是了解法学学科的教学需要。法学导论是对法学学科进行总体性的、综合考察的产物，是对法学学科最宏观的阐释，是法学园地的导游图。它所论述的是法和法学两个宏大的主题。没有对法学的这一宏观认识，人们就难以对法和法学进行整体把握与全面了解。这种宏观的了解对于法学的入门者与法学的爱好者都是十分必要和重要的。

其三，学习法学导论，是研究法学的理论准备。开设法学导论的意义并非仅限于法学入门。它所探讨的许多问题，都是法或法学研究中最宏观、最永恒的论题。法、法律、法律体系、法学、法学体系、法学学科等最基本的概念和理论，似乎已经具有定论，但其每一个较大变化，都可能有牵一发而动全身的效能。这既表明了这一课程及教材的重要性，也对教材与教学提出了异乎寻常的严格要求——务求精准。它关乎新生法学人才的理论准备、基础、学养。

其四，学习法学导论，是实践法律的知识要求。法律实践是建立在理论基础之上的，更是建立在知识基础之上的。法和法学的基本概念与基本原理是法律实践的知识基础。任何对法和法学基本概念和基本问题一无所知的人，根本就不可能对法和法律有正确的认识和理解，也不可能有对法律的科学适用与遵守。在法律实践之中，法学导论所阐释的基本概念和相关原理等将内化为法律人才的内在素质与知识修养，也是法律人之间以及不同主体之间进行法律与法学交流的认识基础。

思考题

1. 法学导论的基本含义。
2. 法学导论与各个法学学科之间是怎样的基本关系？
3. 学习法学导论的重要意义。

上篇　法

第一章　法与法律

“法”“法律”是法律社会中经常使用的名词概念。从事法律或法学的学习，必须首先从认识“法”和“法律”开始。

第一节　法与法律的含义

“法”从何而来，法应当被如何定义，它有着怎样的表现形态，与法律是什么关系，都是法学学习者所关注并亟须了解的问题。

一、法的词源

灋的含义：
- 廌：裁判人间是非
- 去：惩办人间邪恶
- 氵：维护人间公正

“法”在中国古代，被写作“灋”。《说文解字》对其解释为：“法，刑也。平之如水，从水；廌，所以触不直者，去之，从去。”可见，在中国古代“法”是与“刑”相等同的。古体“灋”由“水”、廌、去三部分构成。其中的“水”旁意味着“平之如水”，即像水一样公平；廌，独角兽，中国古代传说中的神兽，它能够明断人间的是非曲直。在原始时代，人们发生了纠纷，就由它来裁断。看它用其角去触谁，谁被其触，谁就会被认为败诉了，就是没有道理的“不直者”。“去”，据考证，其本义为出走、离开，后引申为去除、驱除等惩罚的意义。综观中国古体“灋”的含义有裁判人间是非、惩办人间邪恶、维护人间公正的三重寓意，其中体现了中国古人对法律的认知与期待。

在西方，拉丁文表示“法”的单词主要为“lex”和“jus”。“lex”一般是指比较具体的立法；“jus”指的则是具有正义、公平等抽象意义的法。在英文中，表示“法”的单词为“law”或者“justice”等。“law”，区分不同的场合与需要表示为“a law”、“the law ”或者“laws”等；“justice”则既有法律的含义，也有公平正义的含义。乌尔比安在《法学阶梯》开篇就说，对于打算学习罗马法的人来说，必须首先了解“法”(jus)的称谓从何而来。它来自正义(justita)。实际上(正如塞尔苏所巧妙定义的那样)法是善良和公正的艺术。在德语、法语、俄语、意大利语、西班牙语等各种语言中，都有关于法的单词。在绝大多数的单词中，都同时包含着法、公平、正义或者权利等含义，或者与公平正义的含义相关联。

二、法的定义与形态

法的定义总是法学学习的起点，法具有怎样的基本定义和哪些表现形态，是关于法的最初步的知识，我们在此将逐一加以阐释。

(一)法的基本定义

法作为一种特殊的社会规范，是人类社会发展的产物。人类在自己的社会生活中不断地探索法和认识法。在法发展的历程中，人们形成了关于法的各种认识。随着人类社会的发展，到现代，人们逐步形成了对于法的基本认识，但也存在各种不同的看法。综观法的各种定义，似乎可以这样概括：法是由国家制定或认可的，以权利义务为主要内容的，由国家强制力保证实施的社会行为规范及其相应的规范性文件等的总称。行为规范也可以称为行为规则。也许行为规范的表述比行为规则的表述更概括一些，相应地，行为规则的表述也许就更为具体一些。

法的这一定义表明了法是人类的社会行为规范。法是人类的行为规范，表明了人对于法的主体性质，非人类的其他任何动物、植物或者物质都不是法的主体；人在法中具有根本性的主体意义。法是人的行为规范，法所调整的是人的行为。法是行为规范，人的思想而非行为的领域并不是法所调整的对象和范围。法是社会规范，是人在社会之中的规范。法的社会性质使人类个体的、纯粹私人的、非公共的空间，不属于法的调整范围。法只调整人的具有社会性质或意义的行为。作为社会规范的还有道德、习惯、传统、教规、纪律等，法与这些社会规范的区别，在法的基本特征部分还将进一步讨论。

法的这一定义也表明了法是规范化了的国家意志。法是国家意志之一，一国的外交声明、国家政策等都是国家意志。法是规范化了的国家意志，它由国家制定或认可，以国家的名义公布，由国家强制力包括警察、法庭、监狱等保证实施。

法的这一定义也表明了法是特定社会行为规范的总称。法是一系列特殊规范的总和，是由大量同类规范构成的。法既可以被用指具体的某一或某些法律规范，也可以用指法律规范的总称。在人们没有特指具体哪个法律规范的时候所称的“法”，统称的是所有的法律规范。人们在社会生活中，经常使用的“依法办事”“依法治国”“法治国家”“法治政府”“法治社会”“科学立法、严格执法、公正司法、全民守法”中的“法”均是在法的总称意义上使用的，它并不表明特定的行为规则。人们在抽象的、一般意义上讲的“法”都是这一意义上的,都是泛义的总称性质的法。

法的这一定义也表明法可以被用指特定的规范性法律文件。严格地说,规范性法律文件原本是法的载体,人们也常常将作为载体的法律文件与其内容混同,皆称为“法”。人们常说“行政处罚法是行政处罚的基本法律”,“公司法是公司制度的基本法律文件”,等等,这里“行政处罚法”“公司法”中的“法”都指的是相应的规范性法律文件。同理,在一般的表述中,对于某法的遵守与执行,其中的“法”所指的都是相应的规范性法律文件,而非某一具体的法律规范或者所有的法律。

法的这一定义也表明了法的独特性质,即法由国家制定或认可、以权利义务为主要内容、由国家强制力保障实施。法的这三个方面的属性使法与其他社会规范区别开来。由此衍生出法所具有的特殊规范性、国家意志性、国家强制性等基本属性。对于这些属性,在后面将予以专门论述。

(二)法的表现形态

法的表现形态
- 观念的法
- 制度的法
- 现实的法

法有不同的表现形态。具体地说,法是以观念、制度和现实三种形态表现出来并存的。也许可以将这三种法分别称为观念的法、制度的法和现实的法。

观念的法,作为观念形态的法,是在人们思想意识中存在的法。观念的法中包含着人们对于应然状态的法的期待,是人们关于法的状况的期待模型,可以称为应然的法;包含着人们对于现实法的认识,是人们对现实的法的主观映像,可以称为认识的法。这两个层面是观念的法的基本内容。应然的法,是人们关于法的理想,体现着法所应有的价值内涵与价值精神,体现着人们关于法的价值追求。这种形态的法是法的最理想的模式与模型,制度的法和现实的法都会或多或少地受到这种应然的法的指引、召唤。认识的法是人们关于现行法的主观认识与反映,其中必然有着认识主体主观因素的介入和影响,也会受到人们价值观念与价值认识的影响与制约。观念的法在社会中有着模糊的整体状态,但是并不是严格统一的,不同认识主体的观念的法也会不同。这是由人类认识的个体性、差异性、多元性、多样性等性质决定的。

制度的法,作为制度形态的法,是法最基本的存在与表现形态,即以制度状态存在的法。尽管制度有多种表现形态,有成文的也有不成文的,有条款的也有判例的,有严密的也有松散的,有严整的也有混杂的,等等,但是法都是相对确定的,以制度的形态客观存在的。它本身的状态就是一个客观的存在,并不以人们的意志为转移,也不因人们的认识而改变。例如,古代巴比伦王国的《汉谟拉比法典》、中国唐朝的《唐律》,人们的解读可以多样,但是它本身是确定的、不可变更的。再如,英国判例法中具有法律效力的判例,只要相应的判例一旦形成,其存在就是确定的,其所包含的原则与内容都应当是确定的。人们的认识可以不同,但是都无法改变各个判例本身。成文的《汉谟拉比法典》《唐律》与不成文的英国判例法都是确定的。这就是制度的法。

现实的法,作为事实形态的法,它是存在于社会现实之中的,即以社会现实状况而存在的法。它存在于议会立法过程、政府行政、国家监察、检察公诉、法院审判以及民众行为之中,存在于法律行为、法律文书乃至社会生活之中。现实的法是观念的法和制度的法在社会实际中的运作情形,是法在社会中的现实图景,是最生动、最富于变化的法。在不同的时代、不同的社会背景之下,现实的法是不同的。现实的法是观念的法和制度的法的现实化状态,因此,它反映着观念的法和制度的法的状况,也为观念的法和制度的法提供最生动和最广泛的社会基础。

三、法与法律的区别

法(广义的法律)
- 最高国家权力机关制定的法律(狭义的法律)
- 最高国家行政机关制定的行政法规
- 最高国家行政机关有关部门制定的规章
- 地方权力机关制定的地方性法规
- 地方政府制定的规章

“法”与“法律”既有着重要的区别,又经常被混用。将二者的含义与关系作一个辨析是十分必要的。

如前所述,一般地说,“法”是由国家制定或认可的,以权利义务为主要内容的,由国家强制力保证实施的社会行为规范及其相应的规范性文件等的总称。“法律”则有广义和狭义的概念分别。广义上的法律,也就是法的含义,或者可以换句话说,法即是广义上的法律。在这个意义上“法”与“法律”是完全等同而被混用的。人们常说的,“法”就是“法律”,“法律”就是“法”,也就是在这个意义上使用的概念。

狭义上的法律则不同于法。狭义上的法律特指拥有国家立法权的国家机关——国家立法机关——依照法定职权和程序制定的行为规范,以及相应规范性法律文件的总称。

规范性文件是指记载着普遍行为规则的文字载体。非规范性文件则是指记载内容不是普遍行为规则的文字载体。相应地,结合法的定义,可以认为,所谓规范性法律文件是指以权利义务为内容的，告诉人们有权做什么、必须做什么和不得做什么的，由特定国家机关制定，并由国家强制力保证实施的，可以重复适用的法律文件。作为规范性法律文件，它是与非规范性法律文件相对应的。它是针对一类主体（人，包括自然人和法人）、一类事而作出的规则，可以反复多次适用，如宪法、法律、行政法规、地方性法规、政府规章等。非规范性文件则是指针对具体人、具体事项的，不可反复适用的法律文件，如判决书、裁定书以及毕业证书、结婚证书等。

据此推论，在我国目前，全国人民代表大会及其常委会，国务院及其各部委，省级地方人民代表大会及其常委会，省级地方人民政府等所制定的法律、法规、规章，都属于广义的法律的范畴，都可以统称为法。狭义的法律，则仅指全国人民代表大会及其常委会制定的行为规范，以及相应的规范性法律文件。

第二节　法的基本属性

法的基本属性是法自身所具有的基本性质。法的属性是多方面的，其基本的属性主要包括法的特殊规范性、国家意志性、明确公开性、国家强制性、普遍约束性。

法的基本属性
- 特殊规范性
- 国家意志性
- 明确公开性
- 国家强制性
- 普遍约束性

一、法的特殊规范性

社会规范是调整人与人之间相互关系的行为规则。规范是规则或一系列规则的总称，规范实质上都是规则。法律规范、道德准则、宗教教规、社会习惯、社团规章等都属于社会规范的范畴。法是一种特殊的社会规范，是与同为社会规范的道德、习惯、教规等相对而言的。相对于其他社会规范，法有自己相对特殊的属性和自身独有的标志。具体说来，任何社会规范都具有规范性、概括性和可预测性等属性，但是法律的这些属性尤为显著。

法的规范性，是指法所具有的能够指引人们行为，并作为人们行为的评价标准的属性。所谓指引人们行为就是告知人们，在什么情况下，可以做什么，应当做什么或不应当做什么，以及不能做什么。人们可以根据法律的指引从事社会活动。同时，法律作为社会规范，还是评价人们行为的准则，即判断人们的行为是否符合法律，人们可以根据其规定来判别某一行为是“合法”或者“不合法”,“违法”或者“不违法”。

法的概括性,是指法具有的能为一般人的行为提供一个模式、标准的属性。首先是指,被法调整的主体为某一类人,而不是特定的某个人;被法调整的对象为某一类事,而不是特定的某件事。也就是说,被法调整的主体或对象是抽象的人或事、一般的人或事,而不是具体的人或事、特定的人或事。其次是指,法在同样的情况下可以反复适用。法作为一定社会的行为规则,只要它还是有效的,它就要求人们共同地始终遵守,所以法就应该被反复适用。

法的可预测性,是指人们可以依据法的规定来得知国家对自己和他人的行为所持有的态度。也就是说,法律可以作为人们预测国家态度(含法律态度)的标准。一个行为的合法与非法,有效与无效,以及可能的法律后果,都可以通过对法律规范的了解而得知。法的可预测性,为人们的守法提供了可能与便利。更为重要的是,法律的可预测性还为人们提供了安全的保障。人们通过对法律的了解就能知道什么是法律所肯定的,什么是法律所否定的。尤其是对于法律所否定的行为,就不去作出,这就必将使人们的生活更加安全。人们不必担心受到无法预知的法律制裁,人们个体与社会生活的安全感也由此而得以增强。

二、法的国家意志性

法是上升为国家意志,并以国家意志的形式表现出来的社会规则。法的国家意志性主要表现在法是由国家制定或认可的,以国家名义公布的,并由国家强制力保证实施的三个方面,最首要的是由国家制定或认可。制定和认可是法律得以产生的两种途径或者方式。制定和认可都是特定的国家机关以国家的名义进行的。

法的制定,是指享有立法权的国家机关依照法定职权和程序,创制新的法律规范,修改或废止现有法律规范的活动。制定既可以使没有的法律得以产生,也可以使既有的法律得以修改或者被废止。法的制定是国家的专有活动。这种专有性表现为主体的特定性,即它是由特定的国家机关来进行的。也表现为职权的特定性,即任何立法机关都必须严格在其职权的范围内制定相应的法律法规,而不得超越自己的职权。同时,这种专有性还表现为程序的法定性,即制定法律的活动必须遵守法定程序,不可随意进行。

法的认可,则是指依法享有立法权的国家机关依照法定的职权和程序,将已经存在的社会规则宣布为法律,赋予其法律效力的活动。法的认可是立法的特殊形式,是将本身已经存在的非法律的行为规则转化为法律规则的过程。被认可之前的行为规则可能是习惯规则,也可能是道德规则、宗教教规、组织纪律,但它不是法律。只有在被认可为法律规则之后才具有法律的效力,才能被称为法律。

由国家制定或认可形成的法的国家意志性,可以说是法在众多社会规范之中独有的属性。这是法与其他社会规范的重要区别。除法之外的其他任何规范都不必由国家制定或认可，但是一个规范若不具有这一属性，也就不能成为法或者法律。

三、法的明确公开性

法必须具有明确公开的性质。明确与公开含义各异，但都有着被准确理解与切实实施的目标追求。明确公开性是法的基本属性，也是法律与其他社会规范的区别之一。

法必须是明确的。法的明确性是其被准确理解和切实实施的前提。法律的明确性必须反对模糊。如果法律是模糊的，就必然会导致理解的困难，同时也会导致实施上的困惑。遵守法律的前提是对法律的准确把握，适用法律也必须对法律有准确的认识。然而不明确的法律既会影响遵守，也会影响适用，对整个法律的社会效果都将产生严重影响。法律的明确性必须反对歧义。歧义会危及法律本身的被理解与执行，会危及法律目标的实现。因此，在立法中，立法者的一个很重要的任务就是用最准确的语言表述法律规范，防止歧义的发生。法的明确肯定性，是法律实现其目标的基础条件和前置要求。但是任何法律要做到完全明确都是困难的，这也就是法律解释始终存在的原因之一。法律解释的任务很多，其中有两个很重要的方面：一是使模糊的法律得以清晰，二是使歧义的法律变得确切。

法的公开性，是指法是在事前对公众发布的。法的公开性一是体现在它的事前性上。一般说来法都应该是在事前发布的，法律一般不具有溯及既往的效力。[1]因此，即使有溯及既往的情形出现，那也是作为特例并附有诸多的限制。往往都是出于对相关社会成员更加有利的考量，才作出溯及既往的规定。法的公开性二是体现在它的公众性上，法必须是对公众公开的，而不是对公众保密的。法律绝对不应当言之不预。法在事前的公开，是法的指引功能得以发挥的前提，是法的可预测性的条件，是法的惩罚性的道义基础与社会基础。不具有公开性的法律既是违反道义的，也是对公众与社会的漠视，就不应该具有法律效力。当然，法何以公开，何以才被称为公开，也许在不同的时代和条件下有不同的标准以及不同的认识，但是法必须具有公开性则是毫无疑问的。

如同法律的可预测性对于人们行为的指引和对于人们的安全同样具有重要意义一样，法律的公开性同样是有助于人们的行为指引和安全保障的。公开的法律，可以告诉人们应有的行为模式，避免违法和不法的出现，从而也就有效地保证了人们在法律上的安全，而不必担心受到法律的不可预知的惩罚。这也可以从另一个方面增强守法的自觉性，并体现出相关法律的文明性。

---

〔1〕关于溯及力问题可以参见本教材“法律时间效力”部分的讲述。

四、法的国家强制性

法的国家强制性,是指法是由国家强制力保证实施的。国家的组成元素是多样的,不仅有国土、人民,一定还要有必要的国家机构。警察、法庭、监狱等元素都是国家不可缺少的构成部分。正是警察、法庭、监狱这些元素执行着法律,并使法律被切实施行。在有法律的社会之中,谁违反了法律,除了依法免除责任者外,都会遭致法律的惩罚。法律的惩罚就是法律强制性的体现。这种强制力量是由警察、法庭、监狱等拥有和体现的。

法的强制性具有潜在的隐性存在与现实的显性存在两种情形。在人们没有违反法律的时候,法律的强制性是一种潜在的隐性存在。但它是确实存在的,一旦有人违反法律,它就可能由隐性的存在转化为现实的显性存在。正是这种隐性的强制性,迫使社会成员自觉或不自觉地服从法律、依法办事,面对法律的潜在强制性,望而却步,自觉抑制自己的不法愿望,克制自己的行为。在违法犯罪出现之后,法律的强制性就可能转化为客观的现实状态。警察对于违法犯罪的查缉,就是具有强制性的,对于相关违法犯罪者的强制措施的适用就是法的强制性的表现。法庭、监狱更是法的强制性的进一步体现。无论是民事的、商事的、行政的,还是刑事的案件,一旦为法庭所审理并作出裁判,就会产生法律效力。法庭裁判的强制性同样也是法的强制性的外化。监狱是法院刑事裁判的执行机构与场所,法的强制性更得到充分体现。法现实的显性强制固然是其强制性的表现,法潜在的隐性强制也同样是其强制性的表现。法的现实的显性强制性发挥的作用是有效的;同时还应当说,法的潜在的隐性强制性发挥的作用则是更为普遍的。法的各种强制性都是由国家提供强制力量予以保障的。国家是法的强制性的物质基础与力量来源。

法以其独特的国家强制性与其他社会规范相区别。除法之外的其他任何社会规范都不具有这一属性。道德的实施保证,习惯、宗教教规的实施保证,无非是社会舆论、内心信念、传统力量以及社会楷模的精神鼓舞和人们的自觉遵守等,但无论如何也不是国家强制力。

五、法的普遍约束性

法的普遍约束性也被称为法的普遍约束力或拘束力。它是指法律在一定国家权力所辖的范围内总是普遍有效的,对全体社会成员都具有拘束作用。法律的普遍约束力是与相关权力的约束范围相一致的。

法的普遍约束性可以从应然的角度来认识。从应然的视角出发,在一定区域之内的所有的人都必须一致地遵行相关的法律;对同类的事情必须同等对待。法律对于该区域内的任何人都是同等有效的,没有任何人可以例外。法律的普遍约束力本身就有法律面前人人平等的精神蕴含。法的普遍约束力,在应然的意义上,反对特权,反对歧视,主张平等对待。

法的普遍约束性,也可以从实然的角度来考察。从实然的角度来看,法律在其制定者权力所及的范围之内普遍有效。在其效力范围之内,任何人都必须遵循而没有例外。即使有例外,也只能是法律认可的特权。甚至,法律在有的时候也会被作为维护特权的工具,但其依然是在其效力范围内普遍有效的。也就是说,特权法律的效力也是在一定范围之内普遍有效的。法律本不应确认特权。但法律确认特权,也限定了特权的主体范围和"权利"范围,僭越者都可能构成违法。这是确认特权的法律所具有的双面性,即确认特权的同时又限定了特权。

法在应然与实然双重意义上的普遍约束力都与道德、教规、习惯等不同。道德、教规、习惯并不严格地以权力的范围来确定自己的效力范围,甚至常常与权力的范围没有关系。道德的约束力有着远比法律更强的普遍性,但它并不以权力的范围作为自己的效力范围。不同的国家完全可能有共同的道德准则,相关的道德准则也可能在所有认同它们的国家具有效力。教规往往是按照宗教信仰的覆盖范围来确定自己的效力范围的。习惯则是与历史和文化的区域划分密切相关,习惯的约束力常常是由历史和文化的双重因素决定的。

第三节 法的本质

法的本质是指法的根本性质。只有对其有所把握,才能准确地认识法或法律。法的本质问题历来都是法学上十分困难的问题。法的本质包含三个层次:一是法律所体现的意志的归属;二是法作为国家意志的表现形式;三是法的最终根据与决定因素。

一、法的意志主体

法是一种意志的体现,一般地说是没有疑问的,但法的意志主体为何,法是谁的意志的体现,这些问题就有极大的分歧。历代法学家们都有他们的认识。从人类社会法律的历史发展来看,法的意志不过或者是统治阶级意志或者是人民意志而已。

在阶级对立的社会之中,法是统治阶级意志的体现。自人类进入阶级社会之后,社会就被分裂为对立的阶级营垒。占统治地位的阶级被称为统治阶级,相对应的,居于被统治地位的阶级就是被统治阶级。法律在统治阶级与被统治阶级之间,它只能是统治阶级意志的体现。这是因为统治阶级具有经济、政治、文化上的优势,是在社会舞台上起着主导和决定作用的阶级。

在社会主义社会之中,法是人民意志的体现。与阶级对立的社会相对应的,是非阶级对立的社会。在人类历史上,非阶级对立的社会,一是原始社会,二是社会主义社会,三是共产主义社会。原始社会中,法还没有产生;共产主义社会中,法已经消亡。[2] 因此,在非阶级对立的社会中,只有社会主义社会才存在法,才存在法的意志属性问题。在社会主义社会之中,法只能是人民意志的体现,尤其在我国更是如此。之所以我国社会主义法是人民意志的体现,主要理由有四。

一是阶级结构所决定。在社会主义社会,阶级结构发生了重大变化。虽然在一定范围内还存在阶级与阶级斗争,但是明确的阶级划分与激烈的阶级斗争已经消失。作为完整状态的剥削阶级已经消解,整体状态的敌人已经消融,人民的阵容不断扩大,乃至扩大到绝大多数社会成员。在社会中居于主导地位的不再是某一个阶级,而是各个方面的广大人民群众形成的统一体——人民。敌对阶级的消除是社会主义的现实成果,也是走向共产主义社会的历史准备。社会主义社会是敌对阶级消失、人民成为国家和社会主人的社会。阶级结构的这一变化必然会反映在法律中,法律也就从历史上的统治阶级意志的体现转变成为人民意志的体现。

二是人民地位所要求。在社会主义国家,人民成为国家的主人。即使是在社会主义的初级阶段,人民当家作主既是理想也逐步地成为现实。人民的崇高地位决定了法律必须是其意志的体现。人民是国家和社会的主人,进行国家治理和社会治理的法律理当是人民意志的体现,理当是人民愿望和要求的反映。人民在法律上应有的主体地位,人民意志对法律的根本意义是不容怀疑的。

三是国家本质所制约。国家的本质制约着法律的本质,国家的归属也制约着法律的归属。我国是人民共和国,国家在本质上就是属于人民的。这个国家的法律理当是人民意志的体现。只有这样,法律才符合国家本质的规定性。法律对国家本质的服从就是对人民的服从。

四是宪法制度所规定。我国从临时宪法性质的《中国人民政治协商会议共同纲领》到 1954 年《宪法》,直到现行《宪法》,任何一部宪法都确认了人民在国家政治生活和社会生活中的主人地位。它们都规定中华人民共和国的一切权力属于人民。由人民的立法权建立的法律制度当然应该是人民意志的体现。即使现有的法律在反映人民意志上还有种种不足,那也正是必须解决的问题,目标依然应该是体现人民的意志。

二、法是规范化的国家意志

首先,法是一种独特的国家意志,国家意志是法必要的表现形式。法无论是统

---

[2] 原始社会之中还没有法,因为法还没有产生;即使有被称为法的规则,其实质上也仅仅是原始社会规范,而不是阶级对立社会的法。共产主义社会也许本身就没有法,因为法已经消亡;即使有学者认为那时还有法,但由于其本身的变化,那时的规则已不再是既有意义上的法。至于那时的这种规则是否称为法,也只是一个语词问题,理当由那时的人们决定。

治阶级的意志还是人民的意志，都是以国家意志的形式表现出来的。对国家起着决定作用的统治阶级或者人民是法的最终的意志主体，国家意志是法的表现形式。其次，法是规范化的国家意志。作为国家意志的并不仅仅是法。法是国家意志，国家政策是国家意志，外交文告也是国家意志，裁判文书也在一定程度上体现了国家意志。但是只有法才是以规范性法律文件表现出来的国家意志。法体现的国家意志，由规范性的法律文件记载，明确告知人们权利和义务，是人们的行为规则，可以被反复多次适用。最后，法作为国家意志，主要体现在以下几个方面：一是法由国家制定或认可，二是法以国家的名义存在，三是法由国家的强制力保障实施。这是法具有国家意志属性的主要体现与基本方面。

三、法最终决定于社会的物质生活条件

法是特定意志的体现，是一种规范化的国家意志，但国家并不是法的最终决定因素。在总体上说，法决定于相应时代的社会生活条件。这些条件中包括精神生活条件和物质生活条件两个方面。精神生活条件对于人们生存状态及其质量，对包括法律在内的整个上层建筑都有重要影响。一个时代的宗教、哲学、政治意识、道德观念、文化传统都是其精神生活条件的重要因素，有着重要作用，都在一定程度上制约和影响着法律及其实施。当然在这个社会生活条件中，法最终决定于社会物质生活条件。所谓社会物质生活条件也就是指在特定社会中人们所赖以生存的各种物质条件。它包括地理环境、人口状况、生产力发展水平等物质因素。地理环境对于法的决定作用是十分重大的。在人类历史上，内陆国家总不是首先出现海商法的国家。海商法总是首先在沿海国家出现并发展起来。在人口众多的国家，其法律才可能限制人口的增长；在人口稀少的国家，其法律则会鼓励生育。生产力的发展更是对一国法律的状况起着根本的决定作用。因为生产力在根本上决定着生产关系即经济基础，进而决定着包括法律在内的整个社会的上层建筑。所以，生产力的状态决定着法律的发展程度。尤其是经济活动与科学技术方面的立法，与生产力的发展水平具有直接的联系。生产力从根本上决定着相应立法的发展水平与实际状况。

思考题

1. 法的基本定义。
2. 法有哪些基本的表现形态？
3. 法与法律的相互关系。
4. 法的基本属性有哪些及其各自的基本含义？
5. 法的本质包含哪几个层次的基本内容？

第二章 法 律 体 系

- 法律体系
  - 宪法部门
  - 行政法部门
  - 民法商法部门
  - 经济法部门
  - 社会法部门
  - 刑法部门
  - 诉讼与非诉讼程序法部门
  - 环境与自然资源法部门
  - 军事法部门
  - ……

（行政法部门至……：部门法；宪法部门至……：若干法律部门）

法律体系，是指一国现行法律部门所构成的统一整体，是由一国宪法作主导，由宪法在内的各个法律部门所构成的有机联系的统一体。习惯上，法律体系亦被称为法的体系或法体系。

第一节 法律体系与法律部门

法律体系是由若干法律部门构成的统一整体。法律部门是调整同类社会关系的同类法律法规的统称。如同法律体系被称为法的体系、法体系一样，法律部门也被称为法的部门或法部门。

一、法律体系是法律部门构成的统一整体

法律部门的划分状况决定于法律调整的对象——社会关系的性质，决定于相应的法律调整方法，以及各类法律关系和法律调整方法的结构状态。一般来说，法律部门是构成法律体系的基本元素，是法律体系的组成部分。

法律体系由宪法主导。在现代国家,宪法具有最高的法律地位,是一国的根本法,甚至被称为一国的根本大法、母法,具有最高的法律效力。一切法律都必须以宪法为最高的准则,并努力将宪法确定的原则具体化。一切与宪法抵触的法律法规都应归于无效。宪法具有最严格的制定与修改程序,不可轻易改变。宪法的崇高地位、最大效力与立法程序都决定了它在整个法律体系之中具有主导地位。

法律体系是由宪法及其主导下的各个部门法律所构成的法律部门体系。这里特别要注意的是"部门法律"或"部门法"不同于"法律部门"或"法的部门"。部门法律或部门法是指宪法主导之下的同类法律法规所构成的法律单元。法的部门或者法部门,则是指包括宪法在内的各个同类法律所构成的法律单元。在法律部门或法部门之中,包含宪法部门;而在部门法律或部门法之中,则不包括宪法部门在内。也就是说,宪法是一个法律部门,但它并不是部门法。这一点,是许多教科书都没有能够予以充分注意的地方。

法律部门往往是由主要法典和相关法律、法规所构成的整体。例如,刑法部门就是由刑法典和相关刑事法律法规所构成的规范性法律文件的法律单元。民法部门就是由民法典和相关民事法律法规等规范性法律文件构成的法律单元。

二、法律体系由一国现行法律部门所构成

法律体系是由一国内部的法律部门所构成的。法律体系是就不同的国家而言的,不同的国家有不同的法律体系。不同国家的法律体系之间可以类同,但并不隶属。即使是类同的,也是不同的法律体系。因为法律体系是由一国内部的法律部门所构成的,所以国际法就不属于任何国家的法律体系的范畴。国际法以其与国内法不同的法律关系主体、法律调整对象、法律调整方法,而自成国际法律体系或国际法体系。它包括国际公法、国际私法、国际商法、国际经济法、国际刑法等。一般所说的法律体系并不包括国际法律体系在内。

法律体系是由一国现行法律的各个部门构成的。一般所称的法律体系都是现实的法律体系。法律部门也有历史发展的过程,历史上的法律部门如果不是现实的法律部门,历史上的法律法规如果不是现实的法律法规,就不属于法律体系的构成部分。法律体系由一个国家现行法律共同构成。

第二节　法律部门的划分

法律体系是由各个法律部门构成的。认识法律部门的划分,是进一步认识法律体系内在结构的必需。法律部门的划分问题,在理论上一直是法学界十分关注

的问题,在实践中一直存在重大争议。

一、法律部门划分的依据

在英国法系国家,法律被划分为普通法和衡平法。其法律体系包括物权法、债权法、侵权法、继承权法等法律部门。在大陆法系国家,法律体系中包括公法和私法两大法律部门。公法包含宪法、刑法、行政法等,私法包含民法、商法以及其中的物权法、合同法、人格权法、婚姻家庭法、继承法、侵权责任法等。对于英国法系、大陆法系的概念可以参见本书的法系部分,在那里还将进一步阐释。

我国法学界对于法律部门的划分也有着不同的见解。一般认为,应该以法律调整的对象即相关社会关系的性质作为主要标准,并辅之以法律调整方法作为次要标准来划分法律部门。

法律调整的对象即相关社会关系的性质,是法律部门划分的主要标准。法律所调整的社会关系,是法律调整的对象。相关社会关系的不同性质决定了相应法律的不同性质。社会关系是多元的,不同的社会关系由不同的法律法规来调整。调整同类社会关系的法律法规就构成了一个相对独立的法律部门。例如,调整国家机关之间相互关系,调整国家与公民之间相互关系的法律法规,一般认为属于宪法部门。调整行政机关内部关系,调整行政机关与公民之间行政关系的法律法规,一般被归结为行政法部门。凡是调整民事社会关系,包括人身关系、财产关系的法律法规,一般被归入民法部门。调整刑事社会关系,涉及犯罪与刑罚问题的法律法规,一般被归结为刑法部门。凡是调整婚姻家庭关系的法律法规,在我国一般都被纳入婚姻家庭法部门。诸如此类,法律所调整的社会关系的性质成为划分法律部门的根本依据。

法律调整方法是法律部门划分的次要方法和辅助手段。法律调整方法也是划分法律部门的重要因素,这是因为仅根据法律调整对象来划分法律部门,可能会遇到相应社会关系多重性质的问题。有的社会关系,可能既是行政关系也是民事关系,如行政合同关系;可能既是刑事关系还是民事乃至诉讼关系,如刑事附带民事赔偿关系;等等。社会关系的多重属性决定了它们需要多方面的法律调整。调整相关社会关系的法律法规如何归类的认识并不是绝对的,不同的认识主体可能有不同的见解。再如,同一社会关系也可能是由不同性质或种类的法律法规调整的,相关法律部门的划分就难以仅仅依照其社会关系的性质进行。所以其他的、在社会关系性质之外的划分方法也成为划分标准的补充选项。除了法律调整对象——社会关系的性质之外,人们还可以根据法律调整方法,对法律法规进行部门划分。如用刑事法律方法——刑罚——调整社会关系的法律法规,人们就将其归入刑法部门。凡是用返还原物、更换重作、赔偿损失等法律手段来调整社会关系的法律法规,人们就将其归入民法部门。凡是用行政拘留、行政罚款、警告、通报、记过、降职、降级等法律方法来调整社会关系的法律法规，人们将其归入行政法部门。从大量的例证中都可以发现，法律的调整方法也是划分法律部门的重要标准之一。

二、法律部门划分的相关因素

影响法律部门划分的因素是多元的。除了社会关系的性质、法律调整方法之外，在划分法律部门的时候还需要考虑以下的因素：

法律部门的划分要注意各个法律部门中法律法规的数量。在划分法律部门时，要注意各个法律部门之间，在法律法规数量上的大体平衡。不能将有的法律部门范围设定得过度庞大，使相关的法律法规数量过多。更要注意不能将有的法律部门划分得过于狭小，使相关的法律法规太少。

法律部门的划分要注意人们对法律部门的归类习惯。对社会生活中人们习惯上对法律部门的划分情形，要予以充分考虑。法律部门划分的一个重要目标就是便于人们学习、了解、查询、理解、遵守、执行，如果法律部门的划分与人们的习惯相去甚远，就不利于人们对于法律的认识，更不利于达成实施并实现法律的目的。

法律部门的划分还要注意法律部门的发展趋势。随着社会的发展，有的法律部门就有越来越多的事项需要法律调整，相应的法律法规数量也可能会大量增加；当然有的法律部门也可能萎缩，法律法规的数量有可能减少。在对法律部门进行划分的时候，不仅要着眼现实，也要顾及长远，看到法律在近期与远期的发展趋势，使法律部门的划分具有一定的前瞻性或预见性，从而更好地保证法律部门划分的稳定性。

第三节　主要法律部门

- 我国法律体系的主要法律部门
  - 宪法部门（宪法及相关法部门）
  - 行政法部门
  - 民法商法部门
    - 民法部门
    - 商法部门
  - 经济法部门
  - 社会法部门
  - 刑法部门
  - 诉讼法与非诉讼程序法部门
    - 民事诉讼法部门
    - 刑事诉讼法部门
    - 行政诉讼法部门
    - 仲裁程序法部门
    - ……
  - 环境保护法与自然资源法部门
    - 环境保护法部门
    - 自然资源法部门
  - 军事法部门

法律体系是由各个法律部门构成的。不同国家的法律体系之法律部门的划分大同小异,但由于历史、文化、经济、政治等的差异,区别还是十分明显的。法律体系不仅因国家的不同而有差异,就是对于同一国家的法律体系,不同的学者也可能有不同的关于其法律部门的认识。我国法律体系也是由多方面、多层次的法律部门构成的。对于其内在的法律部门划分,不同的学者或著作有着不完全相同的认识,在此仅根据法学界的普遍认识加以阐述。

一、宪法部门

宪法是一个国家规定其根本制度和重大问题的,具有最高法律地位、最高法律效力和最严格的制定与修改程序的国家根本法。宪法部门是指以宪法为核心的,有关国家根本制度、重大问题的法律、法规的总称。宪法部门的法律法规规定着国家的政治制度、经济制度、文化制度、公民权利义务、国家结构形式、国家机构及其组织活动原则等。宪法在大多数国家都具有最高的法律地位、最高的法律效力,并具有最严格的制定与修改程序。宪法部门则是以宪法为主导的,并与一系列宪法性法律文件共同构成的规范性法律文件的整体。我国宪法部门主要由《宪法》,以及《全国人民代表大会和地方各级人民代表大会选举法》《全国人民代表大会组织法》《地方各级人民代表大会和地方各级人民政府组织法》《民族区域自治法》《国籍法》《居民身份证法》《护照法》《香港特别行政区基本法》《澳门特别行政区基本法》等宪法性质的法律法规构成。在此需要说明的是,一般使用的"宪法"概念既可用指宪法,也可用指以其为主导的宪法部门,具体含义当视语境而论。宪法可以是一个法律部门,但它不是部门法。部门法应当是指宪法之下的、贯彻宪法原则与精神,将宪法加以具体化的各个法律单元。

二、行政法部门

行政法部门是调整行政关系的、有关行政管理活动的法律法规的总称。行政法部门所涉及的社会范围特别广泛,制度内容极其庞杂。行政本身的重要意义,使行政法部门成为一个国家极为重要的法律部门。行政法部门包括行政组织法、行政行为法、行政程序法、行政责任法、行政救济法、行政监督法等大量的行政法律法规;内容涉及国家的政治、经济、文化、军事、国防、交通、能源、体育等各个方面。行政法是政府依法行政、推行法治的基础,是行政机关及其公务人员的行为规范,也是调整政府与公民、法人等社会组织相互关系的准则。

三、民法商法部门

民法部门是调整平等主体在民事活动中发生的财产关系和人身关系的法律规范的总称。民法确认着公民(自然人)、法人的人身权利和财产权利,调整着相关的财产所有关系、商品流通关系、遗产继承关系、知识产权关系等。民法是市场经济的基本法律,是保护公民、法人民事权益的重要手段,是促进社会进步、经济发展与科技创新的有效措施。民法部门是以民法典为核心、由相关民事法律法规共同构成的一个整体。它除了核心的民法典之外,还可能包括著作权法、专利法、商标法等法律法规。

商法在许多场合都被视为民法部门之中的一个特殊部分。它是在民法基本原则的基础上适应近现代商事活动的需要逐渐发展起来的。商法的主要内容包括公司法、破产法、证券法、期货法、保险法、票据法、海商法等诸多方面的法律法规。有许多法学家都将商法部门直接归入民法部门之中作为民法部门的构成部分;也有法学家将商法部门与民法部门连接起来称为民商法部门。这里所采用的是全国人民代表大会有关文件中使用的称谓,即合称民法商法部门。

从传统的法律部门划分来讲,民法部门与行政法部门是能够作出清晰划分的。但是随着社会生活的复杂化,民法部门与行政法部门出现了大量的交叉现象,许多社会关系既被民事法律法规调整,又被行政法律法规调整。对于相关法律法规的部门归类,法学学术界和法律实务工作部门都有不完全相同的看法。

四、经济法部门

经济法部门是不是一个独立的法律部门,如同经济法学是不是一个独立的法学学科一样都是存在争议的。对经济法调整对象的认识,也有着纵向、横向、纵横结合等多种学说。从传统的法律部门的划分来看,经济法更多地属于行政法部门的范畴,并与民法部门相交叉。经济法能否成为一个独立法律部门的争议还将长期存在下去。但是由于行政法部门特别庞大,经济行政法部门又是其中最庞大的部分,将这一部分仅作为行政法的一部分来加以认识、建设和运用,对社会经济的发展与运行,对于法律在经济上作用的发挥都是不利的。社会发展在客观上也需要人们对经济行政法部分予以特别的重视与强化。基于此,将经济法部门与民法部门、行政法部门相并列是有意义的,也是现实社会及其发展的需要。当然,是否据此就要影响法律部门划分的变化,或者引发法学学科的重新划分,也是值得研究的。这一争议还将长期存在并持续下去。

五、社会法部门

社会法部门是新兴命名的法律部门。它主要是指有关劳动关系、社会保障、社会福利和特殊群体权益保障方面的法律规范的总和。社会法部门是在国家干预社会生活过程中逐渐发展起来的法律单元,它调整的是政府与社会之间、社会不同主体之间的重大社会关系。社会法部门的内容将随着社会的发展和完善日益充实丰富。市场经济的发展,社会治理的加强,尤其是中国法治国家和法治社会目标的提出,对于中国社会法的发展提出了更多更高的要求,相关的立法和学术研究都将有更大发展。

六、刑法部门

刑法部门是有关犯罪和刑罚的法律规范的总称,它是规定哪些行为构成犯罪,并应当承担何种刑事责任、接受何种刑事处罚的法律法规的整体。一切规定犯罪、刑事责任和刑罚的法律规范都可以归入刑法部门的范畴,包括刑法典、单行刑法以及非刑事法律中的刑事责任条款等。刑法部门是传统的法律部门,在人类漫长的历史发展中发挥着极为重要的作用。也由于其惩罚手段的特殊性,所以更加引人注目。刑法的直接目的是制裁犯罪,但是其最终的目的还是在于保护权益,预防犯罪、惩办恶行、维护公正、保障安宁、净化人心、促进幸福等。

七、诉讼法与非诉讼程序法部门

诉讼法部门是由所有诉讼法律规范构成的法律单元,是一个内容极其丰富的法律部门。在我国现行法律体系之中,有民事诉讼法、刑事诉讼法和行政诉讼法三大诉讼法子部门。这三大诉讼法,分别构成诉讼法部门之下的第二层次的法律部门,即民事诉讼法部门、刑事诉讼法部门和行政诉讼法部门。诉讼法部门在整个法律体系中的地位和作用是十分独特的,它实际上也是诉讼程序法部门,为相关的司法活动提供了基本的操作程序,对整个法律体系中的实体法作用的发挥起着重要的保障与促进作用。

非诉讼程序法是指行政程序法和仲裁程序法等非用于调整诉讼关系的程序法律法规的总称。由于非诉讼的程序法律法规也具有程序规范的意义,所以在此将它们与诉讼程序法并列。

八、环境保护法与自然资源法部门

环境保护法部门又被称为环境法部门,它是调整在开发、利用、保护和改善人类环境过程中产生的社会关系的法律规范的总称。其目的是通过对于一定社会关系的调整,进而协调人类与环境的关系,保护人类生存环境,保护人体健康,保障社会经济的持续发展。环境保护法部门的范围十分广泛,包括合理开发利用自然环境要素,以防止环境破坏的法律规范;防治环境污染和其他公害,以改善环境状况的法律规范;防止和减轻自然灾害对环境造成不良影响的法律规范。环境保护法具有科学技术性、社会公益性、世界共同性、地区特殊性等主要的特征。环境保护法部门是一个古老而又新兴的法律部门。环境保护的法律意识古已有之,但是将环境保护作为一个相对独立的法律部门则是现代社会的产物。

自然资源法部门是对各种自然资源的规划、开发、利用、治理和保护等方面的法律规范的总称。作为一个法律部门，自然资源法主要包括《森林法》《草原法》《渔业法》《土地管理法》《水法》《野生动物保护法》《矿产资源法》等法律法规。随着人类自然资源的短缺情形的加剧，以及人类自然资源保护意识的增强，自然资源法必将受到更大的重视。自然资源法部门如同环境保护法部门一样都是现代社会的产物。目前，还有许多著作都将自然资源法纳入环境保护法之中，作为环境保护法的一部分，或者将环境保护法与自然资源法相并称，合并称作环境自然资源法。随着社会的发展，环境保护与自然资源保护任务的愈加繁重，将二者列为并行的法律部门已经成为现实的发展趋向。

九、军事法部门

军事法部门是调整国防建设和军事关系的规范性法律文件的总称，是一国加强国防和武装力量建设，保证战争准备与实施的重要手段。军事法是一个独立的法律部门，包括国家立法机关及其授权的国家机关制定和颁布的关于国防和武装力量建设以及战争准备与实施等方面的军事法律法规。军事法是对有关组织和人员的职能、职权、权利和义务、行为模式及其法律后果的规范，内容相当广泛。它包括国家的基本军事制度，国防领导体制，武装力量的组成和任务，国防和武装力量建设的方针、原则等，以及军事组织、军事勤务、兵役与动员、军事教育训练、国防科技、军事权益保护、军事司法等方面的法律法规。

以上法律部门是我国主要的法律部门。我国全国人民代表大会在其关于构建法律体系的有关文件中，经常罗列的是前七个法律部门。为了帮助读者更全面地了解中国的法律体系，因此罗列了以上主要的法律部门。

第四节　法律体系的建构

法律体系的建构是一种自觉的法治建设行为，它是通过一系列的立法活动来实现的。1993 年，我国提出了建立适应社会主义市场经济的法律体系的目标。[1] 1997 年，我国更加明确地提出，要加强立法工作，提高立法质量，到 2010 年形成有中国特色社会主义法律体系。[2] 2011 年 3 月全国人大常委会宣布，一个立足中国

---

〔1〕《中共中央关于建立社会主义市场经济体制若干问题的决定》指出，要遵循宪法规定的原则，加快经济立法，进一步完善民商法律、刑事法律、有关国家机构和行政管理方面的法律，本世纪末初步建立适应社会主义市场经济的法律体系。

〔2〕1997 年，中国共产党的第十五次全国代表大会明确提出，要加强立法工作，提高立法质量，到 2010 年形成有中国特色社会主义法律体系。

国情和实际、适应改革开放和社会主义现代化建设需要、集中体现党和人民意志的,以宪法为统率,以宪法相关法、民法商法等多个法律部门的法律为主干,由法律、行政法规、地方性法规等多个层次的法律规范构成的中国特色社会主义法律体系已经形成。在中国特色社会主义法律体系形成之后,还需要为建立完备的社会主义法律体系而努力。

一、法律体系的完备目标

何谓完备的法律体系,是一个有不同认识的问题。我国法学界具有代表性的学术观点认为,法律体系应当是内容完备、结构严密、内部协调、形式统一的整体。[3] 在总体上,完备的法律体系应该是内容上完善、结构上科学、形式上规范、价值上公正的整体。

完备的法律体系
- 内容上完善
- 结构上科学
- 形式上规范
- 价值上公正

(一)内容上完善

完备的法律体系,其内容应该能够适应社会发展及其要求,具体说来,包括两个方面:一是能够适应社会发展的现实,是社会发展现实状况的反映。"要求做到法律各部门门类齐全,以保证社会生活的各个领域都有法可依。"[4]社会的现实永远是立法和法律体系的基础,没有这个基础,任何法律体系都是无源之水。完备的法律体系一定是立足于社会现实状况,并满足社会需要的。在法律体系的发展过程中,一些新兴法律部门的建立即法律体系的充实与完善,无不是法律体系建设适应社会需要的结果。从我国的情况来看,环境保护法部门就是我国社会更加关注环境保护问题、加大环境保护力度、推进环境保护立法的产物。社会法部门的形成也是一例,它是我国加强社会建设,在社会全面发展中形成的。二是能够适应社会发展的需要,是社会发展加速进步的动力。法律不仅能够反映现实,更要引导社会良性发展,推动社会文明与进步。法律并不是既有社会的简单维护者,它还应成为社会发展的推动者。环境保护法部门、社会法部门都是我国法律体系适应社会发展的反映,也同样是满足中国社会发展需要的成果,并进一步推动着中国社会的发展。随着工业化的加快,生态环境的破坏越来越严重,中国经济与社会要得到真正的发展,并能持续发展,环境保护问题就必须得到更大的关注。于是,环境保护法

---

〔3〕 李步云:《走向法治》,湖南人民出版社 1998 年版,第 539 ~ 541 页。

〔4〕 李步云:《走向法治》,湖南人民出版社 1998 年版,第 539 页。

部门建立了。市场经济的发展，带来了大量新的社会问题，不解决，就无法推进中国社会的进步，于是社会法部门便应运而生。环境保护法部门和社会法部门既适应了经济与社会发展的需要，同时又在新的层面上推进经济与社会发展。

（二）结构上科学

法律体系应当具有科学的内在结构，是一个有机协调的统一体。但事实上，法律体系科学的内在结构并不是天然的，它是一个长期的建设过程，需要人们的主观努力。再说，法律体系的目标和状况都是发展变化的。以前科学的法律体系，随着时间的推移和社会的发展有可能变得不科学了。法律体系的科学状态永远是一个相对状态，一个无限过程。法律体系正是在这个无限递进的过程中获得发展的。

法律体系是由众多法律部门构成的统一整体，科学的法律体系必然要求具有科学的内在结构。这种内在结构表现为诸多方面：其一，法律部门齐全。法律体系之内的主要法律部门应该无所遗漏，应有尽有。其二，部门划分合理。各个法律部门的调整领域有合理的划分与分工，相互之间既能够彼此衔接，又不至于相互矛盾或彼此重叠。其三，层次结构井然。法律体系不仅有着不同的部门划分，而且还有不同的层次结构。完备的法律体系一定有着严密的内在逻辑层次关系，法律部门、法律文件、法律规范之间都应有科学的结构状态，而不能结构混乱和相互冲突。

（三）形式上规范

规范的表现形式，是法律体系科学性与统一性的要求，也是法律体系易为人们所掌握的需要。法律体系作为一个整体，必须具有规范的表现形式。具体说来，法律体系形式规范的表现是多个方面的。首先，名称应当规范。法律文件是有序位的，规范性法律文件的不同名称表明了不同的地位、等级或位阶。宪法是国家的根本法，具有最高的法律地位与效力；法律是全国人民代表大会及其常委会制定的规范性文件，其地位低于宪法但高于行政法规、地方性法规以及自治条例与单行条例等。行政法规、地方性法规、部门规章与地方政府规章，这些名称无一不表明了它们在规范性法律文件序列中的地位、等级和位阶。其次，用语应当规范。法律文件的用语切忌模糊、生僻，力求简明和准确，严格准确的语言表达是对规范性法律文件的基本要求。最后，格式应当规范。规范性法律文件都有固定的表现形式。公布日期、生效日期、制定机关的表达方式，条、款、项的不同意义及其准确运用，都应当符合统一的形式要求，这些也都是格式规范的要求。

（四）价值上公正

法律制度在价值上都应当是公平正义的，并成为公平正义的维护者。完备的法律体系要求所有的立法和整个法律体系都符合公平正义的价值要求，体现出公平正义的价值精神。一个法律体系即使做到了内容上与社会发展同步,形式上高度科学完善,但如果与公平正义相背离,也不能被认为是完备的。完备的法律体系不仅有内容的要求、形式的要求,而且更有价值的要求。公平正义作为整个法律体系的价值目标,是指任何立法、任何法律部门都要无一例外地坚守和维护公平正义。即使是一些特别技术化与专门性的法律,只要是调整人与人的社会关系的,就有是否公平正义的问题。任何法律都是调整社会关系的,所以都必然存在公平正义的问题。尤其是在市场经济发展中,经济利益与经济发展被反复强调和强化;如果对法律体系整体性的公平正义问题视而不见,就必然导致灾难性的后果。因此,对于完备法律体系的价值要求,具有现实的必要性和重要性。

二、我国法律体系的中国特色

我国法律体系,是中国特色的法律体系。这个法律体系的中国特色应该有其特定依据与内涵和外延,而不是随意的标签。

(一)中国特色的基本依据

中国特色法律体系,应当以中国国情为基本依据,尤其是要以其中的中国传统为历史前提,以中国现实为客观基础。

首先,中国法律体系应该以中国国情为基本依据。一个时期以来,中国特色似乎是一个无所不包的容器,人们随意地使用这一概念,并赋予不同的内容。这实在是对中国特色的误解。中国特色应该是中国与世界上其他国家的区别之所在,也是中国为世界增添光彩的独特贡献之所在。中国特色不是无本之木,无源之水,它植根于中国国情。

其次,中国法律体系应以中国传统为历史前提。中国的传统是中国现代的历史背景与时代前提,为中国所独有,中国的法律体系不能不受中国传统的制约和影响。所有的中国法律从形式到内容都或多或少地受到中国传统的制约,并为中国传统所影响。传统是在有形与无形之中发挥效用的。只要有社会的延续和文化的传承,传统就不可被忽视。

最后,中国法律体系应当以中国现实为客观基础。中国国情,当然包括历史,但是更重要的还是它所依赖的现实。现实是中国国情的最根本的内容和最主要的部分,是中国特色的客观基础。实事求是,一切从中国的实际出发,在根本上也就是要从中国的现实情况出发。认识中国的现实情况,是建构中国特色法律体系的现实的客观的基础。

(二)中国特色的基本内容

从中国的国情尤其是从中国的传统与现实出发,中国法律体系至少应该具有这样的基本特色：

其一，成文法典是法律体系的制度基础。成文法和不成文法是重要的法律形式和渊源。世界上不同法系的国家或者以成文法为主或者以不成文法为主，或者兼而有之。成文法在不同法系具有不同的地位与意义。中国具有悠久的成文法传统：自夏商周以来，中国就是以成文法为主的国家；习惯法仅仅是在特定的状态下发挥作用；判例在中国不具有法律效力，而只是具有重要的参照意义。

其二，实现和谐是法律体系的社会目标。实现和谐应当是所有法的目标，因为法在本质上就是减少矛盾与冲突、解决社会矛盾或冲突的规则。但是对于中国来说，实现和谐具有特别重要的意义，因为中国具有世界上独特的和谐文化。和谐是中华民族数千年的历史期待，也是中国现实国情的时代呼唤。尤其是在当代中国，和谐社会建设已经成为时代要求和社会目标，和谐在法律体系之中的意义必然得到凸显。在法律体系之中的和谐应该体现在三个基本的方面：一是法律体系内在要具有和谐的结构关系；二是法律体系要与社会发展相和谐；三是要以维护和促进社会和谐为目标。

其三，以人为本是法律体系的价值归宿。以人为本是对法的价值归宿的经典概括。法律的价值主体必然也必须是人。在中华传统法律文化中，在总体上，人的主体地位都是崇高的。只是因为在特定社会中，人被划分为不同阶级，于是法的价值归宿被狭隘地局限于阶级的范畴。但在社会主义社会，人民的队伍不断扩大，这时，人民成为社会的主体，法律应当是人民意志的体现，以人为本实际上是以人民为本。以人为本与以人民为本，在社会主义社会之中达成了高度统一。

思考题

1. 法律体系的基本含义。
2. 法律部门的含义及其与法律体系的关系。
3. 法律部门划分的依据与相关因素。
4. 我国的主要法律部门有哪些？
5. 我国已经形成了怎样的法律体系？
6. 法律体系的完备目标。
7. 如何理解我国法律体系的中国特色？

第三章 法律规范

一个法律体系中包含若干个法律部门,一个法律部门可能由若干个规范性法律文件构成,每一个规范性法律文件则包括若干法律规范等。反之,也可以表述为:若干法律规范等构成规范性法律文件,若干个规范性法律文件形成法律部门,若干个法律部门构成整个法律体系。法律规范是规范性法律文件、法律部门乃至整个法律体系的最基本的元素。法律规范是构成规范性法律文件的基本元素,其包括诸多元素或者要素。

第一节 法律规范的构成要素

法律规范是指体现在规范性法律文件之中的,由国家制定或认可的,以权利义务为主要内容的,并由国家强制力保证实施的具体行为规则。法律规范是构成法律的细胞,是构成规范性法律文件的基本元素。任何法或者法律都是由若干法律规范所构成的。法律规范作为法或法律的细胞,置身在规范性法律文件之中。法或法律是由国家制定或认可的并由国家强制力保证实施的法律规范的总和与总称,法律规范更多地体现为具体的法律行为规则。它主要体现为法律概念、法律规则、法律原则以及法律技术性规定。

法律规范的构成要素
- 法律概念
- 法律规则
- 法律原则
- 法律技术性规定

一、法律概念

法律概念
- 涉人概念 如公民、法人、自然人
- 涉事概念 如违约、违法、犯罪
- 涉物概念 如动产、不动产、标的物

法律概念是对各种法律事实进行概括,抽象其共同属性而形成的权威性与确定性的范畴。每个概念都具有确切的法律含义与适用范围。它们是构成法律规范的最基础的材料。

法律概念的内容十分复杂,有涉人概念、涉事概念、涉物概念三个大类。涉人概念,即关于法律关系主体的概念。其中包括公民、法人、自然人、原告、被告、代理人、犯罪嫌疑人、被告人、公诉人、辩护人、法官、检察官、监察官、警察、律师等。有涉事的概念,即关于法律事实的概念,其中包括违约、违法、犯罪、未遂、既遂、犯罪中止、正当防卫、紧急避险、赔偿损失、恢复原状等。涉物概念,即关于物的概念,如动产、不动产、标的物、无主物、共有财产、股票、证券等。

法律概念是法的重要元素与基石。缺乏必要的概念,或者缺乏对于概念的必要明晰,法律规则就难以甚至无法适用。法律概念是对人、事、物的状态与性质的确定性概括与表达,是法律规则与原则的基础。

二、法律规则

法律规则是法律规范的主要表现形式,是规范性法律文件中用以规定权利、义务及其后果的具体规则。它是构成法律规范乃至整个法或法律的元素之一,在所有的构成元素中居于核心地位。正因如此,人们在总体上甚至直接将法、法律解释为法律规范或法律规则的总称。

有时独立的法律规则就能明确地表达其法律含义,对权利、义务或者法律后果作出明确的规定;有时特定法律规则还需要与其他要素相联系才能明确其内涵。法律规则作为法的构成要素之一,并不是孤立存在的。总体上说,要对法律规则有准确的界定与阐释,还需要与相应的法律概念、法律原则、法律的技术性规定结合起来。法律规则与法律概念、法律原则、法律技术性规定,在总体上是相辅相成的,它们共同构成法的整体。

与其他构成要素相比较,法律规则具有独特意义:一是在于它具有明确的行为指导性。法律规则对其所覆盖的事实范围和行为事项具有确定的规范性。二是在于它具有具体的适用性。法律规则可以为社会成员所遵行;也可以为司法官员所援引,并以其作为准则来作出决定或裁判。三是在于它具有最大的确定性。法律规则一旦确立就是确定的,非经立法程序而不可变易。法律规则以其确定性给人们提供安全的依据和保障。四是在于它具有明显的可预测性。法律规则的明确性、公开性和确定性,使人们可以据以认识相关行为的法律含义,预测相应行为的法律后果,进而调整自己的法律行为。

三、法律原则

法律原则
- 公理性原则
- 政策性原则

法律原则是指作为规则的基础或本原的,具有综合性和稳定性的原理与准则,是法律中具有宏观指导意义的准则,它分为公理性原则与政策性原则两类。

公理性法律原则,是指从社会关系的本质中产生出来的,得到社会普遍承认的,以社会共同价值观为基础的原则。公理性法律原则概括和表述的是公理,其内容本身就是公理,如法律面前人人平等原则、法治原则、诚实信用原则、等价有偿原则就是公理性原则。它们为社会公众所认同,为社会公众所信守,不因个案而被改变。它们包含人们的价值期待与价值目标,具有超越时空的影响力和继承性。

政策性法律原则,是在特定条件下,针对特定情况作出的具有政治属性与指导意义的法律准则。政策性法律原则具有宏观的指导意义,是政治国家为了实现经济、政治、文化或者社会发展的某一目标而确定的指导原则。这些原则常常是针对具有全局性和根本性的问题而提出的。例如,法律规定的实行贫困救助、司法援助等原则,都是政策性的法律原则。

公理性法律原则与政策性法律原则虽然同为法律原则,也具有重要区别。第一,公理性法律原则多注重普适性,政策性法律原则更注重针对性。公理性法律原则往往代表着人类共同的价值认知,所以它可能具有普遍的适用性。政策性法律原则往往是针对重大的现实问题而提出的,所以具有特别的针对性。第二,公理性法律原则多具恒久性,政策性法律原则尤具时间性。公理性法律原则一般不会因时间的流逝或者世事的变迁而变化,但政策性法律原则一定会因时过境迁而有所变化。第三,公理性法律原则更具有真理性,政策性法律原则更具有政治性。公理性法律原则包含的往往是人类共同的理性认识,具有超越政治等个别因素的性质。政策性法律原则更多地关注的是与政治相联系的重大因素。

四、法律的技术性规定

法律的技术性规定
- 关于法律的生效、失效时间或有效期的规定
- 关于法律的概念术语含义的规定
- 关于纯粹技术性事项与事宜的规定
- 关于法律适用的技术性规定

法律或者规范性法律文件之中,除了以上三个要素之外,还有与之相关的第四

个要素——法律的技术性规定。法律的技术性规定是为法律被准确理解和实施服务的,也同样是法律的构成元素之一。由于立法技术的发展以及社会对于法律理解与执行的细致化与精确性的要求,技术性规定的意义越来越重大,数量也越来越多。

法律的技术性规定主要表现为以下几类:一是关于法律的生效、失效时间或有效期的规定。法律对于生效时间的规定是最常见而必需的,没有生效时间的规定,法律将难以适时生效。法律无法生效,其制定的意义也就无从实现。所以,规范性法律文件中对于生效时间的规定就显得特别重要而不可缺少。至于法律失效的规定,则是有的法律有,有的法律没有。它表述的情形往往是以规定自己有效期的方式出现的。有效期的规定也许既包括生效时间也包括失效时间。期限届满或失效条件出现并满足,相应的法律则失效。这种失效的规定其实是有效期的规定,也是技术性的规定。二是关于法律的概念与术语含义的规定。规范性法律文件中必须使用若干的概念和术语。为了使人们对相关概念、术语有一个清晰而准确的认识,法律文件中往往用专门的条款来规定这些概念和术语的含义,以防止误解发生。例如,法律对于"诉讼参加人""诉讼参与人""以上""以下""以内""本数"等概念和术语的规定,就是这样的情形。三是关于纯粹技术性事项与事宜的规定。许多纯粹的技术性规定是有关立法中必需的内容。例如,国旗法、国徽法对国旗与国徽的颜色、尺寸、图案的规定,以及一些技术性法规中的计量单位、工具与具体量度的规定,都是技术性的规定。四是关于法律适用的技术性规定。它是直接为法律适用创造或提供条件服务的。例如,立法法中关于制定法律、行政法规、地方性法规时使用的名称、用语、结构的规定,诉讼法关于法庭布局、诉讼参与人座位布置、法庭庭审技术等规定,都应属于法律适用技术规定的范畴。

需要特别说明的是,法律的这几大要素并不是截然分明的,有时它们可能是交叉的。一个法律规则也许就是一个法律原则,一个技术性的规定也许就是一个法律规则,一个法律规则、法律原则、技术性规定中也许就包含一个或者多个概念,等等。

第二节　法律规范的逻辑结构

法律规范的逻辑结构
- 假定条件
- 适用主体
- 行为模式
- 法律后果

法律规范需要借助法律条文而得以存在,它与法律条文是内容与形式的关系。法律规范在成文法之中都是借助法律条文而得以记载的。但是,法律规范并不等同于法律条文。有时一个法律条文就是一个法律规范,有时几个法律条文才构成一个法律规范,有时甚至一个法律规范可以跨越不同的法律文件或者不同的法律部门。对于这一问题,通过以后对于法律规范逻辑结构及其构成要素的讲述,可以得到更为清楚的认识。

法律规范的逻辑结构,是指任何法律规范在逻辑上都应当具备的要素结构方式与要素结构状态。那么,法律规范在逻辑上必须具有哪些要素呢?许多教科书都一致认为,任何法律规范都必须具有假定条件、行为模式与法律后果三个组成部分或者三个元素。在逻辑结构意义上,只有具备这三个元素或者组成部分,才是完整意义的法律规范。其实,法律规范在逻辑结构上所包含的应该是四个组成部分或者四个元素。

一、假定条件

假定条件,是指在法律规范之中规定该规范适用的条件或情况的部分。由于在法律规范中的这一"条件"或"情况"的规定,是对适用条件的设定,所以具有假定的意味,于是将其称为"假定条件"。有的著作或者教科书直接称之为"假定"或者"条件"。假定条件,在文字表述上常常表现为给该部分文字加上"在……情况下""在……条件下""假如……"的结构形式。

假定条件是非常重要的。因为它指的是适用这一规范的客观的事实前提,当然是人们遵守和适用法律时必须首先认识到的。没有对于适用条件的认识,人们就可能误用法律。没有对于假定条件的正确认识,人们也许自以为在遵守法律,实际上却可能正在违反法律;人们也许因为错误地担心违法,而抑制了自己的正当行为,从而妨碍了自己的权利行使与正常生活。对法律的遵守和适用而言,对于假定条件的认识错误即张冠李戴,可能导致错误适用法律,严重者甚至引发冤假错案。

二、适用主体

- 法的适用主体
  - 特定职务的主体
  - 特定社会身份的主体
  - 特定人身身份的主体
  - 不特定的所有主体

法律规范都有自己的适用主体,只是人们一般认为法律是对所有人生效的,所以常常将适用主体这一元素加以忽略,而不作为一个元素加以论述。其实这种认识是不妥当的。因为,即使是对任何人都有效的普遍规定,在逻辑上也毫无疑问地存在主体,只是这个主体不是特定的人,而是不特定的人,所以也不能认为,这样的法律规范是没有主体的。

法律规范中的适用主体,经常是以多种情形在逻辑上存在的。具体说来,法律规范的适用主体有以下几种:一是特定职务的主体。例如,有的法律规范仅仅是对国家公务员适用的。例如,我国大量的行政法规,以及非行政法规中关于公务员的法律规定,其适用的主体都特定为公务员。有的法律规范仅仅是对司法人员适用的。例如,关于检察官和法官的法律规定,以及诉讼法中的许多规定,适用的主体往往都特定为司法人员。二是特定社会身份的主体。有的规范仅仅是对社会特定身份的人适用的。例如,公司法中对于公司管理人员的规定只对有关管理人员具有法律效力;不是公司工作人员是不会构成侵占公司财产违法与犯罪的,相关的法律规范只能适用于公司工作人员。三是特定人身身份的主体。有的规范仅仅适用于特定人身关系的主体。例如,对于婚姻家庭关系的法律规定,一般都是适用于特定的人身关系的主体的。在非家庭关系的社会成员之间不可能有拒不履行抚养、扶养、赡养义务的问题,也不可能构成遗弃、虐待等违法犯罪,因此相关的法律规定的适用主体只能是具有特定身份关系的人。四是不特定的所有主体。法律规范是对所有社会成员,包括一般的自然人和法人或者非法人的社会组织的行为要求的。

这里的"适用主体"仅仅是指相应法律规范所表明的它对哪些人或组织有效,适用于哪些主体。在一定意义上,这种适用主体也是行为主体,是指相关的行为人。法律规范的适用主体或行为主体在逻辑上应该是明晰的,但并不一定要用文字明确地表述出来。

三、行为模式

- 法的行为模式
  - 授权模式:授权性规范
  - 义务模式:义务性规范
    - 作为的义务性规范
    - 不作为的义务性规范
  - 权利义务复合性模式
    - 一般复合性规范
    - 特殊复合性规范(职权职责规范)

行为模式就是法律规范之中规定人们实际行为方式的部分,它告诉人们可以做什么,必须做什么以及不得做什么。具体地说,法律规范的行为模式主要包括三种:一是授权模式。它是通过授权性规范来表达的。所谓授权性规范,就是告诉人们有权做什么的法律规范。宪法中关于公民基本权利的许多法律规范,民事法律中关于民事权利的法律规范,都是这样的规范。二是义务模式。所谓义务性规范,就是告诉人们必须做什么或者不得做什么的法律规范。义务模式都是通过义务性规范来表达的。宪法、民商事法律、刑法对于义务的规定都是这样的模式。三是权利义务复合性模式。它是通过权利义务复合性规范来表达的。权利义务复合性规范同时具有授权模式和义务模式双重属性,将相关主体作出或者不作出某种行为,既作为权利来赋予,也作为义务来要求。通观整个法律,其正是通过这三种模式来调节人们的行为,引导人们依法从事社会生活的。对于这一部分的透彻理解,还有待我们下一节对于法律规范种类的学习。

法律对于人、对于社会的一个根本性的重要意义,就在于它能确立若干行为模式,引导人们的社会行为。行为模式对于法律规范具有核心的意义,是整个法律规范的核心内容与主干部分。没有行为模式,法律规范就将失去其规范性,法律的意义也将丧失。对于法律规范行为模式的认识,是对整个法律规范进行认识的核心。无论是法律的遵守还是法律的适用,对于行为模式的理解都是至关重要的。对于行为模式的错误认识,如同对假定条件的错误认识一样,可能带来不利的后果,甚至更加严重的后果。

四、法律后果

- 法律后果
  - 肯定性法律后果
    - 奖励
    - 放任
  - 否定性法律后果—制裁

法律后果是法律规范之中,规定人们遵守或者违反法律的行为模式要求后将要承担的法律上的后果的部分。法律后果有肯定性后果和否定性后果之分。其中包括奖励、放任、制裁三种情形。奖励和放任为肯定性法律后果,制裁则为否定性法律后果。肯定性法律后果是指履行者或违反者应承受的,法律所予以的肯定性的、不予以制裁的后果,它包括法律规定予以奖励,或者不予以惩罚——放任两种情形。否定性法律后果则是指违反者将受到法律制裁的后果。对于法律后果,在教材的其他部分,还将继续讨论。

法律后果对法律规范来说是十分重要的。法律后果是假定条件和行为模式的必然延伸,也是这二者的逻辑归宿。同时,法律后果还是法律规范得以有效实施的保证。尤其是否定性法律后果,对于保障法律规范的施行,具有决定性的意义。法律的国家强制力保证在很大程度上正是通过否定性法律后果得到具体体现的。所以,在对法律规范的认识中切不可忽略对于法律后果的把握。

法律规范具有假定条件、适用主体、行为模式和法律后果四个部分,是从逻辑结构上讲的,并不是从法律条文的文字结构来讲的。从法律条文来说,完整具有四个部分的文字表述的条文是极少的。主要表现为：

其一，有的法律条文常常将假定条件予以省略。例如，我国《民法典》规定："私人对其合法的收入、房屋、生活用品、生产工具、原材料等不动产和动产享有所有权。"[1]其假定条件在逻辑上或许应为私人拥有"合法的收入、房屋、生活用品、生产工具、原材料等不动产和动产"的情况。

其二，多数条文将适用主体省略，特定的条文则将适用主体加以明确规定。由于法律多数是针对所有社会成员的，所以，在法律条文的一般表述之中，常常将有关主体的文字省略。但凡是针对特定行为主体或者适用主体的法律规范，一般都会将特定的主体加以明确规定，以防止误解的发生，保障法律被准确适用。

其三，有的法律条文将行为模式予以省略。例如，我国《刑法》规定："勾结外国，危害中华人民共和国的主权、领土完整和安全的，处无期徒刑或者十年以上有期徒刑。"[2]其中就将行为模式——"任何人不得勾结外国，危害中华人民共和国的主权、领土完整和安全"予以省略。

其四，有的法律条文的法律后果部分被规定在其他条文或者文件之中。例如，我国《宪法》规定："中华人民共和国公民在行使自由和权利的时候，不得损害国家的、社会的、集体的利益和其他公民的合法的自由和权利。"[3]这一条文中就没有规定法律后果部分。作为一个法律规范，它的法律后果部分，存在于其他相关条文和其他相关的民事或刑事法律文件之中。

其五，有的法律条文中甚至只有一个部分，而将其他部分予以省略或者交由另外的法律条文来加以规定。例如，《民法典》规定："民事主体在民事活动中的法律地位一律平等。"[4]其中只有行为模式部分，省略了假定条件和法律后果。当然其中的假定条件"在民事主体进行民事活动的情况下"是可以明确推导出来的，至于法律后果则体现在关于无效民事行为的法律后果等条文的规定之中。

第三节 法律规范的种类划分

法律规范的种类划分十分复杂。不同分类是从不同视角考察法律规范的结果。在此仅就常见的种类划分作一个简要论述。

---

〔1〕《民法典》第266条。

〔2〕《刑法》第102条第1款。

〔3〕《宪法》第51条。

〔4〕《民法典》第4条。

一、授权性规范、义务性规范与权利义务复合性规范

- 法律规范
  - 授权性规范
  - 义务性规范
    - 作为的义务性规范
    - 不作为的义务性规范（禁止性规范）
  - 权利义务复合性规范
    - 一般复合性规范
    - 特殊复合性规范（职权职责规范）

法律是社会的调整工具,法律对于社会的调整是通过对人们行为的调整来实现的。根据法律对人们社会行为的调整方式,可以将法律规范划分为授权性规范、义务性规范与权利义务复合性规范三类。

(一)授权性规范

授权性规范,一般可以理解为规定一定主体可以作出某种行为或者不作出某种行为的规范。其实,可以作出某种行为的含义中,也包含可以要求他人作出或者不作出某种行为。自己作出或者不作出某种行为的权利,为行为权;要求他人作出或者不作出某种行为的权利,则为请求权。授权性规范,顾名思义,就是授予相应主体以行为权或请求权的规范。它常常表达为“有权做什么”“可以做什么”“有权或者可以要求他人做什么”等。有时授权性规范也表现为“什么具有不受干涉的权利”等。授权性规范包括一般权利规范和职权规范。一般权利规范的内容,往往是授予公民、法人或者其他社会组织享有可以作出或者不作出某种行为,以及要求他人作出或不作出某种行为的权利。职权规范,则是法律授予国家机关及其工作人员作出某种行为或不作出某种行为,以及要求他人作出或者不作出某种行为的权利。其实,这种职权是权利,也是权力。特别值得注意的是,一般来说,权利规范并不同时是义务规范。权利规范所确认的权利,一般来说都是可以放弃的,当然也是可以依法转让的。在一般情况下,权利规范要转化为义务性规范,必须具备一定的条件,并不直接就是义务性规范。但是职权规范几乎既是授权性规范也是义务性规范;既是职权性规范同时也是职责性规范。例如,税收机关的征税权力,同时也是征税义务,它既是职权也是职责。也就是说,征税职权相对于纳税公民是一种权力或职权,相对于国家则是一种义务或职责。因此,职权性规范所赋予的权利同时具有权力的性质,是不可随意放弃的,也是不可转让的。一旦放弃或疏于行使就是渎职,一旦随意转让就是违法甚至犯罪。

(二)义务性规范

义务性规范,是指在法律规范之中,规定一定主体应当或者必须作出某种行为

的规范,以及应当或者必须抑制某种行为的规范。前者是作为的义务性规范,后者是不作为的义务性规范。义务总是与权利相对应的,有权利就有义务。义务性规范是授权性规范的保障,没有对于义务的履行,权利就会落空。所有的义务都是为权利和权利的实现而设定的,所有的义务性规范都是必须履行的。没有义务的履行就没有权利的实现,履行义务是实现权利的保障。义务本身并不能成为义务性规范的目标。追求权利的实现,是作出义务规定的目的。没有权利作为目标,义务性规范就失去了存在的意义。作为的义务性规范与不作为的义务性规范各有自己的定位与价值。

1.作为的义务性规范

所谓作为就是人体处于积极的动(行动)的状态。作为的义务性规范,是指要求相应主体通过作为来履行法定义务的法律规范。其在文字上的表述往往为“有义务做什么”“应当做什么”“必须做什么”“有责任做什么”等。作为的义务性规范,是经常的普遍的义务性规范。

2.不作为的义务性规范

所谓不作为就是人体处于消极的不动(不行动)的状态。不作为的义务性规范是指要求相应义务主体通过不作为来履行义务的法律规范,实际上就是禁止性规范。它是指法律中规定人们不得作出某种行为或者必须抑制某种行为的规范。往往表述为“不得做什么”“禁止做什么”等。不作为的义务性规范要求相关主体不得作出某种行为,实际上就是法律赋予相关主体的义务,所以禁止性规范被纳入义务性规范之中。相关主体一旦违反禁止性规范,就将承担相应的法律责任,受到应有的法律制裁。刑法中的大量规范,都是禁止性规范。其惩罚措施从限制人身自由,直至剥夺生命。所以,如果说作为的义务性规范突出的是某种行为的必为性,那么,不作为的义务性规范突出的则是某种行为的必禁性。

一般来说,授权性规范所确认的权利都是可以放弃的,但是义务性规范所确定的义务都是必须履行的。对于权利主体来说,权利可以放弃;对于义务主体来说,义务必须履行。这是法律的基本定理、定律与法则,必须得到尊重和实施。对于别人的权利,必须予以尊重和保障。作为公权力有责任保证权利主体的权利得以保障和实现。

(三)权利义务复合性规范

从法律规范来说,有的是授权性的,有的是义务性的,有的则兼具两个方面的特征。从相关主体有权作出或者不作出某种行为这个角度来看,这种规范是授权性规范;从相关主体必须或者有义务作出或者不作出(抑制)某种行为来看,它又是义务性规范。依照行为主体是一般社会主体还是具有公权力身份的特殊主体,可以将权利义务复合性规范划分为一般复合性规范和特殊复合性规范。特殊复合性规范,实际上就是职权职责规范。

一般复合性规范,它的主体是一般的自然人、法人或者非法人社会组织。比如,参加劳动,对于有劳动能力的公民来说,既是权利,也是义务。又如,服兵役,对于适龄青年来说既是权利,也是义务。再如,接受义务教育,对于儿童和青少年公民来说,既是权利也是义务,等等。因此,关于劳动权利与义务的法律规范、服兵役权利义务的法律规范、接受义务教育的法律规范等,都是权利义务复合性法律规范。

权利义务复合性规范中还有一种职权职责规范。这种规范,与特定主体的公权力身份相联系,只有具有某种特殊的职务身份,才能适用这种规范。职权职责规范是针对公权力或者准公权力行使者这一特定主体而作出的规定。职权与职责是对应的,是一体两面的,有着高度的统一性与同一性。由于职权职责规范所要求的既是权利也是义务,因此,相关主体就不能放弃,必须履行,否则就是相关主体的失职和渎职,严重者甚至会构成违法犯罪。

二、强制性规范和任意性规范

法律规范 ─┬─ 强制性规范
　　　　　 └─ 任意性规范

法律虽然都具有强制性,但是并不是所有的法律规范都具有等量齐观的强制性质,尤其是随着社会的发展、法律的发展,法律的引导作用得以凸显,法律的激励功能得以强化,许多法律规范并不具有一致的强制性,有的甚至允许相关主体在法律的范围之内自行确定双方或各方的权利义务。根据不同法律规范在强制性上的差异,可以将法律规范划分为强制性规范与任意性规范。

强制性规范是指规定人们必须作出或者不作出某种行为,不允许人们自由确定或予以变通的法律规范。强制性规范都是以肯定的形式表达的法律规范。它要求相关的主体必须依法而行,不允许当事人之间自由商定或予以变更,否则就要承担法律责任,受到法律制裁。一般来说,禁止性规范、义务性规范都是强制性规范,不允许有关主体自由确定各自或相互的权利义务内容。

任意性规范,则是指允许相关主体在法律范围之内自行确定权利义务的法律规范。在民事和商事法律法规之中,都存在大量的任意性规范。这种任意性规范给了当事人更多的自主性,法律的强制作用淡化了,法律的指引作用加强了。任意性法律规范可以为社会创造和提供更多更好的自由空间,使法律的指引和激励作用得到更好的发挥。

三、确定性规范与非确定性规范

法律规范
- 确定性规范
- 非确定性规范
- 准用性规范（属于确定性规范）

确定性规范是指规则内容清楚明晰，无须其他法律规范予以说明，亦无须参照其他法律规范就能适用的法律规范。确定性规范，一是表现为无须其他法律规范予以说明，二是表现为它在实施之中无须参照其他法律规范。在所有的规范性法律文件之中，大量的法律规范都是确定性规范，它们都能够被独立地适用。确定性规范是法律规范的主要部分。

非确定性规范，是指自身没有对内容进行规定，仅仅是规定将由其他机关制定出相应规范性法律文件的法律规范。非确定性法律规范的内容，在自身条文之中并没有规定，它只是表明相关的内容需要由其他机构制定的其他文件来加以设定。这种规范在所有的法律规范之中并不多，但也常见。在许多规范性法律文件中，都存在这种非确定性法律规范。《统计法》第 49 条第 1 款即一个非确定性规范，它规定："民间统计调查活动的管理办法，由国务院制定。"

准用性规范，是法律规范之中独特的确定性规范。它是指自身没有对内容进行完整表述，而是规定有关事项应参照、比照或依照其他法律规定予以实施的规范。如我国《民用航空法》第 199 条规定："航空人员玩忽职守，或者违反规章制度，导致发生重大飞行事故，造成严重后果的，依照刑法有关规定追究刑事责任。"刑法早有明确规定，所以它实质上是确定性规范。再如，《野生动物保护法》第 50 条规定："违反本法第三十一条规定，为出售、购买、利用野生动物及其制品或者禁止使用的猎捕工具发布广告的，依照《中华人民共和国广告法》的规定处罚。"该规范也是准用性规范，其内容依然是确定的。只要人们去查阅广告法的有关规定，其内容也就十分清楚而确定了。所以说，准用性规范在表面上内容是不确定的，它自身没有对相关的内容作全面的完整表达，但是只要根据其指引去参照、比照或者依照相关的法律规范，就会发现，它的内容实际上是确定的。准用性规范只是在形式上貌似非确定性规范，在实质上则是确定性规范，应纳入确定性规范的范畴。

思考题

1. 法律要素包括哪些基本内容?
2. 法律规范的含义。
3. 法律规范的逻辑结构的含义与四大元素的基本内涵。
4. 法律规范种类的划分。
5. 授权性规范、义务性规范、权利义务复合性规范的含义及其文字表达方式。
6. 强制性规范和任意性规范的划分及其各自的基本内涵。
7. 确定性规范、非确定性规范以及准用性规范的基本含义。

第四章　法律形式与效力

法律形式也称为法的形式。法律形式是法律存在的外在表现,法律效力是法律作用的基本依据。没有特定的形式,法律即不成其为法律;没有一定的效力,法律就形同虚设。

第一节　法 的 形 式

法律形式、法律渊源都是法学上与社会生活中经常使用的法律术语。二者在什么意义上相区别,在什么意义上被等同,法律究竟具有哪些主要的形式种类,都需要一一加以阐述。

一、法律渊源与法律形式

法律渊源,也称为法的渊源,或法源。其第一层含义是指法律的终极来源,即法律所依赖的社会物质生活条件,包括地理环境、人口状况、生产力水平等;第二层含义是指法律的效力来源,包括立法、习惯、法理、学说等;第三层含义是指法律的形式来源,即法律的各种表现形式。"法律渊源"一词在通常的使用上,就是法律的各种表现形式即法律形式或法的形式。

法律的终极渊源是法所依赖的社会物质生活条件,它是法的最深刻的社会根据。法律的效力来源,一直为我国法学著作所忽视。法律最首要的效力来源是立法,即立法机关制定或认可法律的活动和被制定与认可的法律。其次是习惯,许多法律都是以习惯作为自己的社会基础的。有些习惯被立法明确规定为法律,有些习惯被法律作为自己的立法基础。我国在特定条件下的习惯,只要为法律所认可也是具有法律效力的。最后是法理,它在法律实践中被广泛应用,它是法律制度和法律规范的理论基础,也是理解和实施法律的理论指导,在民事、经济、行政法律活动及其纠纷裁决中,除了是人们理解法律、法规的知识基础之外,甚至是仅次于法律、法规的重要根据。至于法律学说,在古罗马曾有被赋予法律效力的历史。在我国目前,法律学说不具有法律效力,但对正确适用法律具有重要的指导与参考意义。那种认为法律仅是法律的制度性规则,法律与习惯、法理、法律学说无关的认识,是不正确的。

法律渊源是指法的各种表现形式。这种含义只是其含义之一,甚至不是最主要的含义。由于法学界长期在第三层含义上使用“法律渊源”,有时表述为“代指法律的表现形式”或“借指法律的表现形式”,[1]有时更直接表述为“法律渊源就是指法律形式”,以致法律渊源系指法律形式已经约定俗成。[2]

法律形式对于法律是十分重要的,任何法律都必须借助一定的表现形式才得以存在。我国古代法律表现为律、令、格、式等,古罗马法表现为元老院的法律、皇帝的敕令、有关机关和官员的告示以及法学家的解释等。大陆法系国家主要采用成文法形式,英美法系国家主要采用不成文法的形式。我国法学界长期认为我国现代法律形式就是宪法、法律、行政法规、地方性法规、民族自治地区的自治条例和单行条例、国际条约。这种从各类法律的效力等级角度来认识的法律形式仅是法律形式之一。

从不同角度考察法律,法律的形式就不完全相同。在法律的存在形式上,法律形式包括成文法律和不成文法律,简称成文法和不成文法。在法律的效力形式上,法律形式包括宪法、法律、行政法规、地方性法规(含民族自治地区自治条例和单行条例、特别行政区的法、经济特区的法)和国际条约等。

二、法的形式的种类

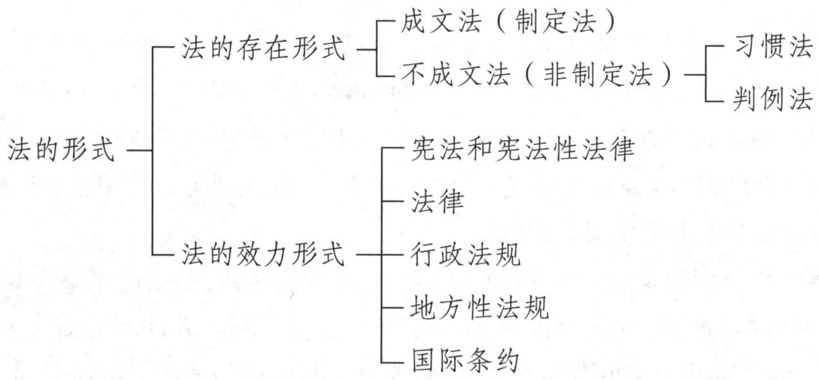

法的形式是异常复杂的,也是在法的漫长发展历程中逐步形成的。不同的划分具有不同的功用。一般地说,可以将法的形式分为存在形式与效力形式。

---

[1] 苏联法学著作大多有“代指”或“借指”二字。

[2] 这种情况更多地表现在我国法学著作中。我国法学著作也间或在第一种、第二种含义上使用“法律渊源”,但较为少见。

（一）法律的存在形式

法律的存在形式分为成文法和不成文法两个大类。成文法与不成文法的划分，是以各法律是否以文字形式作为其存在状态作出的。

成文法也称为制定法，它是由一定国家机关以国家的名义，依照特定程序创制的，以文字的条文形式作为其表现形式的法律的总称。成文法的法律文本通常被称为法典。不成文法，有学者称之为非制定法。它不是由国家机关以国家名义制定的，也不以文字的条文形式作为其表现形式，但国家认可其具有法律效力。不成文法就是非由国家制定的、不具有文字的条文表现形式，而具有法律效力的法律的总称。不成文法包括习惯法和判例法两种。所谓习惯法，即是由习惯被国家赋予法律效力而形成的法律，其原本是习惯，经必要的法定程序才成为法律。所谓判例法，即由判例被国家赋予法律效力而形成的法律。其原本是判例，因合乎法定条件或习惯法的要求而成为法律。据此可知，不成文法并非没有任何文字记载，而是不具有文字的条文形式，表现得不如成文法那么明确而已。不成文法中的判例法本身就以一定的文字记载作为自己存在的根据。但这种记载一定不是条文状态的表述。这种记载的内容，往往是具体的案情记录和相应的裁判文字。不成文法中的习惯法发展到一定程度也可能被国家以文字的形式予以记载。即使不成文法被文字化了，这种被文字化（尚未被条文化）的法律的结构，也不如成文法严谨，甚至无法形成严格意义的法典。

成文法相对于不成文法具有独特的优点与影响。其一，成文法明确具体。成文法是经过特定程序制定的，并有条文化的文字记载，因此它特别明确、具体，便于实施。不成文法就较为模糊，难以实施。其二，成文法修改废止的程序严格。成文法的修改和废止均需必要的程序，因此其修改与废止都十分明确，便于全社会在法律实施上令行禁止。不成文法的修改和废止，往往缺乏严格的法定程序：一是修改和废止的难度较大；二是修改和废止情况发生后，社会适应的过程会更加缓慢。其三，成文法有利于社会的自由与安全。成文法明确，易于实行“法无明文规定不为罪”，易于对民众实行法不禁止即不受处罚的法治原则，也易于对公共权力拥有者实行法无授权即不合法的法治原则。在成文法下，由于其明确，社会普遍都能较好地获得法律的安全保障，自由的空间相对广泛。在不成文法之下，由于法律不明确，人们违法之虞常在，严重时动辄得咎，民众的权利容易遭到侵犯。公共权力由于其权限缺乏法律的明确界定，也易于膨胀。公共权力一旦超越权限，出现膨胀，公民的权利就难以得到有效的保障。其四，成文法有较好的预防作用。成文法有明确的文字表现，易于在事前作出相应的规定，因而在可能的不当事件或行为出现之前作出相应的规定，能较好地发挥对社会的警示作用。不成文法就只能在有了相应先例之后，才可能形成习惯法和判例法，预防警示作用相对较低。其五，成文法有利于推进社会改革。成文法采用成文的形式,有利于制度更新,有利于采取以制度更新为动力的改革。不成文法需先有某种判例或习惯的存在,不利于实行制度先行的社会变革。

不成文法相对于成文法也有自己独特的优点与影响。其一,不成文法易于适应社会现实。社会生活千变万化,成文法的规定往往显得机械,再完备也无法做到无一遗漏,但不成文法则比其易于适应社会生活的各种状况。其二,不成文法不存在背离立法原意的问题。成文法用条文表达立法意图,有时会出现不完善与不周密的问题,就更需要法律解释,而这种解释是否体现了立法原意,难以保证。不成文法没有成文法那种条文式的文字表述,就没这一问题。其三,不成文法易于发挥司法人员的创造性。在成文法下,司法人员受律条约束较为严格,可能对无法可依的情况无可奈何。但在不成文法下,司法官员的积极性就可以得到更好的发挥,司法官员的创造性可以在相当大程度上弥补既有法律的缺陷。其四,不成文法是以衡平法或者类似原则作为补充的。因此,衡平法与相关原则可以更好地引领法官作出价值判断,可以更好地发挥出司法的价值导向作用。其五,成文法对于立法具有更大的依赖性,而不成文法则不依赖立法先行。因而在立法供给不足的情况下,不成文法的运用更具有以司法创制法律的优越性。

成文法与不成文法各有优缺点,而且其优缺点似乎正好相反。成文法和不成文法两种法律形式各有自己产生的历史背景与存在的现实意义。因此,在成文法的国家,判例的作用在增强;在不成文法的国家,成文法的数量在增加。法律在总体上毕竟是人类社会的强制性行为规范,明确、肯定、具体应当是其基本特征,因此,相对而言,成文法优于不成文法。也正基于此,现代世界各国都倾向于采用成文法的法律形式,即使是判例法国家如英美等国成文法的数量也在不断增加。

(二)法律的效力形式

从效力状态及其差异来看,法律的效力形式主要有宪法和宪法性法律、法律、行政法规、地方性法规和国际条约等。

1. 宪法和宪法性法律

宪法和宪法性法律是以宪法典为核心,由所有具有宪法性质的法律法规构成的一个整体。它包括宪法、选举法、议会组织法(在我国为人民代表大会组织法)、立法法等。它具有最严格的制定与修改程序,规定着社会、国家的基本制度,确立了公民的基本权利与义务,是国内其他法律法规的根据,在一个国家的所有法律法规中具有最高的法律效力。宪法的制定权或者说立宪权,在严格意义上是属于人民的。这也就是许多国家制定或者修改宪法必须交付全民投票的政治与学理根据,这就是主权在民或人民当家作主在制宪与修宪上的反映。至于宪法性法律的立法权属于议会,在我国属于全国人民代表大会及其常务委员会。在所有宪法性法律中以宪法的创制、修改程序最为严格。我国《宪法》要求,其修改必须由全国人民代表大会常务委员会或者 1/5 以上的全国人民代表大会代表提议,并由全国人民代表大会以全体代表 2/3 以上的多数通过。

在我国,特别行政区基本法也应属于宪法性法律的范畴。那种将特别行政区基本法列入地方性法规的观点是错误的。因为我国法律的效力渊源是依照规范性法律文件制定机关的法律地位、规范性法律文件的内容、规范性法律文件的效力等级等因素确定和划分的。我国各特别行政区基本法都是由我国全国人民代表大会制定的,解释权属于全国人民代表大会常务委员会,修改权属于全国人民代表大会;其内容规定的是特别行政区的法律地位,中央与特别行政区之间的关系,特别行政区居民的基本权利和义务,特别行政区的政治体制、经济、教育、科学、文化、体育、宗教、劳工和社会服务,特别行政区的对外事务等宪法性质的事项;特别行政区基本法在特别行政区具有最高的法律效力。

2. 法律

法律渊源中的法律,是指由国家立法机关制定的规范性法律文件,在我国为全国人民代表大会及其常务委员会制定的规范性法律文件。它包括基本法律和基本法律以外的其他法律两类。基本法律,是由全国人民代表大会制定的,调整国家和社会生活中具有普遍性的社会关系的规范性法律文件的总称,如民法(民法典)、刑法、民事诉讼法、刑事诉讼法、行政诉讼法等。基本法律以外的其他法律是指由全国人民代表大会常务委员会制定的调整国家和社会生活中某些具体社会关系的规范性法律文件的总称。如我国的《环境保护法》《专利法》《著作权法》等。在一国内,法律必须以宪法作为自己的根据,其效力仅次于宪法(包括宪法性质的法律),高于其他任何法律法规。

3. 行政法规

行政法规是由最高国家行政机关,在我国为中央人民政府——国务院——制定的规范性法律文件的总称。行政法规应以宪法和法律作为自己的根据,并不得与宪法和法律相抵触。其效力低于宪法和法律。国务院各部委的规范性文件被称为部门行政规章,它们只有在与宪法、法律、行政法规不抵触的情况下才具有法律效力。

4. 地方性法规

地方性法规是地方国家权力机关制定的规范性法律文件的总称。在我国,各省、自治权、直辖市的人民代表大会及其常务委员会根据本行政区域的具体情况和实际需要,在不同宪法、法律、行政法规相抵触的前提下,可以制定地方性法规。设区的市的人民代表大会及其常务委员会根据本市的具体情况和实际需要,可以对城乡建设与管理、环境保护、历史文化保护等方面的事项制定地方性法规。地方性法规的法律地位低于宪法、法律,得与行政法规相协调。各省、自治区、直辖市人民政府及其所在地的市,以及设区市的人民政府根据宪法、法律和行政法规制定的规范性文件,被称为地方政府规章。地方政府规章不能作为地方性法规,[3]它只有在与宪法、法律、行政法规、地方性法规均不抵触的前提下才具有一定的效力。

地方性法规中有一般地方性法规与特别地方性法规之分。各省、直辖市的地方性法规即是一般地方性法规。民族区域自治地区的法(包括自治条例和单行条例)、特别行政区的法、经济特区的法由于与一般地方性法规相比具有不同的特点,因此,有必要将其与一般地方性法规相区别,可以称之为特别地方性法规。民族区域自治地区的法律依照民族区域自治法的有关规定制定;特别行政区的法律依照特别行政区基本法的规定制定;经济特区的有关法律依照全国人民代表大会常务委员会的授权制定。特别行政区的法律除必须遵守其基本法及其所确定的全国性立法以外,不受其他的制约,它具有自己独特的法律效力地位。至于经济特区的地方性法规,情况差异很大。我国广东、福建的经济特区,享有全国人民代表大会常务委员会的授权立法权;而海南既是经济特区,也是一个省级行政区划,全国人民代表大会常务委员会未曾专门授予其作为经济特区的立法权,其享有的还是省级立法权。其实,即使是被授予立法权的广东、福建的经济特区,所获得的权限也仅是有权制定各项单行经济法规而已,权限仍然低于省级立法权。有的著作未能注意到这一点,随意将其与地方性法规相提并论,是有失妥当的。特别地方性法规只是地方性法规的构成部分,属于地方性法规的范畴,不能与地方性法规相并列。它与其他地方性法规之间没有隶属关系。它们在各自区域内产生法律效力,因此甚至也没有多大的相互协调问题。

5. 国际条约

国际条约本是指国家与国家、国家与国际组织、国际组织与国际组织之间缔结的规定政治、经济、文化、贸易、法律和军事等方面权利与义务的法律文件。在这里仅指我国同外国所缔结或者我国所加入的国际条约。只有这两类国际条约,才是我国的法律渊源,才是我国的法律形式。国际条约是国际法的构成部分,遵守自己所签订或加入的国际条约是每一个国家的国际法律义务。一般地说,作为我国法律形式的国际条约不会与国内法产生冲突。但由于国际交流交往的范围不断扩大,国际条约的涉及范围越来越广泛,因而其与我国国内法之间就有一个协调的问题。在二者产生矛盾时如何处置,我国的有关法律已经作出了相应规定。对此,将在讲述国际法与国内法之间的关系时进一步论述。

不同效力形式的规范性法律文件之间是有效力等级划分的。居于效力等级上位的,被称为上位法;居于效力等级下位的,被称为下位法。上位法的效力优于下

[3] 对于地方政府规章是否具有法律效力的问题,学术界有着不同的看法。本书的观点只是其中之一。

位法,即下位法与上位法相冲突时,以上位法为据不再适用下位法,简称为“上位法优于下位法”。至于下位法是否因此而被宣告无效的问题,应依照立法法和宪法的具体规定和相应程序加以解决。

第二节　法的种类

法律根据不同的标准可以被划分为不同的种类。在众多的种类划分之中,根本法与普通法、公法与私法的划分是经常而普遍的划分。

一、根本法与普通法

根本法即宪法。它规定着国家的政治制度、社会制度、公民基本权利和义务、国家机关及其职权等根本问题和重大事项。根据它与其他普通法之间的关系,有的学者或学术著作比喻性地称之为“母法”。普通法,是指宪法以外的其他法律。这里的普通法不是英美法系中“普通法”的含义,也不是某些法学著作中所称的与“特别法”相对应的“普通法”的含义。与特别法相对应的“普通法”,实际上应称为一般法。相对于根本法的普通法,是以根本法为根据并服从于根本法的,有的学者或学术著作比喻性地称之为“子法”。根本法与普通法的区别主要有四项:

首先,基本内容不同。根本法规定的是一个国家最根本的国家制度、社会制度、公民的基本权利和义务、国家机关的构成与职权等重大问题,是一国其他法律的依据与基础,所以有根本大法之说。普通法规定的仅是一国某一方面的事项,至多只是国家和社会某一方面的基本法律而已,不具有根本法内容的全面性与全局性。

其次,法律效力不同。根本法在一国法律体系中具有至高无上的法律效力。它是一国其他法律的“母法”,其他法律相对于它都只能是“子法”。它是制定其他一切法律法规的根据。其他任何法律法规的法律效力都低于宪法,都不能与宪法相抵触,抵触者一律无效。需要特别指出的是,宪法的最高法律效力并非仅体现在与其他法律法规的比较之中,也体现在它是国家权力的规则的意义上。一国任何国家机关或其首长的行为都必须遵行宪法的规定。任何行政机关、司法机关、立法机关及其官员都不得享有超越宪法的特权,否则应承担违宪或者不合宪的法律责任。

再次,制定与修改的程序不同。根本法一般都有着与普通法所不同的,比普通法更为严格的制定与修改程序。许多国家都在宪法中规定了宪法制定与修改的特别程序。在制定上,有的要求由特别的宪法起草机构起草,有的要求交付全民讨论,有的甚至要求交付全民投票表决,等等。在修改上,各国一般都要求,对宪法的修改要比对普通法的修改具有更为严格和复杂的程序。

最后,解释与监督不同。宪法的解释权,一般都是由宪法赋予特定机关行使的。与宪法解释权相适应,宪法的监督权亦由特定的机构行使。综观各国的有关规定,宪法的解释权和监督权,有的国家由其最高权力机构和立法机关行使,有的由特定的司法机构行使,有的则由其专门的宪法委员会、宪法法院行使。普通法的解释权和监督权,除了由立法机关享有外,行政机关、司法机关也在一定程度上分享其各自范围内的法律解释权和法律监督权。我国在 2018 年 3 月通过《宪法修正案》,决定在全国人民代表大会设立宪法和法律委员会,负责合宪性审查等工作,以监督和保障宪法实施。

二、公法与私法

公法与私法的划分古老而弥新,在历史和现实中都具有重要的学理意义与社会意义。不同的划分理论对公法与私法的划分产生着不同的影响,也丰富了公法与私法的理论。

公法与私法的划分,源自古罗马乌尔比安等法学家。尽管在不同法学家那里划分各异,但一般都把宪法、行政法、刑法、诉讼法、国际法列入公法范畴,将民法、商法列为私法。

世界上,否认公法与私法划分的法学家主要有两类。有的法学家认为没有划分公法与私法的必要,因为所有的法律都为国家所制定,都应当是公法;有的法学家也认为没有划分公法与私法的必要,因为所有的法律都需要各个私人遵守并维护私人利益,都是私法。我国法学界曾长期拒绝使用公法与私法的概念,只不过理由与前二者都不同,认为公法与私法是资产阶级对法律的种类划分,是对法的阶级性的否定。凡是否定法的阶级性的,当然不应予以承认。因此,在 1949 年以来很长的历史时期,我国都没有公法与私法的划分,也不承认公法与私法的划分。其实,公法与私法划分并不涉及法律的阶级性问题,根本就不存在肯定阶级性或者否认阶级性的问题。随着法学的发展,这种否认公法与私法划分的理论逐步为人们所抛弃。由于我国政治、经济、文化的发展,公法与私法划分的必要性逐步显现出来,并引起法学界较为普遍的重视。

公与私并非决然有别,私法与“公法”具有种种无法割断的联系,公法的“私法化”倾向也有一定发展。因此,公法与私法的划分具有不彻底性。但是这并不影响这种划分的存在意义。这种划分的确可以在一定程度上帮助人们将公法与私法分别对待,以便更好地调整“公”的关系和“私”的关系。尤其是在私法理论和“私法法制”都严重滞后的情况下进行市场经济建设,将法律作公法、私法划分是有其重要意义的。它有利于在过度强调公法文化的中国,以一定的私法文化予以中和;它有利于区分不同种类的社会关系和法律关系,采取不同的法律措施分别调整;它有利于发展市场经济,并依法保护市场经济的顺利发展;它有利于在私法文化的促进下培养社会的自由、民主意识。

公法与私法的划分状态,在许多法学家那里都是相同的,但对其划分标准的认识却各执一词。

权力说。亦称意思说。此说认为,公法是以权力与服从为标志的,私法则是以公民自主意思决定为标志的。凡是调整不平等的权力与服从关系,并不允许公民自由取舍的法律,即为公法;凡是调整平等主体关系,由公民自主取舍的法律,即为私法。这种划分是有其合理性的,但有一个问题,一般都将国际法划入公法,但国际法并不是调整权力与服从关系的法律。因此权力说未必周延。

主体说。此说认为,划分公法与私法的标准是各法律所规定的主体。凡是其规定的主体中有一方或双方为国家或公法人的法律为公法;凡是规定的主体为公民或法人的法律为私法。这种划分也有欠妥当的地方。例如,民法系私法,但其中调整的也有关于国家与公民之间的所有权关系、财产买卖关系、国债关系等。这些法律关系的主体中都有国家,但调整这些关系的法律又不属于公法的范畴,这是主体说难以解决的问题。

利益说。亦称目的说。此说认为,法律所保护的是公的利益或是私的利益,是区分公法与私法的标准。凡是保护公的利益的法律即为公法,凡是保护私的利益的法律即为私法。这一以利益性质作为划分标准的学说,缺陷在于,在公的利益与私的利益并存时,无法对法律进行准确的划分。例如,法律对人的身体与生命的保护,应当说首要的是私的利益,也有一定公的利益,但刑法一直被作为公法。法律对民事活动中社会公共利益和社会善良风俗的维护,显然是为着公的利益,但民法却属于私法。

应用说。此说认为,法律的应用是公法与私法的划分标准。凡是在法律应用中,公民私人不能自主决定对其是否予以应用的法律为公法;公民私人可以自主决定对其是否予以应用的法律为私法。这种划分标准忽略了公法也可以放弃的情形,如属于公法范畴的选举法,其中选举权利的法律规定,公民私人是可以放弃的。

法律关系说。此说认为,划分公法与私法的标准是法律所调整的法律关系的状况。凡是调整国家与国家之间关系的法律,国家与公民之间、国家和法人之间的权力与服从关系的法律,就是公法;凡是调整公民与公民、法人与法人、公民与法人之间关系的,或调整国家与公民或法人之间民事、经济关系的法律,就是私法。通观以上划分标准及其学说,应当认为法律关系说是较为科学的。

三、国内法与国际法

国内法与国际法具有紧密的内在关系,同时又具有不同的调整领域,正是不同的调整领域使之成为相对应的重要而基本的法律分类。

国内法是指调整国内法律关系的、由一国所制定或认可的,并在一国领域内实施的法律。国际法是指主要调整国家之间的关系的有法律拘束力的原则、规则和制度的总体。[4]

(一)国际法与国内法的关系

国内法与国际法具有重大的区别。

二者的创制主体不同。国内法是由一国立法机关(或享有立法权的其他机关)依照法定职权和程序所制定的。国际法是由国家之间通过国际协议的程序或方式制定的,或者是由国家与国家之间在国际交往中发展形成的习惯、原则、规则和制度。国内法的创制者是国内的立法机关,国际法的创制者是两个以上的国家。

二者的调整对象不同。国内法调整的是一国国内的公民与公民之间、法人与法人之间、公民与法人之间的关系,国际法调整的主要是国家与国家之间、国家与民族之间、国家与国际组织之间、民族与国际组织之间、国际组织与国际组织之间的关系等。公民和法人,在许多法学家看来,都不是国际法的主体。即使有个别的法学家认为公民或法人可能成为国际法的主体,但他们也承认公民和法人都不是国际法的基本主体。

二者的强制性质不同。国内法的强制力来自国内司法机关,来自国内警察、法庭、监狱等。国际法不可能依赖像国内司法机关那样的机构来实施。国际法的强制力来自国家单独或集体的行动。即使是这种行动,也往往是通过国家间的协议进行的。联合国安理会对国际违法行为采取强制行动,须经安理会通过决议;联合国国际法院的诉讼管辖权也是以争端当事国自愿接受审判为前提的。

国际法与国内法之间的区别十分明显,一般不会产生冲突,但在特定条件下,也可能发生哪一个法律地位更优越的问题,这历来就是法学家们探讨的重要课题。为此,有的法学家提出了国际法与国内法一元论,包括国际法优于国内法的国际法优先说,或国内法优于国际法的国内法优先说;有的法学家提出了国际法与国内法各自独立、互不相干的二元论。其实,一元论与二元论都是有失妥当的。因为国际法与国内法是两个相对独立的法律体系,同时又相互联系。既不能将其混同,也不能将其割裂。国际法与国内法一般地说是不会产生冲突的,它们调整着不同的关系与领域,但是各个国家都是同一世界的国家。调整国际关系与调整国内关系的法律不可能截然分开,乃至毫不相干。在冲突出现的时候,国际法与国内法两种国家意志就有一个协调的问题。国际法的遵行与否的影响并不仅限于国内,更多地影响的是国家与国家之间的关系,因此,在一定程度上的国际法优先是具有其合理

---

[4] 王铁崖主编:《国际法》,法律出版社1995年版,第2页。

性的。

(二)国际法在中国的法律效力

国际法在各国国内的法律效力问题,是与国际法与国内法的关系联系在一起的。它是法学研究和法律实践中重大而基本的问题。世界上许许多多的法学家都曾经或者正在积极而认真地探讨。国际法学著作普遍都会论及国际法与国内法的关系,包括国际法在国内的法律效力问题。世界各国也在不断实践自己有关的主张。我国也不例外,通过长时期在国际社会的实践,创造了自己的较为完整的解决国际法在国内法律效力问题的一般规则,在理论上和实践中都有自己的重要建树。中国以国内法确认国际法基本原则,确认国际法的优先地位,确认国际惯例的补充作用和法律效力,从而解决了国际法在中国的法律效力问题。

四、实体法与程序法

实体法,是规定法律关系实体内容的法律,也即规定具体权利、义务、后果及其范围的法律。实体法包括民法、行政法、刑法、婚姻家庭法、劳动法等。民法规定着公民、法人之间在一定人身关系和财产关系中的权利、义务;行政法规定着国家行政活动中,国家与相对人之间的权利、义务及其后果;刑法规定着人们在刑法保护上的权利以及不得作出某种行为的义务,规定着国家刑事惩罚权行使的条件与刑罚适用的范围等。程序法,是规定实现实体法律的方法与手续的法律。它是为实体法的实现服务的,是实体法得以实现的条件和保证。程序法包括民事诉讼法、刑事诉讼法、行政诉讼法、仲裁法、立法程序法、行政程序法等。民事诉讼法是规定实现民事权利、义务方法的法律,属于辅助民事实体法实施的程序法;刑事诉讼法是规定刑事诉讼参与人行使相应权利、履行相应义务方法,以及国家行使刑事惩罚权方法的法律,旨在实施刑事实体法;行政诉讼法意在通过对行政诉讼活动中权利义务的分配和规定,使行政实体法的规定得以实现。我国法学界长期把程序法理解为诉讼法,是不对的。程序法包括诉讼法,但不限于诉讼法。行政程序法也是行政实体法的辅助性法律,意在保证行政实体法的实行。立法程序法也是程序法之一,其为立法实体法的贯彻提供措施和手续的保证。

实体法与程序法是法律所不可缺少的两个方面的内容。简单地区分二者,于法律学习并无多大助益,至少必须明确二者间的原则差异。

效力原则不同。实体法与程序法在效力上的差别集中在溯及既往问题上。所谓溯及既往,是指新的法律对其颁布实施以前发生,但尚未依法处理的案件具有法律效力。实体法均以不溯及既往为其基本原则。我国刑法中所坚持的从旧兼从轻原则,实际上是不溯及既往原则的灵活运用。但程序法则无此原则,与实体法相反的是,在新程序法生效时尚未处理的案件,均应采取程序从新原则,依照新程序法处理。

类推原则不同。实体法中除刑法因罪刑法定主义而不能类推,不能以法理、习惯强将无罪作有罪之外,其他实体法均可以类推。尤其是民事、经济、行政案件,法院不得以实体法无相应规定而拒绝审判。因为实体法无规定,可以依照法理以及内涵的价值精神作出判决。在程序法上,不论何种程序法都不能适用类推,也不能援用习惯或依据法理而任意对待。若程序法确有不当,也只能通过立法程序加以解决。

优先原则不同。在法律实施中,程序法与实体法并用时,应坚持程序法优先原则。就程序法与实体法之间的关系而言,实体法规定的是实体权利与义务,而程序法是为实体法的实现服务的。可以说,实体法是程序法的存在目的,程序法是实体法能否被正确适用的保障。没有实体法的正确适用,程序法的适用就其本身来说有可能正确,但在最终意义上的法律适用依然是错误的。没有程序法的正确适用,实体法的适用就难以正确,因为程序法本身就是为了正确适用实体法而设定的。因此,程序法是实体法能否被正确适用的先决条件,没有程序法的正确适用就没有实体法的正确适用。因而在实体法与程序法的效力地位上,必须贯彻程序法优先原则。只有实行程序法优先原则才能保证程序法和实体法,也即整个法律被科学适用。

五、一般法与特别法

一般法与特别法的划分是以法律效力的范围作为标准的。在一国内的一般公民、法人和一般事项都须适用的法律为一般法。作为一国宪法和基本法律的法律,都是一般法,如宪法、民法典、刑法、民事诉讼法、刑事诉讼法、行政诉讼法等。宪法和基本法律都是一般法,但一般法并不限于它们。也有学者称一般法为普通法。[5]如果称一般法为普通法,就易于将其与根本法相对应的普通法混淆,所以,以不采用这一称谓为宜。在一国内特定人(包括法人)、特定事项、特定区域适用的法律,为特别法,如我国《民族区域自治法》《香港特别行政区基本法》,都是《宪法》的特别法;《著作权法》《商标法》《专利法》不过是《民法典》的特别法;我国全国人民代表大会常务委员会关于禁毒的决定,关于惩治偷税、抗税犯罪的补充规定等都是我国《刑法》的特别法。一般法与特别法的区别标准包括:

以人为标准。以一般的人(包括法人)作为适用对象的法律即为一般法,以特定的人作为适用对象的法律即为特别法。《刑法》是一般法,相对于它而存在的《未成年人保护法》,就是特别法。《税收征管法》是一般法,相对而言,《个人收入所得税法》《企业所得税法》就是特别法。

---

〔5〕 我国台湾地区的法学著作在讲述"一般法"时多同时用"普通法"这一称谓。

以事为标准。以一般事项为适用对象的为一般法,以特定事项为适用对象的为特别法。《民法典》是一般法,《专利法》《商标法》就是特别法。《刑法》是一般法,惩治破坏金融秩序犯罪的决定,严惩组织、运送他人偷越国(边)境犯罪的补充规定就是特别法。

以地为标准。在一国领域内普遍有效的法律即为一般法,在特定地域内有效的法律为特别法。全国人大及其常委会通过的绝大多数法律都是在全国生效的,从地域上讲都是一般法,但全国人大常委会批准的《广东省经济特区条例》(1980 年 8 月 26 日全国人民代表大会常务委员会第十五次会议批准施行)等就是特别法。

以上三个标准中,有一项为特别者,即为特别法。

一般法与特别法的划分是相对的。这种相对性有两层含义:其一,相对于此法是特别法的,相对于彼法可能就是一般法。其二,在"人""事""地"三方面,范围相对较小、内容相对较详尽者为特别法,相对较广泛、较概括者为一般法,反之则为特别法。

一般法与特别法的划分在法学和法律上都具有重要意义。

首先,一般法与特别法的划分是立法技术的需要。在立法上,任何立法都不可能将所有的内容详尽无遗地作出规定,有时在立法技术上也不便于都作出规定,因此就有必要将某些内容以特别法予以规定。

其次,划分一般法与特别法,是由特定人、事、地需要特别的法律调整决定的。一些特别的人、事、地需要法律规范来调整,但如果由一般法来规定,会由于其缺乏普遍性而不妥。而且这种特殊性也可能在一定时期后不再存在或有所变化,如果在一般法中对这些特定人、事、地作出新的规定,就有可能牵一发而动全身,影响整个法律的稳定性与严肃性。为此,制定特别法也就十分必要。

最后,一般法与特别法的划分有利于正确确定各法律法规的法律效力。一般法与特别法的效力是不同的。由于特别法的"特别"之所在,特别法的效力优于一般法。"特别法优于一般法",是法律适用的重要技术原则。所谓特别法优于一般法,即特别法应比一般法优先适用,也即特别法可以排斥一般法的效力。在一般法与特别法都有相关规定的情况下,应适用特别法而不是一般法。一般法并不因此而被废止,但其效力应让位于特别法。在特别法被废止时,相关的一般法继续有效;一般法被废止,特别法的效力一般也不受其影响。但遇特别法系以一般法为其成立根据者,一般法若被废止,则应视一般法与特别法的立法目的和内在联系而定特别法的效力。特别法优于一般法,是在同一效力等级中的规范性法律文件间的效力原则。至于不同效力等级之间的规范性法律文件冲突,则应适用上位法优于下位法原则。

六、固有法与继受法

固有法是一国在本国文化、道德、风俗、习惯以及风土人情的基础上,遵循本国法律传统而形成或建立的法律的总称。

继受法是模仿他国法律所制定的法律的总称。它不是本国文化、道德、风俗、习惯以及风土人情的产物,也不是本国法律传统的结果。它来自外国,法学上习惯称之为继受法。

法律的固有法与继受法的划分,有利于正确认识各法律制度的历史渊源,正确认识各法律制度产生与存在的社会背景,正确认识法律继承与借鉴的不同意义,正确认识本国法律制度的发展历史及其与各国法律制度的相互影响。

第三节 法律效力

法律效力对于法律来说,具有决定性的意义。没有效力的任何规则,在根本上就不是法律。即使是历史上的法律,在其施行的当时也必须是有效的。法律效力就是指法律在什么时间、什么地域,对于什么人、什么事具有法律上的约束力。法律效力是法律所具有的基本属性,也是法律能够体现其功能、发挥其作用的需要。

一、法律产生效力的要件

法律要产生应有的效力,必须具有相应的条件。法律产生效力的要件包括形式要件和实质要件两个方面。

(一)法律有效的形式要件

法律是有效的,就必须是法定机关根据法定程序制定或者认可的。任何规则要具有法律效力,都必须是通过法定程序产生的,其中就包括或者是通过法定程序被制定的,或者是通过法定程序被认可的。如果其产生本身就不合法甚至违法,这样的规则内容再好,也不应该具有法律效力。规则产生上的违法性也就决定了它在效力上的无效性。

法律是有效的,就必须是公布和公开的。法律必须通过法定程序被公布,这种程序并不是任意的,而是由立法法规所具体规定的。法律的公布是法律公开性的要求,法律只有被公布才可能被公开。法律的公布也是法律公开的体现,只有公布了的公开的法律才能具有应有的效力,否则就是专制而不是法治。

(二)法律有效的实质要件

具有效力的任何法律,都不得与宪法相抵触。因为宪法是一国的根本法,是整个法律体系中其他一切法律法规的效力来源和规则依据。任何法律法规都不得与宪法规定相抵触。与宪法抵触的任何法律一律无效。

具有效力的法律,不得与上位法相抵触。一国法律体系,除了具有法律部门划分之外,还有严格的等级体系。如前所述,在整个法律体系之中,上位法优于下位法是基本的效力原则,任何下位法一旦与上位法相抵触即归于无效。

二、法律的时间效力

法律的时间效力,是指法律在什么时间区间有效。它包括法律在什么时间生效,什么时间失效,以及对其颁布以前的事项是否具有法律效力。这也就是法律效力上的生效、失效和溯及力问题。

法律的时间效力
- 生效
- 失效
- 溯及力问题

(一)生效

法律的生效是指法律开始产生效力。法律的生效有多种情形,主要包括自公布之日起生效,公布后经过一段时间生效,以及等待某一条件具备方生效。

法律自公布之日起生效,是十分普遍的生效情形。凡是社会急迫需要,而影响又不是特别重大的法律,往往会采用公布即生效的形式。我国有相当多的法律法规都是自公布之日起生效。例如,原《环境保护法》,由第七届全国人民代表大会常务委员会第十一次会议于1989年12月26日通过,当即由国家主席令公布,并自公布之日起施行。再如,原《食品卫生法》于1995年10月30日由第八届全国人民代表大会常务委员会第十六次会议通过,同日由国家主席令公布,并自公布之日起施行。一般说来,法律的修正案于公布之日起施行的较为常见。如《刑法修正案》公布日期为1999年12月25日,《刑法修正案(二)》公布日期为2001年8月31日,《刑法修正案(三)》公布日期为2001年12月29日,《刑法修正案(四)》公布日期为2002年12月28日,《刑法修正案(五)》公布日期为2005年2月28日,《刑法修正案(六)》公布日期为2006年6月29日,均于修正案公布当日施行。这往往是由修订的急迫性所要求的。

法律在公布之后经过一段时间后生效,也是十分普遍的。一般来说,社会影响重大的法律都会采用这种生效形式。《刑法》由第八届全国人民代表大会第五次会议于1997年3月14日修订并公布,它也是自半年后的1997年10月1日起施行的。《民法典》是2020年5月28日由第十三届全国人民代表大会第三次会议通过,并于同日公布的,生效日期为其附则规定:“本法自2021年1月1日起施行……”

公布后等待一定条件具备时生效。在国外如《澳大利亚联邦基本法》(1900年

7月9日通过)第4条就规定:“联邦应于指定的日期成立,联邦宪法应于同日起生效。”这就确定了其宪法生效的时间为联邦成立之日。在我国,《企业破产法(试行)》[6]由第六届全国人民代表大会常务委员会第十八次会议于1986年12月2日通过并由时任国家主席公布,其生效的时间在发布时确定为自《全民所有制工业企业法》实施满3个月之日起试行。

(二)失效

法律的失效是指法律终止其效力。法律一旦失效,即不具有法律效力。法律失效的情形是多样的。

法律本身就规定了自己的失效时间,时间届至则终止其效力。这种失效实际上是立法时就由相关法律法规自己确定的,除非依法定程序变更,否则,既定的时间一到来,原有的法律就归于无效,即失效。

由其他法定机关或者法律文件宣告失效。这种情形是非常常见的。我国全国人民代表大会,尤其是国务院在一定时候就会集中作出决定宣告一些已经过时的法律法规无效。被宣告无效的法律法规即失去法律效力。

新的法律代替旧的法律而使旧的法律失效。这是新法代替旧法的表现。同一规范性法律文件,新的生效,旧的自然失去效力。

(三)溯及力问题

法律的溯及力是指法律的溯及既往能力,即指新的法律对其实施以前的行为或事项是否具有效力。如果新法对既往的行为或事项有法律效力,即为有溯及力;如果没有法律效力,即为无溯及力。

就法律的时间效力而言,一般原则应是无溯及力原则。即使对于特殊情况或特殊问题,主张有溯及力,也是特别慎重的,而且往往以有利于保障公民权益为原则。法律无溯及力一般是针对实体法而言的,对于程序法来说,则不受无溯及力原则的影响。

法律一般无溯及力的原则,体现了法律的指引精神。法律必须是公开的,人们对于自己行为的法律后果应该是可预测的。如果认可溯及力也就意味着对不教而诛的认可,那就是对法律属性、对法治精神的违背。所以法律溯及力的存在只能是法律效力上的特例,而不应该是常态。即使是特例也必须受到诸多限制,并以有利于保障公民权益为基点。

---

[6] 该法律已经因新的破产法的实施而失效。

三、法律的空间效力

法律的空间效力,是指法律在什么领域之内具有效力。法律的空间效力是以国家领土主权范围为基础的。一般来说,一国的法律均适用于一国领域范围之内,包括一国的领陆、领水、领空和底土四个部分。此外还有虚拟的领土,如一国的驻外外交馆舍,在公海和外国领水上的本国军舰和船舶内,都属于本国领土的延伸部分。本国法律在这些领域都具有法律效力。

任何一国的法律都是有等级区分的。尤其是在大国更是如此。不同层级的立法,在空间上的效力范围也是不同的。一般来说,一国最高立法机关、最高行政机关所制定或认可的法律法规,除有特别限制者外,一般都在全国所有领域内有效。一国最高立法机关或最高行政机关针对特定区域而制定或认可的,并限定在特定区域生效的法律法规,只在特定区域具有法律效力。地方国家立法机关或行政机关所制定或认可的地方法规与地方政府规章,只在其管辖范围之内具有法律效力。

特定区域满足了某些法律法规法定的生效条件,相关法律法规即对其产生法律效力。如紧急状态法或戒严法都可能规定了自己在特定地区生效的条件。一旦某个地区符合了紧急状态的条件或者属于实行戒严法的情形,紧急状态法或戒严法即对该特定区域具有法律效力。这种情形一旦被依法宣告解除,原有在该特定地区生效的紧急状态法或戒严法,就不再生效。

四、法律的对人效力

法律的对人效力,是指法律对什么人有效。这里所称的人实际上是相关主体的统称,它包括自然人、法人(包括机关法人、企业法人以及其他法人)和其他社会组织。法律的对人效力,也就是指法律对什么自然人、法人和社会组织有效。法律的对人效力,在原则上应当认为:一国法律对其领域范围之内的任何人都具有法律效力甚至包括对其领域之内的任何外国人和无国籍人一律有效。

对于在国外的本国公民,本国法律是否有效,学术界有不同见解。有的认为应当采用“属人主义原则”:只要是本国公民无论他身处何地都必须遵守本国法律法规;只要不是本国公民,无论是外国人或是无国籍人一律都不必遵守本国法律。也有人认为应当采用“属地主义原则”:凡是在本国领域之内,本国人、外国人、无国籍人都必须遵守本国法律,任何人不得例外;反之,只要不在本国的领域之内,任何人都不必遵守本国的法律法规。还有人认为应当采用“保护主义原则”,即是以保护本国利益为中心,任何人只要侵害了该国利益,不论其所在地域和国籍归属,都应受到该国法律追究。在现实的法律实践中,许多国家包括中国都兼采三种学说,以属地主义原则为基础,并辅之以属人主义和保护主义原则;或者表述为,以属地主义为主,以属人主义和保护主义为补充。具体情形,各部门法学将予以具体论述。

五、法律的对事效力

法律的对事效力,是指法律对什么事项具有效力。一般认为,法律只对它所调整的事项具有法律效力,这就是法律的对事效力。法律的对事效力,决定于相应法律的上位法及其自身的规定。在法律的对事效力问题上,还必须注意两个原则,一是一事不再理原则,二是一事不二罚原则。

一事不再理,是一个基本的对事效力原则。同一国家机关对同一事项已经作出了决定或者裁决,就不能再就同一事项进行受理或作出处理;否则就有违一事不再理原则,可能导致不同的相互矛盾的决定或裁决产生。即使是人民法院也不能违反这一原则。除非按照特别的程序规定,使既有的决定或裁决被依法撤销,否则就不能再行受理或处理。

一事不二罚,也是一个重要的对事效力原则。它是指同一行为不能受到重复处罚,即不能受到两次及以上的处罚。值得注意的是,在一次处罚中可以施以两种以上的处罚措施,如行政处罚中的拘留和罚款并用,刑事处罚中的徒刑与剥夺政治权利或者罚金并用,这是并罚,是一次处罚而不是两次处罚。对于一个违法行为或者一个违法事项,进行了两次及以上的处罚,就是对相关事项处罚权的滥用。即使遇到特殊情形(当事人为减轻处罚而贿赂相关公务人员事发),需要重新决定更重的处罚,也必须先依法撤销既有处罚,再作出新的处罚。

根据一事不再理与一事不二罚的原则,即使遇到既有处罚确实不当的情形,也不能随意变更。如果一定要变更,也只能在既有处罚裁判或决定被依法撤销之后,才能作出新的裁决或者决定。在这里需要特别说明的是,凡是有损公民或法人合法权益的裁判或决定,只要是错误的,尤其是冤假错案,就理当依法及时修正。凡是对公民或法人处罚过轻的裁判或决定,除非公民或法人对此负有重大的违法过错或者舞弊(包括串供、毁灭证据、贿赂执法司法人员,以及执法司法人员已因徇私枉法受到追诉等),否则也不应随意变更而加重处罚。总之,不能将案件作为烧饼随意翻动,那必将严重伤害法律的尊严与权威。正是为了维护法律的尊严与权威,对于冤假错案制造者,对于有重大过错、舞弊、违法的公职人员,必须予以应有而严厉的依法惩戒。

思考题

1. 法律渊源的含义及其与法律形式的关系。
2. 法律形式的定义及其种类划分。
3. 成文法、不成文法及各自的优点。
4. 法的种类划分。
5. 根本法与普通法的含义与区别。

6. 公法与私法的划分及其意义。

7. 国内法、国际法的含义及其区别。

8. 实体法、程序法及其原则差异。

9. 一般法与特别法的区别以及这一划分的意义。

10. 固有法与继受法的含义。

11. 法律效力的含义。

12. 法律产生效力的要件。

13. 法的时间效力、空间效力、对人效力、对事效力。

14. 法律生效、失效、溯及力的基本含义。

第五章　法与其他社会现象

法是一种独特的社会现象，也是若干社会现象之一种。它与其他社会现象并存，并相互作用。对法与其他社会现象之间关系的认识是对法的认识的进一步深化，是全面认识和了解法的必需。

第一节　法与经济

“经济”一词的含义极为复杂。它在中国传统文化中具有与现代语汇中完全不同的词义。当然就是在现代词义上，它的内涵也十分复杂。法与不同的词义“经济”的关系，值得我们用心体悟。

一、中国传统文化中的“经济”

在中国传统文化之中，“经济”原本是指“经邦济世”“经国济民”“经世济民”，乃至“治国平天下”之意。其文化源头当在中国传统文化经典《大学》中，该书有这样的期许：“古之欲明明德于天下者，先治其国；欲治其国者，先齐其家；欲齐其家者，先修其身；欲修其身者，先正其心；欲正其心者，先诚其意；欲诚其意者，先致其知。致知在格物。物格而后知至，知至而后意诚，意诚而后心正，心正而后身修，身修而后家齐，家齐而后国治，国治而后天下平。自天子以至于庶人，壹是皆以修身为本。”[1]“格物、致知、诚意、正心、修身、齐家、治国、平天下”简称“格致诚正、修齐治平”或者“八目”。它是儒家人生哲学的精华，是其关于人生路径与理想的描述。“治国平天下”就是指以“格物、致知、诚意、正心、修身、齐家”为基础的，并且是比其更高的能力要求、人生追求与精神境界。“经济”所指的就是其中的“治国平天下”之意。

由此可知，“经济”在中国传统文化中具有丰富的人文思想和精神蕴涵，是中国

---

〔1〕 卓泽渊：《〈大学〉应是法律人的国学经典》，载卓泽渊：《法治期待》，法律出版社 2019 年版，第 572 页；卓泽渊：《我们与世界》，商务印书馆 2020 年版。

传统文化中“士人”(读书人),即今天所称知识分子的责任与使命,是一个极有深度、广度、高度的人生、社会、政治词语。中国传统士人的理想就是文能安邦、武能定国,经济之道是他们的人生理想与崇高目标。

法与中国传统的“经济”一词具有密切联系。自人类进入政治国家以来,经国济民的“经济”现象就产生了,法也产生了。从二者之间的关系来说,就应然意义上讲,主要体现在以下几个方面:首先,法是经国济民的准则。在应然意义上,法是人民为治国者设定的治国规则。治国者需要根据法律规定治理国家,即依法治国之所谓也。其次,法是治国者经国济民的工具,是政治家手中的权柄。法本身就是作为治国理政手段产生的。从其产生开始就是治国者用于国家治理的工具。再次,法也是治国者的行为规范和外在约束。因为,治国者需要依照法律来行使政治权力,从这个意义上说,它也是治国者的行为规范与外在约束。最后,法总是与经国济民行为相互联系、相互作用、相互影响,并在历史进程中或快或慢地协同发展。

作为现代名词的“经济”一词,是经日本从西方引进的,其含义与中国传统的“经济”一词大相径庭,乃有全然不同的感觉,具有完全不同的含义。在日常中,它常被用指特定主体的财富状况,收支状况,或者节约、节俭、不肆铺张的行为与结果。在法学理论中所使用的“经济”更多地被用指生产力水平,以及作为生产关系总和的经济基础。下面就这两个含义上使用的“经济”一词及其与法的关系作一个简要论述。

二、法与生产力水平

经济经常被用指生产力状况。作为生产力意义上的经济,既可能受法的状况的影响,又是法的发展的最终决定力量。法与之的关系可以从以下几个方面来考察。

第一,法对生产力具有促进或阻碍的作用。法对于生产力具有促进或者阻碍的作用,可能促进或者阻碍生产力的发展。当法律适应生产力发展要求时,它对生产力发展发挥的就是促进作用,它可以推动生产力发展。反之,在法不适应生产力发展的时候,它就成为生产力发展的阻碍力量,制约生产力的发展。

第二,生产力对法具有最终的决定作用。生产力是法发展的最终决定因素。尽管法在一定程度上制约着生产力发展速度,但从根本上说,生产力最终决定着法的发展水平。也可以说,法的发展最终决定于生产力的发展状况,生产力是法的发展的最终决定因素。法在一定时期或者某些方面可能超越生产力发展的阶段或者水平,但这只能是暂时的。从长远来说,生产力才是法的根本的决定因素。超越生产力水平的法,短期内可能发挥出一定的效用,但终究会因此而遭受挫折,不但不能推动生产力发展,甚至反而会因其过度超前而阻碍生产力发展,成为生产力或者说是经济发展的阻力。

第三,生产关系是连接法与生产力的中介。法与生产力之间的作用关系是以生产关系即经济基础作为中介的。生产力是通过生产关系(经济基础)作用于法律的。生产力发展的法律要求都是通过生产关系的法律要求得以表达的。法律作为上层建筑的构成部分,也不直接作用于生产力,它是通过对各种生产关系即经济基础的调整来发挥对于生产力的作用。生产关系一端联系着生产力,另一端连接着法,并发挥着缓冲、协调、协同的作用。

三、法与经济基础

法是一定社会上层建筑的组成部分。上层建筑是建立在一定经济基础之上的社会意识形态以及相应的政治法律制度、组织和设施的总称。法作为上层建筑的组成部分,为经济基础所决定,并反作用于经济基础。

(一)经济基础决定着法

法属于上层建筑的范畴,经济基础决定上层建筑的基本原理,也同样适用于经济基础对法的决定作用。

法总是以一定经济基础作为自己的基础的。首先,法是经济基础发展到一定阶段的产物。即法是在私有制产生后,作为私有制发展的结果而产生的。在高度公有的原始社会中,其原始公有制所需要的是原始习惯,而不是法律。私有制为法的产生奠定了经济基础,成为法产生和发展的根本依据。其次,经济基础的性质决定着法的性质。建立在奴隶制经济基础之上的法,只能是奴隶制法;建立在封建制经济基础之上的法,只能是封建制法;同理,建立在资本主义经济基础之上的法,只能是资本主义法。再次,经济基础的发展变化也决定着法的发展变化。当经济基础由奴隶制的奴隶主占有生产资料、占有奴隶向封建制的封建主占有土地、部分占有农民转变的时候,法也逐步地进行着由奴隶制法向封建制法的革命性变革。最后,经济基础的发展也为法的最终消亡创造着条件。法的消亡必须以生产资料的高度公有,人们之间关系的和谐互助为前提。没有经济基础的发展,就不会有法的消亡。

法作为上层建筑,最终或者说归根到底是由生产力的发展水平决定的。法是通过经济基础而为生产力所决定的。经济基础是生产力对法的决定作用的中介。法通过经济基础与生产力发生联系并相互作用。

(二)法反作用于经济基础

作用与反作用总是连接在一起的。在经济基础作用于法的时候,法也反作用于经济基础。法对于经济基础的反作用是客观存在的,这种反作用主要表现在以下几个方面:

首先,法积极地保护、巩固和发展其所赖以存在的经济基础。任何法都是建立在一定的经济基础之上的,法只有保护、巩固和发展自己的经济基础,才能使自己得以持续、发展和完善。法应理所当然地为自己的经济基础服务,反作用于经济基础。任何时代的法律都不会也不能对那个时代占主导地位的生产关系无动于衷。它始终担负着将主导的经济基础法制化,予以法律调整,并予以特别的法律保护的重任。

其次,法还致力于消灭或改造过时的旧的经济基础,创建新的经济基础。在新旧社会制度交替的过程中,旧的经济基础不可能随着旧的政权或旧的时代的过去而迅速消灭,因而新的法律往往需要担负起消灭或改造旧经济基础、创建新的经济基础的重任。法律对旧经济基础的改造与对新经济基础的确认、调整与维护,是一体两面的。改造旧的经济基础是确认、调整与维护新的经济基础的前提。确认、调整和维护新的经济基础是新的法律的使命。

再次,法还阻止不利的经济基础的产生,抑制不利的经济基础的发展。在每一个社会,都很难做到只有唯一的经济基础,而不会有其他经济基础的产生或者存在。但是任何一个时代都需要反对不利于其时代发展的经济基础的产生,或者需要限制不利的经济基础的发展,因而法就成为了阻止不利经济基础产生或抑制不利经济基础发展的重要手段。

最后,法总是通过经济基础的中介反作用于生产力。这种反作用表现为两种情况。当法建立在落后的经济基础之上,其经济基础(生产关系)不适合生产力性质的时候,法就发挥着阻碍生产力发展的负面作用;当法建立在先进的经济基础上,其经济基础(生产关系)适合生产力性质的时候,法就发挥着推动生产力发展的进步作用。

经济基础决定着法,但它并不是制约和影响法的唯一因素,与法并存的上层建筑的其他因素都可能对法产生这样那样的影响。生产力、经济基础对法具有决定作用,但并不因此而否定法所具有的相对独立性。

第二节 法与政治

在人类创造了政治之后,政治就成为人类无法摆脱而又必须运用的怪物。也许正因如此,亚里士多德才将人定义为政治的动物,即"人类在本性上,也正是一个政治动物";[2] 马克思才有"人是最名副其实的政治动物"[3] 的结论。现代政治学

---

〔2〕 [古希腊]亚里士多德:《政治学》,吴寿彭译,商务印书馆 1965 年版,第 7 页。

〔3〕《马克思恩格斯全集》(第 46 卷)(上册),人民出版社 1979 年版,第 21 页。

家罗伯特·A. 达尔认为:"无论一个人是否喜欢,实际上都不能完全置身于某种政治体系之外……政治是人类生存的一个不可避免的事实。每个人都在某一时期以某种方式卷入某种政治体系。"[4] 其实,人不仅是政治的动物,也是规则的动物。在众多的规则中,法律无疑是极为重要的。因此,甚至也可以说人是法律的动物。至少在人类社会进入国家状态以来,法律和政治都成为了当然的存在物。人们总是在政治和法律的环境中生存的,政治和法律构成了国家状态之下的人的生存环境与活动空间。

一、法与政治的区别

法 — 政治

- 产生的时间有先后
- 表现的形式有差异
- 基本的内容有区别
- 调控的手段有强弱

法律与政治是人类社会上层建筑中的不同现象。作为不同社会现象,当然存在重要差别。正是这些差别使之成为不同事物,共存于人类社会之中。

第一,产生的时间有先后。在总体上,可以说法律与政治产生的时间大体相同。但是仔细分析,就不难发现,在人类社会公共事务和公共管理产生之后,政治就产生了。政治作为一种社会现象,并无严格的形式要求,所以其产生就相对较为容易。法律则不同,它有特定的主体要求和形式特征,也有特殊的产生过程。法律在立法主体、立法程序和表现形式等方面的特殊性,使其总体上比政治产生要晚,甚至是政治产生之后,经过一定阶段的发展,为了政治乃至整个社会的需要才产生的。

第二,表现的形式有差异。政治表现为对公共事务的管理和公共权力的运行。只要有这两个方面存在,就可以说有政治存在。不论法律是否以条款的形式表现,都是一种行为规则,这一点是没有疑问的。法律的拟制、内容、效力都可能是政治,但是政治并不就是法律。政治的内容远比法律丰富。由政治的内容所决定,政治的形式也比法律更加丰富多彩。法律的表现形式远不如政治的表现形式那么纷繁,并以其独特而严格的表现形式与政治相区别。

第三,基本的内容有区别。政治的内容非常广博,法律的内容则相对狭窄。在人类的集体生活中,政治是必需的。政治涉及人类生活的方方面面,也体现在人类生活的形形色色之中。法律仅仅调整人们的行为,政治既调整人们的行为也调整

---

[4] [美]罗伯特·A. 达尔:《现代政治分析》,王沪宁、陈峰译,上海译文出版社1987年版,第5页。

人们的思想。法律仅仅调整重大的社会关系，仅仅调整那些需要国家强制力干预的领域与方面，而政治的调整范围则遍及几乎所有的社会关系。政治与法律内容的重叠与差异，使得法律在很大程度上，不过是政治的构成部分而已。除了纯粹技术性的规则之外，法律在总体上还是政治的构成部分，法律的外延小于政治的外延。似乎只有法律自身独特的技术内容，因无法被纳入政治的范畴，才成为远离政治的法律技术。

第四，调整的手段有强弱。政治和法律在一定程度上都是社会的调整工具。但是在调整手段强弱上，政治和法律有着重大差异。政治的调整手段多元多样，未必都依赖国家的强制力。法律调整的最终保障是国家强制力。没有国家强制力作为后盾的规则，也许是道德规范、习惯规则，也可能是政治守则。法律必须且必然具有国家强制性，政治则未必。政治调整手段的多元与多样大大扩展了政治调整的空间，但也妨碍了政治调整的有效性。由于政治与法律调整手段即是否以国家强制力为保障的差异，就必然地导致效力的差异。

政治与法律的差异很多，混淆法律与政治，必然是错误的，不科学的，非理性的。人类历史上混淆法律与政治，将二者错误等同的情形时有发生。就在 20 世纪中后期，中国为此付出了极其惨痛的代价。

二、法与政治的一致性

作为人类社会并存的两种社会现象，法律和政治之间有着密切联系。将二者进行比较，就可以发现它们的一致性，即它们的产生大体同期，性质彼此一致，内容相互交叉，变化彼此互动。

第一，产生大体同期。法律与政治在人类历史上出现的时间阶段大体一致。在人类活动中出现政治活动的同时，也出现了法律活动。政治是人类群体生活的产物，法律也同样是人类群体生活的产物，二者都以人类的群体活动为基础。国家在政治和法律上都具有重要意义。国家是政治的集中表现之一，是政治最主要、最重要的主体和载体。政治是国家存在的最基本的表现方式之一。国家也是法律产生的前提，任何法律都是依附在国家身上的。法律是国家意志的外化，是国家的符号与标志。在人类社会活动出现之后，政治产生了，随着国家的形成，与之相伴的法律也产生了。

第二，性质彼此一致。从相对静态的意义上讲，法律与政治在性质上总是一致的。同时存在的法律与政治,在性质上总是相同的。每个社会的法律与政治都保持着性质上的同质性,并且在总体上不会错位。从动态的意义上来讲,当政治的性质发生了变化,政治的主导者一定会努力地改变法律,以使法律的性质与政治保持一致。在一种性质的法律为另外一种性质的法律所取代时,只要这样的法律不被废止,政治也就会随着法律的性质变化而变化其性质。从社会形态的角度来看,在政治或法律的性质由奴隶制向封建制转化,或由封建制向资本主义转化的过程中,或许是相关的政治先行变革,或者是相关的法律先行变革,后变革者都会紧随前一变革者改变自己的性质。从社会的经济状态来看,农业经济时代、工业经济时代、知识经济时代,不同时代有不同政治状况,不同时代也会有不同法律制度。在与经济相适应的过程中,法律与政治总是相依相伴的,它们大体保持着相同的性质。若某一方面发生变化,另一方面也将随之发生相应的变化。法律与政治的变革总是基本同步的,而且都是向同一性质转换的。最终决定变化方向的,既不是政治也不是法律,而是生产力、生产关系即经济基础。

第三,内容相互交叉。法律与政治的内容总是相互交叉的,有相当的内容甚至相互重叠。从整个政治和法律来说,许多社会现象既是政治现象,也是法律现象。如国家制度、宪制、选举等,都是严格意义的政治现象,也是严格意义的法律现象。另外,也有一些社会现象既与政治密切联系也与法律密切联系。例如,民主、主权、国体、人权等既与政治相关,也与法律相关;既是政治概念,也是法律概念。法律与政治之间的相互交叉,以及因相互交叉而出现的相互重叠,使法律与政治之间的关系更加紧密。法律与政治从它们出现以来就具有密切联系,在二者的发展中一直呈现出交叉关系。这种交叉关系不仅仅在历史中存在,而且在现实中每天都发生着,并且还将发展下去。

第四,变化彼此互动。政治和法律都不是静止的社会存在。在政治和法律的发展中总是彼此互动的。当一个社会的政治发展变化了,其法律必将发生相应的变化。政治变化往往是法律变化的先导和前兆。同样,一国法律发生了变化,其政治也将因法律的变化而作出相应的调整。其实,历史上的许多社会变革本身就具有法律与政治双重变革的性质。其中典型的代表是历史上的历次变法。“变法”这个词本身就包含着政治变革和法律变革的双重性质与含义。康有为、梁启超等人发动的戊戌变法,既是政治的变革也是法律的变革。其变法主张本身就包含着这样两个方面的内容。历史上,戊戌变法失败了,但是戊戌变法的精神并没有失败,清王朝就是在总结戊戌变法的基础上,吸收了变法派的主张,开始了清王朝自主的变法运动,伴随着政治改良,对封建法律进行了体系上的革命。1901~1911年,清王朝全面变革了自己的法律体系,开创了以宪法为主导,以各个部门法为主体的现代法律体系,从而开启了中国法律体系现代化的大门。其中,谁也无法区分是政治改革在前或是法律改革在前,是政治改革带动了法律改革,或是法律改革带动了政治改革。法律与政治的状况,是历史发展的结果,是现实社会的反映,其中任何一个因素的变化都是特定时代社会变化的产物。法律适应政治变化所作出的变化,或者政治为适应法律变化而作出的变化,都不过是适应社会的变化而已。在社会基础之上,法律与政治相互作用,彼此影响,形成互动的架构与互动的运行模式。

三、法以政治为基础

政治为法律提供——权力基础
政治为法律提供——组织基础
政治为法律提供——政策基础

法律与政治都是政治社会的现象。在有国家这样的政治组织以来,法和政治就因国家而紧紧相随。相对于国家而言,法律和政治都以国家作为基础。就法律与政治之间的关系而言,政治就是法律的基础。法律之所以以政治作为自己的基础,是因为:

第一,政治为法律提供权力基础。任何法律都是以权力作为自己基础的。没有权力,法律就无法产生。任何时代的法律都是以权力作为根据的,并且直接表现为某种权力意志的体现。尽管这种权力意志背后还有更为深刻的根据,但法律的制定或认可都必然和必须首先具有权力这一基础。是权力使法律具有了强制服从的性质,也是权力使法律具有了强制服从的力量源泉。权力为法律提供了心理和暴力的双重保障。一方面,人们慑于权力的威迫,而对法律产生敬畏。权力在一定程度上制造和维持着人们对于法律在心理上的服从。另一方面,人们更迫于现实的权力威胁,不得不遵行法律。如果违反法律,权力的强制力就会降临,人们就必须依照法律的规定行事,而不得听任人们的任性与随意。

第二,政治为法律提供组织基础。法律是人类政治社会的产物。政治组织是政治社会的活动主体与外在标志。进而,还可以说,法律是人类社会政治组织的产物。没有政治性质的组织,人类的法律就失去了制定主体和执行主体。在人类社会中,政治组织作为公共权力的拥有者担负着维持公共秩序和实现某种或某些政治目的的使命。政治组织为了实现自己的目的就会制定或认可法律,并保障法律被切实贯彻。从法律本身来看,它就是人类有组织活动的要求与结果。没有政治性质的组织存在,人类没有必要去创设法律,而且创设出来的法律也没有最有效的执行者和监督者。国家的立法机关、执法机关(行政机关)、司法机关都是政治组织。这些政治组织为法律的制定、适用提供了基本的机构,作出了组织准备。立法、执法、司法都需要这些政治组织的先决存在和有效运行。

第三,政治为法律提供政策基础。政策是一定政治主体的意志表现,政治主体不同,其政策也会有所差异。政策分为国家政策、政党政策等,国家的政策始终是制定法律和实施法律的重要指针。国家的政策总是随着国家形势的发展变化而发展变化的。国家政策的变化既可能是一些新法律得以制定的前提,也可能是一些既有法律必须进行修改的依据,还可能是某些法律被废止的前因。至于政党的政策,也会对法律的状况与变化产生影响。政党的政策因各个政党在国家和社会生活的地位和作用的不同,而对法律产生不同的影响。在众多政党中,尤其以执政党对法律的影响最为巨大。执政党政策通过议会,或者通过政府,或者通过它们具有表达优势的其他方式来对法律产生影响。政策作为法律的政治基础,全面地影响着法律的创制、修改和废止等立法活动,也为法律实施提供了某种政策性质的指引。法律的实施首先就涉及对于法律文本的解读。如何理解既定的法律条款,国家的政策或特定情况下的执政党政策,就为其提供了指导。

四、政治以法律为规则

在现代政治文明、法治完备的国家,在应然意义上,法律是政治的规则。具体表现为,它表达着政治意志,调整着政治关系,规范着政治行为,维护着政治秩序。法律以此制约着政治发展。

法律对于政治的作用
- 表达政治意志
- 调整政治关系
- 规范政治行为
- 维护政治秩序

第一,法律表达政治意志。任何政治主体,之所以是一个政治主体就意味着它有自己独立的政治意志。独立的政治意志是政治主体存在的标志和外化。法律要么是一个政治主体意志的表达,要么是多个政治主体不同意志碰撞协调与融合的产物。政治主体的意志总需要适当的表达方式。政策、法律都是政治主体意志的载体。但法律具有政策所不具有的独特的权威性、神圣性,并且具有通过司法程序强制要求全社会遵循的性质。如果有可能,主导社会的政治主体就会力图把自己的意志表现为最具有权威性和强制性的法律。不同的政治主体都会利用各种场合和方式来表达自己的政治意志。因此,作为立法机构的议会或人民代表大会往往会成为政治主体表达意志的最好场所。各种政治意志就会在议会或人民代表大会上相互碰撞、协调与融合,最终形成一个综合意志,表现为法律。

第二,法律调整政治关系。政治主体是多元的,公民、选民、人民、社会团体、利益集团、阶层、阶级、政党、机关、国家无不是政治主体。不同的政治主体之间会形成多种政治关系。这些关系之中有统治者与被统治者之间的关系、统治者与同盟者之间的关系、政治组织与政治组织、政治领袖与社会民众之间的关系,以及政治制度与政治运作之间的关系等。这些关系需要多个方面的规则或方式来调整,但是其最基本方面与重要内容,都离不开法律作用的发挥。法律对这些政治关系的确认和调整,可以使政治关系具有稳定性质,并获得法律的保障而不被任意破坏。法律对于政治关系的调整,可以使政治关系被固化并获得规范化的调整,具有长期性、有效性与稳定性。

第三,法律规范政治行为。政治行为的种类繁多,内容丰富。从政治行为各种相互对应的类别划分来看,政治行为中有统治的政治行为与非统治的政治行为,个体的政治行为与群体的政治行为,理性的政治行为与非理性的政治行为,直接的政治行为与间接的政治行为,公开的政治行为与秘密的政治行为,国内的政治行为与国际的政治行为。[5] 从政治行为的性质来看,有政治斗争、政治统治、政治管理和政治参与等。[6] 在历史和现实中,理性的统治者或领导者都会给政治行为以法律的规制,避免政治行为的无序状态。因为政治行为中有理性的,也有非理性的;有文明的,也有野蛮的;有推动社会发展进步的,也有阻碍社会发展进步的。作为统治者或领导者来说,也许他们并不在意某种政治行为对于人类理性与社会发展有多大危害,但是他们总是会关注每种政治行为对于现行政治的影响,关注每种政治行为对于自己政治统治的作用。用法律来规制政治行为,也就是统治者意志在政治上的重要体现。不管特定社会是由谁来统治或主导,对于政治行为的法律规范,都是他们共同的行为方式。

无论法律规范的是什么样的政治行为,只要有法律规范的存在,都可以增强政治行为的秩序性,避免政治行为的无序化。运用法律来规范政治行为,比用单纯的政治或政策来规范政治行为要进步得多,也有效得多。单纯运用政治手段来规范政治行为,就难免因政治手段的不规范性,而使政治演变成为单纯的闹剧。恰恰相反的是,法律可以运用有序的规范较为有效地防止政治行为的无序性和无序化。

第四,法律维护政治秩序。政治需要秩序,没有秩序的政治就是混乱。混乱是政治的灾难。它既妨碍政治正常运作,更有可能毁坏政治本身。政治的有序性,是政治得以存在的要求,是政治统治者能够持续统治的基本保证。政治秩序的存续,是政治运作的前提。统治者利用其拥有国家政权的优势,必须也必然会运用法律的武器来巩固自己的政治秩序。

政治活动与运作是政治的生命体现,政治秩序也是政治运作的需要。政治一旦存在就不是静止的。政治是运动着的政治。参与政治活动的人是众多的,政治活动的时间是持续的,因此,如何规范政治活动,保证政治活动的有序性,就是摆在社会及其统治者面前的难题。政治活动的秩序问题历来都为社会所关注。政治统

---

〔5〕 陈子明等:《现代政治学导论》,宁夏人民出版社 1988 年版,第 123~124 页。

〔6〕 王浦劬主编:《政治学基础》,北京大学出版社 1995 年版,第 125 页。

治者要使自己的政治有效运转和良性运转,就必然要运用法律来规范政治活动,确保政治活动不走向政治目标的反面,并努力避免政治混乱。

第三节　法与道德

法与道德同是社会规范,具有十分紧密的联系,对法与道德区别与联系等关系的把握,是深入认识法和道德关系的需要,也是充分发挥道德作用、正确运用法律的需要。

一、法与道德的区别

法 —— 存在时代不同 / 表现形式不同 / 调整对象不同 / 实施手段不同 / 违反后果不同 —— 道德

法与道德有着许多重大的区别,对于这些区别的认识,是准确把握和正确适用道德与法律的双重需要。法与道德存在以下的主要差异。

第一,存在时代不同。道德与法律,都是人类的社会现象,它们在人类社会的历史发展之中,存在的时代是不完全相同的。从道德与法律各自的产生来讲,道德在原始社会之中就存在了,而法律只能在人类政治国家和社会状态中存在。从发展方向来看,道德也许将伴随人类始终,只要有人类社会就会有人的道德。但是法律却可能随着人类法律社会的结束而不复存在,在社会发展中归于消亡,并不会像道德那样伴随人类始终。在总体上,道德存续的时间应比法律更为久远。它比法律出现更早,也许在法律消亡之后,道德还会与人类相伴随行。

第二,表现形式不同。道德与法律有着不同的表现形式。一般说来,法律都有严格而规范的表现形式,尤其是随着法律的发展,这种形式的严格性越来越被强化。不同类别的法律分别表现为宪法、法律、行政法规、地方性法规等,各有不同的表现形式和法律效力,有着严格的区别,不允许被相互混用。道德的表现形式呈现多元化与多样性状态。它可以存在于人们的内心之中,舆论之中、信念之中、观念之中,还可以存在于礼仪之中、法律之中、教规之中、行为之中。它的表现形式多元、多样,甚至可能没有严格而规范的表现形式。

第三,调整对象不同。道德与法律的调整对象具有重大的差异。首先,差异表现在是否调整思想这一点上。道德是人们思想和行为的规范,它不仅仅调整人们的行为,而且也调整人们的思想。道德对于人们的意义存在于人的思想和行为两个方面,是双重的。法律对于人们的思想并无调整作用,法律所调整的仅仅是人们的行为。法律是行为的规则,并不是思想的规范。法律虽然对人们的思想也会有影响,但并不对思想进行直接调整。正常的法律从来都不把某种思想宣布为违法犯罪,从来都不惩罚思想。正因如此,那些把思想宣布为违法或者犯罪的法律,才为人们所反对,所批判。其次,在是否调整所有行为上具有重大区别。道德不仅调整思想,甚至可以调整一切行为,但法律只调整那些对社会具有重大影响的,或者严重违反道德并需要法律调整的行为。对于行为的调整,法律也远不如道德那么广泛。一般的道德行为或者社会行为,只要不具有足够的社会危害性,一般地说,法律是不予调整的。最后,在是否调整一切社会关系上具有重大区别。一般来说,道德几乎涉及一切社会关系,而法律仅仅涉及重大的社会关系。对于一般的道德关系,法律并不予以特别关注。法律对于重大社会关系包括重大道德关系才予以应有的关注并纳入自己的调整范围之中。

第四,实施手段不同。道德与法律的实施手段是不同的,也可以说道德与法律的实施保证是不同的。道德得以实现所依赖的是人们的内心信念以及舆论谴责等,道德作用的发挥必须通过相关主体的思想活动。内心信念与舆论谴责保障着道德的实施。道德实施离不开道德主体的自觉和觉悟。离开其主观意志和内在意识,道德的实施就会失去应有效用。法律所依赖的是国家强制力,是国家的警察、法庭、监狱所拥有的力量,保证法律被良好地遵守执行。一旦有违法犯罪发生,法律就依赖警察、法庭、监狱的力量迫使违法犯罪者承担法律责任,迫使所有的社会成员服从。人们对于法律的遵守,除了主体自觉之外,国家强制力的威慑是不可忽视的重要因素和外在压力。

第五,违反后果不同。违反道德与违反法律的后果是不同的。违反道德所受到的是良心责备、舆论谴责、公众指责或社会批评等后果,必须承担道德责任,接受道德惩罚或道德制裁。违反法律所必须承担的是法律责任,接受法律惩罚或法律制裁,所受到的是国家的暴力制裁。在民事法律上,民事违法行为的主体可能被强制恢复原状、赔偿损失、支付违约金等;在行政法上,行政违法当事人则可能被没收财产、罚款、拘留等;在刑法上,刑事犯罪的被告人则可能被判处管制、拘役、有期徒刑、无期徒刑、死刑等。违反道德受到的惩罚也许是严厉的,但毕竟是局限于精神的。违反法律的后果是特别严重的,它并不仅仅局限于精神的惩罚,更重要的还是一种外在的身体强制,可能是限制自由甚至是剥夺生命。

二、法与道德的一致性

法 —— 同属社会规范 / 经济基础相同 / 价值评价趋同 / 功能相互补充 / 作用彼此影响 —— 道德

法与道德当然是有差异的,但也有着重要的一致性。法与道德具有很多的一致性,正是这些一致性使法与道德在一定意义上相辅相成,彼此互动。

第一,同属社会规范。法与道德都是社会规范,是人们用以评价自己或他人行为的准则。它们在不同程度上为一定社会包括一定群体或个人所遵从与信守。法与道德都调整着人们的行为。对道德和法律的违反都可能导致一定的不利后果发生。所不同的是,法律仅仅是行为规范,道德不仅是行为规范,甚至还是思想的规范。道德不仅调整人们的行为,还调整人们的思想。但是在社会规范的意义上,二者是相同的,都是社会规范之一种。

第二,经济基础相同。法与道德作为社会规范,它们同属于社会上层建筑的组成部分。同一社会的道德和法都决定于同一经济基础,并对经济基础具有反作用。在原始社会,由于法律的缺位,两者的关系无法描述。在奴隶制时代、封建制时代、资本主义时代、社会主义时代,法与道德都是建立在完全相同的经济基础之上的上层建筑,经济基础对法和道德都有着根本的决定作用。经济基础既决定着道德,也决定着同一时代的法律。

第三,价值评价趋同。对于道德与法律的一致性,还可以从道德与法律价值评价的一致性上得到说明。一般来说,凡是法律所奖励的,也都是道德所倡导的;凡是法律所制裁的,也都是道德所谴责的。反之,凡是为道德所谴责的,也是法律所不鼓励的;凡是道德所鼓励的,也是法律所不制裁的。在法律上被列为违法和犯罪的行为,一般说来,都是为道德所否定的。例如,法律所鼓励的英雄模范行为、科技发明创造,道德上也都是充分肯定并积极表扬的。法律所制裁的诽谤、诬告陷害、诈骗、抢夺、抢劫、盗窃、投毒、爆炸、虐待、遗弃、伤害、杀人等犯罪行为,一般在道德上都是受到严厉谴责的。

第四,功能相互补充。法与道德作为社会规范在功能上是相互补充的。法律总对重大的社会关系进行调整,在法律难以触及的领域与方面,道德发挥着极为重要的补充作用。道德的教化功能对法律的贯彻实施有着基础性的意义和重大的促进作用。在道德滑坡、是非混淆的时代,法律在立法上也会无所适从,在实施中也会遭遇严重的道德障碍。法律会因道德不良而受阻。良好的道德是良好法治的重要基础与必要条件。同时,法律也对道德发挥着重大的维护作用。严重的不道德行为一旦违法或者犯罪,法律就予以有力的制裁。法律切实、有效地维护着道德的底线,确保道德规范得到应有的尊重和遵从。如果人们都能因法律而抑制自己严重不道德的行为,社会必将因此而更加美好。

第五,作用彼此影响。法律是以道德为基础的,法律是道德的外在维护力量,有效地保障道德被遵守。违反道德的一般行为常常并不构成违法或者犯罪,但是严重的不道德行为,就可能是违法或者犯罪,就有可能受到法律的严厉制裁。各国法律所规定的违法犯罪都是严重违反道德的行为。它们在道德上就应该受到严厉谴责,甚至这种谴责还不足以惩办其邪恶,这时,法律就以其既有的规定和外在的暴力维护道德的权威,依靠国家强制性和国家强制力有效地维护着道德的尊严,使道德的作用能够得到发挥。同时,凡是违反法律的行为,都可能遭致道德的谴责。这时,道德的谴责也就有力地维护着法律的权威与尊严,使法律的作用得到更好发挥。

第四节 法与科技

法与科技之间具有重大的相互影响。在现代社会之中,对法与科技关系的全面认识,具有特别重要的意义。

一、科技对法的影响

科学技术的不断发展,深刻而全面地影响着社会生活,必然会对法律的各个环节和诸多方面产生影响,甚至是重大影响。

(一)科技对立法的影响

科技催生科技立法。随着科学技术的发展,科技大大扩展了立法范围。首先是科技立法大量增加,甚至产生了科技法这一法律部门。在现代社会,科技立法成为了一个确定的概念,经常出现在立法活动与法学教育之中。传统的专利法、著作权法已经无法满足现代社会对科技立法的需要。计算机法律制度、基因法律制度、原子能法律制度不断建立;科技组织法、科技研究法、科技人员法、科技成果法不断增加,使科技立法成为一个逐步扩展乃至日趋庞大的家族。科技立法作为法律部门的出现,显然是现代科技发展的结果。

科技对立法提出新的挑战,推动立法的新发展。现代高科技的发展,对立法提出了一系列新的挑战。计算机、影印、复印、网络传输、国际互联网技术的发展,使传统民法对著作权益的保护遇到了从未有过的困难。在现代民事立法中如何保护著作权,成为立法上的重大难题。高精度复印、录音、摄像技术的发展,使诉讼证据制度也面临着新的变革。现代医学与现代生物科学的结合,使人工授精、试管婴儿、人类胚胎移植成为现实,生命科学空前繁荣。这些都对传统的婚姻家庭立法提出了严峻的挑战,甚至对传统法学上的出生、死亡、家庭、父母、子女等确定性概念提出了疑问。可以说高科技在民法、刑法、诉讼法、婚姻家庭法等各个领域都引发了新问题,提出了新挑战。立法对于这些科技挑战的回应,也是立法获得发展的机遇。适应了科技发展的新要求,也就赢得了科技立法的新发展。

科技提高立法技术。科技也使立法技术得到了极大提升,其表现也是多方面的。首先,科技发展使立法提高了调研效率。传统的人工调研的许多工作让位于计算机的数据统计、比对、列表、分析。其次,科技发展使投票与表决电子化。电子表决器与计票工具的运用,可以加快计票速度,增强投票隐秘性,使投票的自主性得以保证。电子技术对于投票与表决的影响是至关重大的,它使大规模的投票与计票成为可能,也使相应的监督措施更加切实有效。最后,科技对立法中的法规查询、资料运用、公开发布都提供了方便。这些都使立法技术得到了与现代科技相结合的提升。

(二)科技对司法的影响

科技有助于司法中的事实查明。司法的首要环节就是查明事实,对各种证据进行收集、查证、确定。现代科学技术的发展使指纹提取与分析技术有了极大提升,也使广泛的指纹比对成为可能。现代基因技术的发展使人类的人身鉴定由过去的艰难变为了容易,由过去的难以确定到了现在容易确定。现代医学也使血液的化验与分析技术得到了极大的提升,有关的血迹证据比以前任何时候都更能发挥应有的证明作用。在整个物证方面,随着科技的发展,物证的同一或者非同一认定,更具有了科技的根据,变得更加可信。笔迹等文件检验的效率与质量都得到很大提高。这些都必将有助于法律实施中查明客观事实,科学提取与采用证据。

科技有助于司法中的法律适用。计算机在法庭审理中的作用越来越凸显。法庭笔录的电子化,法庭的实况录像与全程录像,都使法庭审判的公开性大大增强,变得更加易于监督。科技的司法运用,使司法公开达到了前所未有的水平,并将逐步得到新的提升。我国各级法院启动并推进的裁判文书公开、审判流程公开、执行信息公开,以及各级人民检察院启动并推进的检察公开,必将更好地运用计算机与互联网技术,极大地推动司法公正和提升司法效率。计算机程序的司法运用,只要不取代人的主观能动性,就必将有助于案件的科学处理与法律的准确适用。科技在我国司法实践中的作用越来越为人们所重视,科技必将更好地促进司法公正,提高司法效率。

二、法对科技的作用

法对科技的作用
- 确定科技方向
- 建设科技组织
- 助推科技贸易
- 保护科技权益
- 促进科技运用

法对科技的作用是巨大的和多方面的。它可以确定科技发展的方向，建设科技组织，调整科技贸易，保护科技权益，促进科技运用。

第一，法确定科技方向。科技是极为多元的，一个国家一个地区要发展科学技术必须立足于自身实际和自己所处的客观环境。这些环境包括自然环境、生态环境、资源环境、文化环境等。每个国家，尤其是发展中国家或资源有限的国家，更不可能在各个方面齐头并进地发展自己的科技，必须有所选择，有所为有所不为，这才是各国科技发展应有的道路选择。对于这些环境因素，应有客观把握，并根据这些环境条件，立足自身的科技能力确定自己的发展方向。科技发展方向一旦确立，就应当用法律形式加以确认，以使这一方向能够得到国家政策与产业导向的支持。

科技发展在总体上是对人类有益的，但是也不排除科技的不当发展有危及人类自身，甚至具有危害人类生存与发展的可能性。为了保护人类的健康发展和切实进步，有必要通过法律的指引作用，来引导科技发展，防止科技对于人类生存与发展的危害。在这个意义上，法律的作用，同样是指引方向的作用，它将使科技能够沿着有利于本国实际与现实需要的方向发展，更不至于祸及人类及其子孙。

第二，法建设科技组织。在现代社会，科技作用日益突出，科技效益不断累积，科技组织层出不穷，林林总总。一个国家理应对其各类科技组织的设置、组织管理体制与模式作出制度设计。科技组织怎么建立，如何开展活动，国家对科技组织如何规范与协调，都需要法律作出具体的规定。科技组织的权利、义务应该有法律的明确规定，既保障其合法权益，调动其从事创新的主动性、自觉性与积极性；也要防止科技组织的无序发展与违法犯罪，防止其阻碍社会的发展与进步。

第三，法助推科技贸易。科技成果一旦产生就有一个进入市场交易的问题。只有进入市场的科技成果，其成果的价值才能得以体现和实现。科技成果的贸易是科技成就现实化和社会化的重要路径，也是科技人员的科技劳动得到社会认可的重要方式。如何保障科技成果的交易平等，如何使交易各方权利充分实现，如何保证义务人全面履行义务，都是十分重要的问题，都需要法律作出应有的贡献和努力。法律不仅要为其设置规范,加以引导,更重要的还要在出现纠纷与矛盾时能够有效解决纠纷,化解矛盾,助推科技成果的成功贸易与迅速转化。

第四,法保护科技权益。科技成果产生了,因科技成果而享有的科技权益就产生了。如何保护科技人员的合法权益,是一个十分重大的问题。法律是保护科技人员劳动积极性与创造积极性的制度前提。科技人员对于自己的劳动成果享有著作权、发明权、发现权等,以及由此而带来的经济权益。保障这些权益就是对科技人员劳动的肯定和认可,也是对科技生产力的直接保护。科技权益应该如同其他权益一样,只要是合法的,都同等地受法律保护。法律也应该为其提供足够的保护措施、保护程序和保护方法。只有建立了良好的科技权益保护制度,科技的不断发展才获得了制度性的保证。

第五,法促进科技运用。科技成果转化为现实生产力是非常重要的。要实现科技成果向实际生产力的转化,促进科技成果的运用就成了必由之路。对于科技成果的运用,应该有一系列的法律制度保证。运用法律促进和鼓励科技成果的运用,是世界各国普遍采取的措施。但各国各种法律措施的实际效用也有所差异,甚至大相径庭,有的确实能够促进科技发展,有的则成为科技发展的障碍,反而影响科技进步。重视科技成果的运用,甚至采取特殊的扶持政策,并将这些政策法律化都是可行而又必要的措施。法律应积极促进科技成果的运用,进而推动科技发展和社会进步。

思考题

1. 法与经济基础的基本关系。
2. 法与政治的区别、一致性。
3. 为什么说法要以政治为基础?
4. 为什么说政治要以法律为规则?
5. 法与道德的主要区别与一致性。
6. 科技对法会有何影响?
7. 法对科技有何重大作用?

第六章　法 的 发 展

法律从无到有,经历漫长的历史发展来到现代世界。我们在学习和研究法律的时候,必须对法律的发展史予以充分关注,这是对法律具有深切理解的认识基础。

第一节　法 的 起 源

学习法的起源是对法的萌生的历史回顾。法是历史发展的产物,法的产生是社会历史发展的必然。法从其起源时起就具有深刻的社会根据。

一、原始社会及其社会规范

在原始社会中,生产力水平极其低下。以此为基础并与之相适应,原始社会的经济基础就是,生产资料属于原始公社所有,人们集体劳动、共同生活,所得产品归集体所有。氏族成员之间是平等互助的关系,氏族的首领由集体选举产生,可以撤换。这时人们之间没有贫富差异,没有阶级划分,没有人与人之间的剥削与被剥削。

建立在原始社会经济基础之上的基本社会组织是氏族,或称氏族公社、氏族组织。氏族,是以血缘关系为基础的原始社会组织,它是原始社会的基本生产单位和生活组织。氏族组织有一个发展过程,经历了母系氏族和父系氏族两个发展阶段。氏族的前身是人类的原始群。氏族与其后出现的胞族、部落、部落联盟共同构成了原始社会的整个社会组织体系。

与原始社会组织相适应的原始社会规范,是在原始社会中用来调整人们在生产和生活中相互关系的行为规则。原始社会规范,是在原始社会中自发产生、世代相传的行为规范。其实际上是原始社会作为人们行为规范的各种习惯。因此,原始社会规范也可称为原始习惯。这些原始习惯遍及渔猎、农耕、收获、分配等各个环节,以及尊老、扶幼、互助、婚丧、继承、复仇、祭祀、管理等诸多方面。原始社会规范是氏族全体成员共同意志的反映,保护着氏族全体成员的利益。它的实施,靠的是氏族成员的自觉遵守,以及传统的力量、舆论的压力、内心的信念和首领的威信等。

二、法产生的历史必然性

法的产生经历了漫长的历史过程,世界各地的法律有着并不完全相同的产生历程,但都遵循着法的产生的一般规律。

(一)法产生的历史过程

在原始社会后期,随着劳动工具的改进,社会生产力得到了相当大的提高。就个人的生产能力而言,人们的劳动产品除了维持本人的生存外,开始出现了剩余。剩余产品的出现为交换和剥削创造了前提,也为私有制的产生提供了必要的条件。生产力的发展引起了两次社会大分工。社会分工的出现和发展又带来并促进了交换,分工和交换的发展有力地促进私有的产生。私有逐步地普遍化也就为私有制的形成奠定了基础。

随着人类个体生存能力的不断增强,氏族组织的集体劳动开始了向个体劳动的转化。人类两性关系也随着社会发展不断演进,婚姻制度上的对偶婚的出现和发展强化了个体劳动。于是,从劳动方式上讲,逐步产生了实行生产资料私有化的要求。由两性结合形成的家庭逐步出现并发展起来。在生产力发展、分工和交换的促进下,加之婚姻家庭制度变化和劳动方式变化的影响,私有、私有制产生了。随着时间的推移,逐步地在氏族成员之间出现了贫富分化。由氏族战争带来的战俘奴隶和稍后出现的债务奴隶就构成了社会的底层。社会成员分化为自由民和奴隶两大阶层。自由民中富有者逐步发展成为奴隶主,其余的自由民则为居于奴隶主与奴隶之间的平民。社会的阶级划分也就从此产生了。

由于分工、交换、私有制的出现,为了生活的需要,氏族成员杂居了起来,原有的氏族组织再也没有昔日的权威,原始的社会规范逐渐分崩离析。社会急需一种新的组织机构来取代衰亡的氏族组织,必须要有一种新的社会规范来取代没落的原始习惯。再说,由于阶级的出现和发展,阶级矛盾也日益突出,原始社会规范和原始社会组织都无法解决严重的社会冲突。社会迫切需要一种暴力机构和相应的社会规范对社会予以有效的控制,于是国家产生了。与国家形成过程相伴随,法也同时产生了。

从此不难看出,由于生产力的发展,社会分工、交换、私有制的出现,居民的杂居,原始社会规范的废弛;阶级矛盾的冲突,原始社会规范的无能为力;与国家产生相伴随,法顺应历史潮流,与国家同时产生了。因此可以说,法是私有制和阶级产生和发展的结果,是阶级矛盾不可调和的产物,法产生的根本原因是生产力的发展,是社会经济发展的要求。

(二)法产生的一般规律

人类社会法的产生经历了漫长的历史过程,也有其一般规律。具体说来,法的产生包含着这样的一般规律：

法产生的一般规律——
- 从个别调整到一般调整
- 从习惯到习惯法再到成文法
- 从自发形成到自觉立法

第一，从个别调整到一般调整。法的调整总是首先调整单个的事件、单个的方面，然后才逐步发展到对多个事件、多个方面，以至对一般事件、一般方面的调整。人类对社会的认识是在社会实践中产生并发展的。人类并非天生就具有对于某类尚未出现或者尚未认识的社会关系进行调整的愿望与行动。总是在不断的社会实践中，从某一特定调整对象入手，从个别性的处置，走向一般性调整的。这就是法的产生从个别调整向一般调整的变化过程，也是法的产生的重要规律。

第二，从习惯到习惯法再到成文法。在原始社会末期，许多原始习惯逐渐被抛弃了，有的习惯在形式上得到了保留，却逐步渗透进新的内容，发生变化，有的转化为习惯法，有的甚至发展为成文法。所谓习惯法，就是指由国家认可并赋予了法律效力的习惯。成文法，是指国家机关按一定立法程序制定的，以文字形式公布实施的行为规则。显然，成文法是人类对于法的认识达到一定阶段或程度的产物。人类法律的形成和发展，经历了从习惯到习惯法再到成文法的过程。

第三，从自发形成到自觉立法。法是社会生产力发展，分工、交换、私有制、阶级产生发展的产物，是社会经济强制的结果，是由原始习惯发展演变而来的新型社会规范。法起源之最初状况并不是人们自觉行为的结果。随着自发的法律逐步增多，并有了一定发展后，人们开始有意识地自觉立法，法律逐步地由自发走向自觉，所以说，法的产生有一个从自发形成到自觉立法的过程和规律。

三、法与原始社会规范的主要区别

法与原始社会规范都是社会的行为规则，而且具有一定的前后相继关系，如何区分法与原始社会规范，二者之间具有怎样的差异，可以从以下几方面加以考察：

法——（以下各项）——原始社会规范
- 经济基础不同
- 意志内容不同
- 产生方式不同
- 实施保证不同
- 效力范围不同
- 历史使命不同
- 存在时期不同

第一,两者的经济基础不同。最初产生的法是以生产资料的奴隶主占有制为经济基础的,奴隶制社会的经济基础是奴隶制法产生的前提和依据。奴隶制法是奴隶制经济基础之上的上层建筑。其后不同社会性质的法律都是建立在特定时代的经济基础之上的。原始社会规范则是在生产资料氏族公有制的经济基础上产生、存在的,是以原始氏族的共同劳动、集体生活、平均分配、人人平等作为基础的,它是原始社会上层建筑的构成部分。

第二,两者的意志内容不同。法的意志属性在不同时代是有所差异的。在阶级对立的社会之中法具有鲜明而强烈的阶级性,法是统治阶级意志的反映。在社会主义社会中,法是广大人民意志的体现。原始社会规范却没有阶级性,它所反映的是氏族全体成员的意志。原始社会规范是氏族成员在长期发展过程中日积月累逐步形成的,氏族成员的意志成为原始社会规范的意志基础。

第三,两者的产生方式不同。从法的起源的根本意义上讲,法是私有制、阶级发展的必然结果,是与国家同步产生发展的,是阶级矛盾不可调和的产物。从具体的法的产生方式来看,法是由国家制定或认可的,国家意志是其基本的表现形式。国家制定或认可是法产生的方式。原始社会规范是在人们的共同生产和共同生活中自发产生,并世代相传的。原始社会规范的产生发展具有渐进的性质,自发形成是原始社会规范产生的基本方式。

第四,两者的实施保证不同。法是以国家强制力保障实施的,谁违反了法律规定,谁就会受到国家暴力的强制。军队、警察、法庭、监狱等都是法得以实施的国家强制力后盾。原始社会规范,靠的是社会成员的自觉遵守,靠的是社会舆论、首领威信、传统力量、内心信念作为实施保证。

第五,两者的效力范围不同。法一般适用于一定地域内的所有居民,或者可以说适用于一定国家权力范围内的所有居民,而不管其血缘关系或氏族关系如何。原始社会规范仅适用于以血缘关系为基础的一定氏族的全体成员,它一般不以地域来确定自己的效力。基于此,有人说,法主张的主要是“属地主义”的效力原则,而原始社会规范所采取的主要是“属人主义”的效力原则。

第六,两者的历史使命不同。历史使命不同也可以说是根本目的和历史任务不同。在阶级对立社会之中,法的目的除了追求一般的价值目标之外,更直接追求建立、维护和发展有利于统治阶级的社会关系和社会秩序,巩固统治阶级的阶级统治。在社会主义社会,法的使命在于维护人民的利益,实现全社会的公平正义。原始社会规范的使命则在于维护氏族的血缘关系和内部秩序,平等地保护全体氏族成员的利益。

第七,两者的存在时期不同。法在原始社会末期萌芽,在奴隶制社会早期产生、形成,经历漫长的阶级对立社会,然后进入社会主义社会,最后走向消亡。可以说它贯穿于阶级对立社会和社会主义社会的始终。然而,原始社会规范仅存在于原始社会之中,随着原始社会的结束而成为了历史古迹,除了少量的内容可能被继续保持在其他的社会规范中之外,其主要内容都将被作为历史古迹供人们缅怀和回想。

第二节　法的历史类型

法的历史类型,是以唯物史观为指导,根据法律的历史发展进程,以法的经济基础及其相应的阶级本质为标准,对历史上和现实中的法所作的基本分类。它是马克思主义法学对法作出的基本分类。

一、法的历史类型的划分

从法的历史类型的定义可以看出,法的历史类型划分的标准是法的经济基础和阶级本质两个方面。依据这两个标准可以把人类历史上的法分为奴隶制法、封建制法、资产阶级法和社会主义法四大历史类型。由于前三类法的经济基础的核心都是私有制,阶级本质都是剥削阶级意志的反映,所以又可以把前三者合称为剥削阶级类型的法。据此,也可以把法分为剥削阶级法和社会主义法两大历史类型。

二、法的历史类型的更替

法的历史类型是前后相继的,法的历史类型的发展,先后相继的更替,必然有其动力来源和社会条件。在马克思主义法学看来,社会基本矛盾的运动和发展是法的历史类型更替的根本原因,社会革命或特殊情况下的根本变革是法的历史类型更替的社会条件。

(一)更替的根本原因

在马克思主义的历史唯物主义看来,社会基本矛盾的运动和发展,是社会发展的动力,也是法的历史类型更替的根本原因。社会基本矛盾是社会生产力与生产关系、上层建筑与经济基础之间的矛盾。这两对矛盾之间存在对立统一的关系。这种对立统一的发展变化过程有力地推动着社会的发展,也导致了法的历史类型的更替。

一般认为,生产力是人类改造物质世界、生产物质产品的能力,它反映了人与自然的关系。生产力是最积极、最活跃的因素。构成生产力的三要素为劳动者、生产工具、劳动对象。作为生产力的发展标志的是生产工具。生产工具的每一次重大变革都意味着社会生产力的巨大进步。人类从石器时代、青铜器时代、铁器时代、蒸汽机时代、电气时代到计算机时代等,无不是以生产工具的划时代变革作为标志的。生产关系是指在物质生产过程中形成的人与人之间的社会关系,它集中体现了人与人之间的物质利益关系,内容包括人们在一定生产资料所有制基础上,在社会生产过程中形成的生产、分配、交换和消费的关系。生产关系是建立在生产力基础之上的,生产关系必须适应生产力发展的要求。

社会生产关系的总和又被称为经济基础。建立在经济基础之上的是社会的上层建筑。上层建筑是指建立在一定经济基础之上的社会政治设施、法律设施以及与这些设施相适应的政治、法律、宗教、艺术或哲学等形式的意识形态。上层建筑是以经济基础作为基础的。二者之间可能存在适应与不适应的双重关系。一旦生产力发展导致生产关系也即经济基础发生了变化,必然会要求整个上层建筑也发生变化。如果上层建筑不能适应经济基础的变化就必然会引发上层建筑的革命,推动上层建筑的变革。法律将随着庞大上层建筑的变革而变革,实现它的历史类型的更替。

(二)更替的社会条件

生产关系与生产力、上层建筑与经济基础之间的矛盾是一切社会的基本矛盾。在生产关系和生产力、上层建筑和经济基础发生尖锐冲突的时候,社会革命就成为社会发展的现实需要。这时,就需要通过社会革命,来推翻或摧毁旧的国家政权,消灭旧的生产关系,建立或确立新的生产关系,从而用较高的社会形态代替较低的社会形态,为解放和发展生产力扫清道路。由旧的社会形态过渡到新的社会形态的社会变革就是社会革命。

人类历史上发生过三种类型的社会革命:第一种类型,是新兴地主阶级领导的反对奴隶主阶级的革命,导致封建主义制度取代了奴隶制度;第二种类型,是资产阶级领导的反对封建地主阶级的资产阶级民主主义革命,导致资本主义制度取代了封建主义制度;第三种类型,是无产阶级领导的反对资产阶级的无产阶级社会主义革命,导致社会主义制度取代资本主义制度。随着社会制度的变革,法律的类型经历了奴隶制法—封建制法—资本主义法—社会主义法的过渡。社会革命成为法的历史类型更替的社会条件。

社会革命也许是暴力革命,但社会革命并非都是暴力的,也并非只能是暴力的。如果能够通过非暴力的社会变革实现社会革命,对于人民来说,将是最少痛苦和最有利的。不通过暴力革命,而是通过非暴力的社会革命实现法的历史类型更替,应当是法的历史类型更替的最好方式。只要社会革命或社会变革能够实现社会制度的交替,使一种新型社会制度取代既有的社会制度,实现由一种历史类型法向新的历史类型法的过渡,那么,这一非暴力的社会革命或社会变革也就是法的历史类型更替的条件。

第三节　剥削阶级类型法

剥削阶级类型法与社会主义法是马克思主义法学对于法的历史类型的基本划分。其中包含了奴隶制法、封建制法、资本主义法三个类型。

一、奴隶制法

奴隶制法是人类历史上最早的法。在奴隶制社会中,人类世界的不同地区出现了不同形式和情形的法律制度。约在公元前4000年的时候,在古埃及就出现了世界上最早的法——古埃及法。其后的古巴比伦国王汉谟拉比所制定的《汉谟拉比法典》,是迄今世界保存较为完整的最古老的成文法典。在古代印度,以公元前2世纪至公元2世纪的《摩奴法典》最具有代表性。在所有奴隶制法中,最为发达的是古罗马奴隶制法,即古罗马法。公元前5世纪的《十二铜表法》是古罗马最古老的成文法的代表,公元6世纪的《查士丁尼国法大全》则是古罗马法发展的顶峰与最高成就。

(一)奴隶制法的基本特征

奴隶制法是奴隶制社会的产物,不论世界各地的奴隶制法存在怎样的差异,作为奴隶制法都有着以下共同的基本特征。

第一,严格维护奴隶制生产关系。任何社会的法都必须维护自己的生产关系,奴隶制法也维护着自己的生产关系。奴隶制法保护奴隶制社会的生产关系,尤其是维护奴隶主对生产资料和奴隶的占有。它突出地表现为保护奴隶主的生产资料,对任何侵犯奴隶主土地等生产资料和财物的行为都采取严厉的惩罚措施。特别是保护奴隶主对奴隶的人身占有,将藏匿他人奴隶,帮助奴隶逃跑,破坏奴隶标志的行为都规定为犯罪并科以重刑。在奴隶制法中,奴隶不过是奴隶主"会说话"的工具或者财产而已,根本就没有人的主体地位。

第二,刑罚手段极其野蛮残酷。奴隶制法具有极为特出的残暴性。中外奴隶制法莫不如此。《汉谟拉比法典》不仅规定杀人罪要处以死刑,而且对盗窃、诬告,甚至盗窃宫廷、寺庙财产而无力缴纳罚金的,都规定了死刑。古罗马《十二铜表法》则规定,债权人在一定条件下可以处死债务人、变卖债务人,多个债权人还可以肢解无力偿还债务的债务人的尸体。在我国西周奴隶制法中创立了墨、劓、刖、宫、大辟的"五刑",此外还有大量的法外酷刑。

第三,公开确认自由民的不平等地位。在奴隶制社会里,自由民是除奴隶以外的所有社会成员的统称,包括奴隶主、商人、高利贷者以及独立经营的农民和手工业者等。奴隶制法公开规定了他们的不平等地位。古罗马《十二铜表法》规定,平民即自由民的低下类,不得担任国家公职和参与国有土地分配,禁止贵族与平民通婚。《汉谟拉比法典》则规定:享有充分权利的自由民损毁任何同等自由民的眼,应毁其眼;折断任何同等自由民的骨,也应回折其骨。但如该自由民毁损穆什根努(低一级)的肢体,则只需赔偿一明那银子。在印度奴隶制法中规定了四种种姓等级(婆罗门、刹帝利、吠舍、首陀罗)制度。在我国奴隶制法中也规定了自由民的不同等级各自的法律地位,并不许逾越。

第四,长期保留原始社会规范的残余。后一个社会保留着前一个社会的某些行为规则的遗迹,是历史的必然。因为人们无论如何也不可能割断历史的客观联系。例如,血亲复仇的原始习惯被以"犯罪集体负责""株连""族诛"等不同形式保留下来。就是到了奴隶制法的一定发展阶段,对侵犯生命和健康的行为也还在相当多场合仍由受害人本人或其亲属依法惩处。同态复仇的习俗也在一定程度延续了下来,成为奴隶制法的内容与惩罚方式,最后才发展成为近现代以来的等量赔偿和罪罚相当原则等。

(二)古东方奴隶制法和欧洲奴隶制法

古东方奴隶制法与欧洲奴隶制法同属于奴隶制法,但是由于经济制度和国家制度的种种差异,又导致了它们之间存在许多重大的差异。这些差异不仅将东西方奴隶制法区别开来,更为重要的是它还影响着东西方法律制度往后的发展路径、历史传统、价值观念等。要全面认识奴隶制法就有必要对古东方与欧洲的奴隶制法加以比较。

一是依赖的经济基础不同。古东方奴隶制法以土地国有制为基础,而欧洲奴隶制法,包括古希腊、古罗马的奴隶制法则以土地私有制为基础。在东方,尤其是中国的奴隶制法,典型的是以土地分封制为基础的,土地的国有制成为社会经济基础的重要内容。

二是服务的政治权力不同。古东方奴隶制国家实行的一直是专制的君主制,其法维护的是奴隶制君主专制,君主(或者国王)集各种大权于一身,拥有至高无上的权力。古希腊、古罗马的奴隶制法曾维护过奴隶制民主和奴隶制共和国。国君的权力受着比古东方国君更多的限制。

三是法律渊源上的不同。古东方奴隶制法长期以习惯作为主要法律渊源,政令只是习惯法的补充,大多数都未制定成文法典,即使有成文法典,内容也不是系统而概括的法律规范。欧洲奴隶制法的渊源却比较多样,古希腊、古罗马的成文法都较为发达,尤其在古罗马,成文法发展达到了相当高的程度,给后世留下了经典的《十二铜表法》等著名的成文法典。

四是司法组织上的不同。古东方奴隶制国家没有专门的司法机关,司法权与行政权结合在一起,君主集立法权、行政权和司法权于一身。在中国的奴隶制社会中,一直没有独立的司法组织,即使有主管司法的官员,也是隶属于王权和行政权力的。在欧洲,甚至出现了法院组织,并创设了系统的诉讼程序。

五是神权色彩不同。由于历史时代与社会文明的原因,古东方与欧洲的奴隶制法都具有一定的神权色彩。将二者的神权色彩加以比较不难发现,古东方奴隶制法比欧洲奴隶制法更具有神权色彩。《汉谟拉比法典》的序言集中地阐述了汉穆拉比权力为天神与地神所授。中国的奴隶制法也始终确认并体现王权受命于天的观念。古罗马的《十二铜表法》等却表现出非常明显的世俗特征。

二、封建制法

封建社会在中国经历了两千多年的发展过程,各个封建王朝都在原有王朝法律的基础上,制定本朝的法律。战国时期李悝编撰的《法经》是我国历史上第一部较为完整的法典,内含盗、贼、囚、捕、杂、具六篇,故有法经六篇之说。在历代封建制法中,最著名的当推《唐律》。现存《唐律》是唐《永徽律》,对它的注释又称为《唐律疏议》。《唐律》及《唐律疏议》都成为其后各封建王朝立法及注疏的范本。1740年制定的《大清律》是我国历史上最后一部重要的封建法典。中世纪的伊斯兰法是封建制法中最具有宗教特色并且至今仍有较大影响的法律。它是公元7世纪开始形成的,具有教规和道德规范性质的阿拉伯封建国家的法律。其主要的法律渊源是伊斯兰教的经典《古兰经》。西欧封建社会是以日耳曼人推翻罗马帝国作为开始的。在罗马帝国废墟上建立政权的日耳曼人以自己部落习惯法为基础,参照罗马法,制定成文法典,其中最著名的是公元5~6世纪法兰克王国的《萨利克法典》。中世纪的西欧,罗马天主教会拥有巨大的势力,甚至拥有宗教法律和法庭。最著名的教会法汇编和法典是12世纪的《格拉奇教令》和16世纪末的《教会法大全》。

(一)封建制法的基本特征

封建制法共同的基本特征主要表现为严格保护封建土地所有制和农民对封建主的人身依附关系,积极维护封建等级制度和等级特权。

封建的土地所有制是封建制度和封建统治的经济基础。封建制法极力保护封建主对土地的占有和收益,并把农民捆绑在土地上,使广大农民在依附于土地的同时也依附于封建主,甚至通过依附于土地而依附于封建主,农民可以被连同一定土地为封建主所买卖、抵押和转让。

在封建社会中,封建主阶级的各个阶层都享有各自的等级特权。广大农民在层层特权之下受着极其沉重的压迫和剥削。封建制法为封建各等级特权提供了强有力的法律依据和法律保障,以至于封建制法被称为“特权的法”。在此主要以中国封建制法为例说明之。

一是封建君主享有至高无上的特权。中国的封建君主,总体上都是高度集权的统治者,把立法、行政、司法、经济、军事等各方面的权力(包括特权)集于一身,以至于"溥天之下,莫非王土;率土之滨,莫非王臣"。封建帝王在饮食、起居、服式等日常生活方面也具有无可匹敌的特殊权力。这些,封建制法都予以了充分保障。

二是封建贵族也享有不同的特权。突出地表现在"八议""官当"等司法制度上。所谓"八议",即是封建王朝为了庇护各特权阶层,在法律制度上规定,享有特权的八种人犯罪的案件,为了减免其刑罚而予以特别审议的司法制度。这八种人是亲(皇亲)、故(皇帝的旧友故交)、贤(有大德行的贤臣)、能(有大才能的臣子)、功(有大功勋者)、贵(高官显爵)、勤(对封建统治有特殊勤劳者)、宾(先朝皇族)。当然,封建贵族的特权还不仅止于司法上。在政治、经济、文化以及其他社会方面,各等级贵族都享有自己等级所能享有的各种特权。封建制法严格保护这些等级特权,而且不允许有所逾越。

三是以残酷的手段维护封建统治。残酷是全世界封建制法重要特征之一。在我国,封建制法把不守封建礼仪的行为也大量地列为犯罪,把许多违反封建伦理的行为纳入与谋反、谋大逆相提并论的"十恶"大罪之中。我国封建制法中的"十恶"大罪主要包括谋反、谋大逆、谋叛、恶逆、不道、大不敬、不孝、不睦、不义、内乱。对这些犯罪都采取了极其残酷的处罚手段。尤其是封建制法对"思想犯"的惩办,"株连""族诛"制度,以及有罪推定、秘密审理、刑讯逼供等,都充分体现了封建制法的残酷性。欧洲封建制法中的《加洛林纳法典》更是以公开的残酷著称,割鼻、割耳、挖眼、断肢、车裂等酷刑都一一为它所采用。

(二)中国封建制法与西欧封建制法的主要差别

中国封建制法与西欧封建制法具有重要的差别,对这一差别的认识,有利于全面把握整个封建制法的状况。

一是有无资本主义因素法出现的不同。封建社会是否出现过带有资本主义因素的法律,是中国与西欧封建制法的重大差别。在西欧封建制末期,在封建制法中出现了带有资本主义因素的法律,罗马法的复兴、海商法的萌芽以及资本原始积累法律,都出现在西欧的封建社会,体现在其法律制度之中。在中国的整个封建社会之中,在总体上未曾出现过带有资本主义因素的法律。

二是君主地位不同。在西欧封建制法中,君主实际上只是众诸侯之首,君主与其他诸侯之间并无严格的等级差别,只是统治的范围大小不同罢了。由于西欧封建社会的教会势力庞大,君主不但不具有至高无上的地位,而且还往往受制于教皇。西欧的"朕即国家"的封建时代十分短暂,甚至没有真正出现过。中国封建制法则长期维护君权至上,确保君权充分实现。在中国没有能与君主相抗衡的教皇,也没有能与君权相抗衡的教权。法律明确认可中国封建君主的“朕即国家”“朕即法律”。

三是法律渊源不同。中国封建制法一经形成都具有统一的成文法典形式，并以独立、单一的法律体系维护封建统治，代代相因，源远流长。在西欧，封建制法律不仅没有统一的法典，而且多种法律体系相互交错，既并存又排斥。这是在法律渊源上的重大差别。

四是指导思想不同。中国封建制法长期以儒家思想作为指导思想。在汉武帝“罢黜百家，独尊儒术”之后，中国封建制法一直都是以儒家思想为指导的。西欧封建制法一般都以基督教神学作为指导思想。

三、资本主义法

资本主义法是当代世界法律舞台的主要角色之一，具有极其重大的作用和举足轻重的影响。

（一）资本主义法的产生

资本主义法是在封建社会后期萌芽的，随着资本主义政权的建立而产生，与资本主义经济关系具有内在联系，其产生形式和确认资本主义经济关系的形式是一致的。

1. 封建社会后期带有资本主义因素的法

在欧洲封建社会后期，随着资本主义经济的出现和发展，封建制法中出现了一些带有资本主义因素的法律。这些法律主要有三个例证。

一是海商法的兴起。11 世纪左右，在意大利的阿马尔非城制定了西欧中世纪第一部海商法，称为《阿马尔非法典》。随后产生了一系列海商法典。这些法律反映了国际贸易的需要，表明了资本主义经济的出现和发展。

二是罗马法的复兴。在中世纪初期，罗马法几乎默默无闻，到了中世纪中期，随着资本主义经济的增长，罗马法随之复兴起来。罗马法之所以能够复兴，主要是因为罗马法是统一的拥有世界霸权的帝国的法律，是建立在私有制和简单商品生产极为发达的基础上，对私有关系和简单商品生产关系作出了详尽规定的法律。总之，罗马法的复兴是因为罗马法的这两个特点适应了发展资本主义经济的要求，符合了与市民等级（资产阶级前身）结成暂时联盟的君主建立专制统治的需要。

三是在资本原始积累过程中出现了带有资本主义因素的法。在西欧，英国封建制法曾保护和促使早期资产阶级对农民土地的掠夺，迫使农民成为无产者，并强迫农民到资本家的工厂里去做工。西欧各国在 15 ~16 世纪制定了相当多限制“流浪”的法律，为资本主义原始积累创造条件。它们纷纷运用法律强迫失去土地的农民成为雇佣劳动制度中的劳动者。

2. 资本主义政权与资本主义法的产生

在封建社会中出现的带有资本主义因素的法，并不是完全意义上的资本主义法。完整意义上的资本主义法也只有在资本主义的国家政权建立后才可能产生。资本主义法与封建制法体现的是两个不同的阶级意志，有着不同的经济利益和政治、文化要求，其法律也就不可能完全同一。没有资本主义的政权就不可能有资本主义的法律。无论是法国资本主义法的产生，还是英国资本主义法的产生，都提供了充分证明。

3. 产生形式和确认经济关系形式

资本主义法的产生形式主要有两种：一是资本主义在建立自己的政权后，继续承认以前封建社会法律的效力，但却赋予它以新的内容，并根据自己阶级利益的需要，不断地加以修改和补充，最终形成资本主义法。这种形式以英国资本主义法的产生为典型代表。二是资本主义在建立自己的政权后不承认以前社会法律的效力，而在以前社会法律的基础上重新制定自己的法律，形成资本主义法。这种形式以法国资本主义法的产生为典型代表。以上两种形式既是资本主义法产生的两种主要方式，也是资本主义法对以往私有制社会法的继承关系的两种主要形式。这一形式与相应国家（英国和法国）资产阶级革命的特点密不可分。因为英国资产阶级革命最主要特征是资产阶级与封建贵族的斗争与妥协并存，因此，英国资产阶级对于封建法律的否定必然是不彻底的。法国资产阶级革命的最主要的特征则是资产阶级对封建势力的坚决斗争和彻底胜利，所以法国资本主义的法则具有彻底变革的性质。

与以上两种主要形式相适应，资本主义私法对经济关系的确认也有两种主要形式。一种是以英国为代表的，把旧的封建法权形式的很大一部分保存下来，并赋予这种形式以资本主义内容，甚至直接给封建的名词加上资本主义的含义，以此来确认资本主义的经济关系；另一种是以法国为代表的，把封建制法抛弃，以“商品生产者社会的第一个世界性法律”即古罗马法为基础，建立新的法律以确认资本主义经济关系。

（二）资本主义法的特征

在资本主义社会中，资本主义法发挥的作用十分突出而重要，并且在不同的历史条件下和不同的历史时期又有不同的表现。资本主义法对资本主义社会的经济、文化、教育等具有重要作用。考察资本主义法，不难发现其基本特征主要有以下三个方面。

第一，确认私有财产神圣不可侵犯。在奴隶社会，奴隶制法首要保护的是奴隶主阶级的利益。奴隶主阶级拥有大量私有财产，甚至占有奴隶。奴隶制法也规定了对奴隶主私有财产的保护措施，但任何奴隶制法都没有公开宣称过私有财产神圣不可侵犯。在封建社会,封建制法主要保护的是封建主阶级对土地和水利设施等生产资料的所有权,也没能把对财产的保护提高到明确宣称神圣不可侵犯的高度。到了资本主义时代,资本主义法公开确认私有财产神圣不可侵犯,并将其作为自己的基本原则加以全面贯彻实施。从资产阶级革命成功之时起,到资本主义的政权巩固并发展至今,资本主义法都一直宣布私有财产神圣不可侵犯。

第二,宣扬自由、平等和人权。这里的自由,主要是指人身自由、政治自由、经济自由等。人身自由是指自然人包括公民在法律范围内,其身体和行动受自己支配,并有不受非法拘禁、逮捕、搜查和侵害的权利。政治自由是指在政治生活方面人们所享有的自由,包括选举、结社、集会、言论、出版等方面的自由。经济自由,是指自然人包括公民依法享有按照自己的意志,从事经济活动的权利。在资本主义社会主要是指契约自由,是指商品交换的自由和买卖劳动力的自由等。资本主义法中的平等,主要是指公民在法律上的人人平等,包括平等地遵守法律、平等地享受权利和履行义务、反对特权,违反法律应同等受法律追究。自由和平等加在一起就构成了资本主义法所主张的人权的基本内容。宣扬自由、平等和人权,是资本主义法的特征。因为奴隶制社会和封建制社会中,法律都公开确认和保护专制统治和等级特权。资本主义法中的自由、平等和人权具有进步意义和历史价值。首先,资本主义法中的自由、平等和人权,是资产阶级进行反封建斗争的胜利成果,它在发动人民群众、摧毁封建统治、建立和巩固资本主义政权等方面都发挥了极其重大的作用。其次,资本主义法中的自由、平等和人权较之于奴隶制法、封建制法所主张的专横、特权,无疑是历史的巨大进步。最后,资本主义法中的自由、平等和人权客观上也为无产阶级反对资产阶级的斗争创造了条件,提供了武器。无产阶级在一定情况下可以利用资本主义法中的这些规定,对资产阶级进行斗争,以争取无产阶级的利益。

第三,实行资产阶级法治。近现代意义上的法治是由资产阶级创立的。尽管对于法治的认识各种各样,但是也有共识:法治就是法的统治,就是法律具有至高无上的地位。这种法治与专制相对立,与民主不可分割。在 17、18 世纪,资产阶级的法学家洛克、卢梭、孟德斯鸠等就提出了关于资产阶级法治的大量学说。资产阶级在革命成功之后,把法治作为其法律的重要原则予以确认和强调。在资本主义政权建立之初,资产阶级十分重视法治建设,开展了广泛的立法活动。例如,英国资产阶级 1688 年政变以后立即通过议会制定了两个资产阶级的宪法性法律文件——《权利法案》(1689 年)和《王位继承法》(1700 年);法国资产阶级革命胜利后,迅速颁布了由拿破仑亲自主持制定的《法国民法典》《法国刑法典》《法国民事诉讼法典》《法国刑事诉讼法典》《法国商法典》等重要法规。在自由资产主义时期,积极进行法治建设,并能在一定程度上实行其法治原则。与封建人治与专制相比较,资产阶级法治有它的进步性。首先,它曾是资产阶级号召和组织人民群众反对封建统治的有力武器;其次,它对建立、巩固和完善资产阶级政治权力和政治统治,在历史上发挥过积极的进步作用;最后,它相较于封建的法律专横、法律特权,当然是历史的极大进步。到了现代资本主义时期,资产阶级法治赢得了新的发展,也暴露出了许多重大的局限与问题。

第四节　社会主义法

社会主义法作为人类历史上最新型的法,对其产生过程、内在本质进行学习和研究,是法学导论所必须关注的重要内容。对于社会主义法更多的理论思考,有待其后的法理学课程作出更丰富、更深入的论述。由于当前全世界社会主义法呈现出极为复杂的历史与现实样态,本节主要阐述的是中国的社会主义法。

一、社会主义法的产生

社会主义法是法律发展到社会主义历史时期的产物,它并不是无源之水。探寻社会主义法的产生对于全面认识和研究社会主义法具有首要的意义。可以认为废除旧法体系是其必要前提,革命根据地法是其现实基础,既有法制文明是其文化渊源。

(一)必要前提

废除旧法体系是社会主义法得以产生的必要前提。所谓旧法体系即在社会主义法产生之前的法律体系。在中国,具体地说,旧法体系是指国民党政权在结束全国统治之前的以其“六法全书”为主要内容的法律体系。国民党政权的这一法律体系形成于半殖民地半封建社会之中,代表着买办资产阶级与封建地主的利益,是大资产阶级和大地主意志和利益的体现。

早在革命根据地时期,1949 年 2 月中共中央就发布了《关于废除国民党六法全书与确定解放区司法原则的指示》。在这一文件中,中国共产党明确宣布了国民党既有法律体系的终结,同时也为新中国的社会主义立法开辟了道路。它明确指出:“在无产阶级领导的工农联盟为主体的人民民主专政的政权下,国民党的六法全书应该废除。人民的司法工作不能再以国民党的六法全书为依据,而应该以人民的新的法律作依据。”1949 年 9 月 29 日中国人民政治协商会议通过了《中国人民政治协商会议共同纲领》,规定了中华人民共和国的国家性质、任务和指导思想,同时宣布“废除国民党反动政府一切压迫人民的法律、法令和司法制度,制定保护人民的法律、法令,建立人民司法制度”(第 17 条)。随后颁布了土地改革法、婚姻法、选举法等法律。1954 年国家颁布了新中国第一部宪法。其后的两三年时间内制定了相当多的法律、法令和法规,以此确立了社会主义法律制度的基本框架。由此可见,新中国正是在全面否定旧法的基础上创建了新型的社会主义法。

废除旧法的含义是多重的。首先,其含义是指废止国民党旧法的法律效力。这是新法得以建立的前提。如果旧法在社会主义社会中还具有法律效力,创建新型的社会主义法就失去了必要性和可能性,旧法就必然成为社会主义革命和建设的障碍。所以否定旧法的法律效力是首要的。其次,其含义是指否定旧的法律体系。国民党的法律体系是以“六法全书”为主要内容的。我们所要否定的是其整体的法律体系。只要作为体系的旧法依然存在,整个社会主义法就无法建立。所以要创建社会主义法就必须否定旧法的法律体系整体。最后,废除旧法并不排除法律的继承性。人类的法律发展总是前后相继的,即使是性质根本对立的法律也是如此。这是历史发展的连续性所决定的。废除旧法不仅不排除法的继承性,而且还必须要有法的继承于其中。社会主义法也正是在这种历史继承的基础上创立起来的。对此,我们将在后文中作进一步阐释。

(二)客观基础

革命根据地法是社会主义法得以产生的客观基础。根据地是中国革命胜利的成果,也是中国革命获得更大胜利乃至最终赢得在全国胜利的保证。在长期的历史实践中,革命根据地适应形势发展和自身建设的需要,不断发布和实施了一系列法律制度,积累了较为丰富的立法经验和法律实施经验,这些都成为新中国法治建设的客观基础。

第一,革命根据地民主政治的立法为新中国的相关立法奠定了基础。中国共产党领导的革命根据地先后发布了一系列重要的相关法律。如 1931 年制定了《中华苏维埃共和国宪法大纲》,宣布“中华苏维埃所建立的是工人和农民民主专政的国家”,确立了中华苏维埃共和国的国家性质与政治制度。1941 年的《陕甘宁边区施政纲领》确立了政权机关建设的“三三制原则”,对民意机关与政府机构的构成人员作出了明确的规定,即共产党员在其中只占有 1/3 的比例,党外人士和其他各界人士占 2/3 的比例。宣布人民享有民主自由权利,并宣布保护人民的财产权,保护言论、出版、集会、结社、信仰、居住、迁徙等方面的自由和权利。1946 年 4 月陕甘宁边区第三届参议会第一次大会通过了《陕甘宁边区宪法原则》,规定边区、县、乡人民代表会议(参议会)为人民管理政权机关。人民普遍直接平等无记名选举各级代表,各级代表会选举政府人员。各级政府对各级代表会负责,各级代表对选举人负责。人民对各级政权有检查、告发及随时建议之权,每届选举时则为大检查。各级代表会每届大会应检查上届大会决议执行的情况。各级政府人员,违反人民的决议或忽于职务者,应受到代表会议的斥责或罢免,乡村则由人民直接罢免之。各级人民代表会议(参议会);乡一年改选一次,县二年改选一次,边区三年改选一次。人民为行使政治上各项自由权利,应受到政府的指导与物质帮助。人民有免于经济上贫困的权利。保证方法为减租减息与交租交息,改善工人生活与提高劳动效率,大量发展经济建设,救济灾荒,抚养老弱贫困等。人民有免于愚昧及不健康的权利。保证方法为免费的国民教育,免费的高等教育,优等生受到优待,普施为人民服务的社会教育,发展卫生教育与医药设备,等等。各级司法机关独立行使职权,除服从法律外,不受任何干涉。除司法机关公安机关依法执行职务外,任何机关团体不得有逮捕审讯的行为。人民有不论用任何方法控告失职的任何公务人员之权。1948 年,华北临时人民代表大会通过了《华北人民政府施政方针》,规定了人民政府的基本任务及有关各项政策。确定了华北人民政府的基本任务为继续以人力、物力、财力支援前线,争取人民解放战争在全国的胜利;有计划、有步骤地进行建设和恢复发展生产,建设民主政治,培养干部,吸收人才,奠定新中国的基础。政治方面要健全人民代表大会制度,保障人民民主权利及自由与安全,破除迷信,保护守法的外国人及合法的文化宗教活动等。革命根据地的一系列关于民主政治的立法为新中国的相关法制建设提供了丰富的历史经验,奠定了基本的制度基础。新中国成立前夕,1949 年 9 月 29 日通过的《中国人民政治协商会议共同纲领》乃至 1954 年 9 月 20 日通过的《宪法》都是以革命根据地的相关立法作为基础而创制的体现民主政治的法律文件。

第二,革命根据地的土地改革立法为新中国的相关立法奠定了基础。由于中国一直处于农业社会的特殊背景,土地问题也就成为中国革命的核心问题。从中国共产党领导的革命一开始,就把土地问题作为最首要甚至最重要的问题加以特别对待。在革命根据地的各个时期都发布了大量的立法。其中具有代表性的就是 1928 年的《井冈山土地法》。这部土地法是中国共产党第一次用法律的形式记载马列主义同中国土地革命斗争实际相结合的实践,在中国土地法制史上具有开创新纪元的划时代意义,也为中国共产党后来的土地立法作出了先导。1931 年中华苏维埃共和国成立,随即颁布了《中华土地法大纲》。1934 年,中华苏维埃共和国颁布的《中华苏维埃共和国土地法》规定:“所有封建地主豪绅军阀官僚及其他大私有主的土地,无论自己经营或出租,一概无任何代价的实行没收,被没收的土地,经过苏维埃由贫农与中农分配。”这些法律及其实施都成为新中国《土地改革法》(1950 年 6 月 28 日中央人民政府委员会第八次会议通过)的重要前提与基础。

第三,革命根据地的刑事、民事包括婚姻立法为新中国的相关立法奠定了基础。革命根据地的刑事立法,是围绕革命的发展进行的。在中华苏维埃时期的 1931 年制定了《赣东北特区苏维埃暂行刑律》,1932 年制定了《中华苏维埃惩治反革命条例》,1939 年制定了《陕甘宁边区抗战时期惩治汉奸条例》。在民事法律方面,根据地也制定了大量的相关立法。《中华苏维埃共和国劳动法》于 1931 年 11

月由中华工农兵苏维埃第一次全国代表大会通过,1933 年又作了修正并重新公布。1940 年前后革命边区和抗日根据地颁布的劳动保护条例也有关于社会保障的内容,如《陕甘宁边区劳动保护条例》《苏皖边区劳动保护条例》《晋冀鲁豫劳动保护条例》等。1931 年 11 月 26 日,中华苏维埃共和国中央执行委员会第一次会议通过了有关婚姻条例的决议,同年 12 月 1 日,颁行了《中华苏维埃共和国婚姻条例》。以此为基础,1934 年 4 月 8 日颁布了《中华苏维埃共和国婚姻法》。其确定了婚姻自由原则,废除包办强迫和买卖的婚姻制度;实行一夫一妻制,禁止一夫多妻;实行男女平等;保护妇女和子女的合法权益;保护红军战士的婚姻。1941 年 7 月,晋察冀边区制定了《晋察冀边区婚姻条例》。该法律规定:男女婚姻,需双方自由、自主、自愿,第三者不得干涉,废除一切强迫、包办、买卖等婚姻恶习。禁止蓄婢、童养媳、入赘、早婚及奶婚。严格实行一夫一妻制。1946 年 4 月 23 日由陕甘宁边区第三届参议会第一次大会通过了《陕甘宁边区婚姻条例》,并在全边区统一实行。它继续确认了婚姻自由等重要的法律原则。革命根据地的刑事、民事包括婚姻立法为新中国刑事法律、民事法律包括婚姻法的制定,奠定了历史基础。

第四,革命根据地的司法制度立法为新中国的相关立法奠定了基础。司法与社会生活总是紧密联系的。在革命根据地的各个时期,都有相应的司法制度。相关的立法为新中国司法制度的创立奠定了基础。1931 年,中华苏维埃共和国中央工农民主政府发布了《处理反革命案件和建立司法程序的训令(第六号)》,又于 1932 年 6 月发布了《裁判部暂行组织及裁判条例》,随后 1934 年 4 月发布了《中华苏维埃共和国司法程序》,1934 年 5 月发布了《中华苏维埃共和国人民委员会训令》等等,从而建立起了各级司法机关并具体规定了司法机关审判案件的主要程序和制度。在抗日根据地,1939 年陕甘宁边区政府公布了《陕甘宁边区高等法院组织条例》。1942 年公布了《陕甘宁边区保障人权财权条例》《陕甘宁边区政府审判委员会组织条例》;1943 年公布了《陕甘宁边区军民诉讼暂行条例》《陕甘宁边区高等法院分庭组织条例草案》《陕甘宁边区县司法处组织条例草案》等。通过这些法律文件,革命根据地确立了相应的诉讼原则和制度,直至 1949 年 2 月的中共中央发布《关于废除国民党六法全书与确定解放区司法原则的指示》。革命根据地的这些法律文件确立相应的诉讼原则和制度,为中华人民共和国政府成立后的社会主义司法法制建设做好了重要的历史准备。

(三)文化渊源

既有的法制文明是社会主义法得以产生的文化渊源。每个时代的立法,都是那个时代特定法制文明状况的产物。中国社会主义法的产生也是如此。它是以中国传统法律文化作为观念基础,扬弃清末和国民党时期继受的西方法律体系,参照苏联社会主义法建立起来的新型法律。

第一,传统法律文化是观念基础。中国传统的法律制度自清末以来就不断变革,为继受的西方法律体系所改造,形成了清末的法律制度和国民党时期的法律体系。在社会主义法初创时,之前的法律制度已经不是源自中国古代传统中华法系意义上的固有法,而是继受意义上的类同于西方大陆法系的法律制度和体系。[1] 中国自古以来形成的法律文化就成了社会主义法的文化基础。它以社会法律观念的形态存续,而不再是系统的法律制度和整体性的法律理论。中国传统法律文化作为普遍、潜在的法律历史和文化观念对社会主义法发挥作用和产生影响。

第二,扬弃继受的西方法律体系。国民党以"六法全书"为代表的法律体系或者法统,在社会主义制度建立时就遭到了彻底的否定。这是从效力、整体的意义上讲的,但是国民党政权所继受的西方法律体系,实际上沿袭的是清末的法律体系结构。社会主义法创立时对于大陆法系的法律体系、成文法的法律渊源并没有抛弃。恰恰是在否定其效力与整体的基础上,继承了法律体系的形式结构与法律制度的表现形式。新建的社会主义法也保持了以宪法为根本法由行政法、刑法、民法、诉讼法等构成的体系格局。所有的法律制度都以中国传统的、也与大陆法系传统一致的成文法的方式存在。[2] 社会主义法正是扬弃了国民党政权继受的西方法律体系,即否定其效力与整体,保留其外在结构形式而发展起来的。

第三,以苏联社会主义法为参照模式。中国的社会主义制度建立时,苏联是中国模仿的样本,包括苏联的法律制度也不例外。苏联作为当时社会主义阵营的主导力量,对中国等社会主义国家都具有重要的指导作用。他们既有的法律制度在当时无疑是社会主义法的典范。向苏联学习,甚至直接仿效苏联的法律制度制定自己的法律制度,都是顺理成章和情理之中的事情。中国社会主义法也的确是在全面学习、借鉴苏联法律制度的基础上创立起来的。

二、社会主义法的本质

认识社会主义法的本质是认识社会主义法的必需。关于社会主义法的本质,学术界一般认为,社会主义法是历史发展到社会主义社会的时代产物,是社会主义社会中由国家立法机关制定或认可,并由国家强制力保证实施的行为规范的总和,其本质上是广大人民共同意志的体现,维护着广大人民的根本利益,决定于社会主义的经济基础,最终决定于社会主义社会的物质生活条件。一般认为,这是对社会主义法的本质认识,也是对社会主义法作出的基本定义。

---

〔1〕 关于继受法和固有法的含义与分别,可以参见本书第四章第二节"法的种类"部分。

〔2〕 当然,我们也可以看到从法律形式的意义上,中华法系的成文法传统本身就是与大陆法系的成文法传统不谋而合的。这也许就是中国近代比较能够继受大陆法系的原因之一。

（一）广大人民共同意志

社会主义法作为广大人民共同意志的体现，是对社会主义法的本质性的概括。它与法是统治阶级意志体现的传统命题是否冲突，社会主义法作为人民的共同意志的体现应该作怎样的理解，都需要我们作深入的探究。

1. 法是统治阶级意志的体现

在人类进入阶级社会的同时，法律也相伴而生。人类阶级社会的历史也几乎是人类法律社会的历史。在几千年的阶级社会史和法律发展史上，各个时代的法律都是特定社会统治阶级意志的体现。从来都没有过反证和例外。法律是阶级社会各个历史时期的统治阶级意志的体现，这也就是法律的阶级本质。

在繁芜复杂的历史现象中，法律的本质一直为历史表象所湮灭，人们难以看到法律的本质所在。历史上，许多法学家做过大量探索，都在一定程度上揭示了法律现象，深化了人类对于法律现象的认知，但是都没有能够从阶级本质的视角来揭示法律的本质。是马克思主义法学，运用历史唯物主义的社会阶级分析的方法，揭开了法的本质的面纱，对法的本质作出了科学的说明。在社会主义社会建立之前的所有法律都无一例外是那个时代统治阶级意志的体现。正如马克思和恩格斯在《共产党宣言》中对资产阶级及其法律所说的那样："你们的法不过是被奉为法律的你们这个阶级的意志。"[3]但是在社会主义法出现之后，法的本质就发生了根本性的转变。由于社会主义社会是人民当家作主的社会。作为统治者的不再是某一个狭隘的阶级。无产阶级推翻资产阶级和资本主义的目的也并不是要实现自己一个阶级的狭隘的政治统治，它需要的是人民的解放，是人民的当家作主。因此，社会主义法就不再是一般的统治阶级的意志体现，而是最广大的人民的意志体现。这是社会主义法与其他类型法相比较的优越性之所在，是社会主义法的本质之所在。

2. 社会主义法是人民意志的体现

在社会主义社会建立之后，社会主义国家是人民当家作主的国家，广大人民是社会主义社会和国家的主人，社会主义法就必然地要以广大人民的意志为内容，体现广大人民的意志。论及社会主义法的意志主体，就必然涉及社会主义法是工人阶级的意志还是广大人民的意志的问题。在历史上，我们曾经把社会主义法归结为工人阶级意志的体现。仅仅从实质上讲，这并没有什么大的错误。因为社会主义法是工人阶级领导的革命取得胜利的产物，所以必然是工人阶级或无产阶级的意志体现。但是这一表述也存在严重的局限。之所以说社会主义法应该是人民意志的体现，是由中国革命的历史实际和社会主义社会的现实状况两个主要方面决定的。

---

〔3〕《马克思恩格斯选集》（第1卷），人民出版社1973年版，第268页。

社会主义法是人民意志的体现,是由中国革命的历史实际所决定的。因为首先,这是由人民在革命中的主体地位决定的。人民是工人阶级革命的最广泛的主体。工人阶级领导的革命并不等于无产阶级一个阶级的革命。广大人民包括非工人阶级的人民都为此作出了极大的牺牲、付出了巨大的代价。革命之后,工人阶级不能独占革命胜利的成果,当然也不能将其后的社会主义法宣布为仅仅是自己意志的体现。在工人阶级革命成功之后,它不能像其他阶级那样在革命成功之后就把革命的同盟者抛弃,将政权攫取并控制在自己手中。其次,这也是由中国工人阶级革命的目的决定的。中国工人阶级革命与资产阶级革命的一个很大的不同在于,工人阶级并不是为了本阶级自身,而是为了解放广大人民大众。工人阶级的使命是要解放全人类。最后,这也是由中国工人阶级与全体人民在革命中的关系决定的。工人阶级是革命的领导阶级,也是广大人民的代表,但是它并不能代替全体人民。所以在社会主义建立之后,它当然也必须与全体人民一道执掌政权,建设新的社会。为此,工人阶级就只是广大人民的代表,而不能将广大人民取而代之或者忽略不计。如果这样,就是对广大人民的背叛,就是对自己历史使命的放弃,就是狭隘的阶级利益观在发挥作用。工人阶级取得的胜利其实应该是人民的胜利,工人阶级也是人民的构成部分,而且是其中作为中坚的部分、最无私的部分。所以,工人阶级革命取得胜利之后创建的社会主义法应该以人民作为其意志主体,以人民意志作为其内容,才是真正的无产阶级的正确态度,也才是对社会主义法的本质的科学概括。

社会主义法是人民意志的体现,是由社会主义社会的现实状况所决定的。首先,人民是社会主义最广泛的建设者。建设社会主义,是社会主义社会的现实任务。在这个伟大的建设事业中,工人阶级发挥着领导者的作用,但是它离不开全体人民的积极参与和共同努力。人民是社会主义事业的主体,是建设社会主义的根本动力。其次,社会主义是人民阵营不断扩大的历史时期。社会主义社会是共产主义社会的初级阶段,是共产主义的历史准备,在这个时期,工人阶级的阶级队伍必将逐步扩大,阶级基础必将更加广泛。人民就是工人阶级的土壤,也是工人阶级的群众基础和依靠力量。要实现建立共产主义社会的理想目标,就必须充分调动广大人民的积极性,发挥广大人民的创造力,使其在工人阶级的领导下形成合力。最后,广大人民是社会主义社会的利益归宿。社会主义建设事业最终还是为了人民的利益,使人民能够过上幸福的生活,一切为了人民是社会主义的目标,这也就决定了社会主义法必须体现人民的意志,并实现人民的意志。

3. 社会主义法是人民共同意志的体现

社会主义法是人民共同意志体现的含义是十分丰富的。首先,它是人民意志的体现。其次,它是人民的共同意志体现。何以理解共同意志,是我们在学习社会主义法时必须注意的问题。

其一,共同意志不是少数人的意志。社会主义法作为共同意志绝对不是少数人的意志。参与社会主义立法工作的人民代表或者工作人员与社会成员的数量相比较,绝对只能是少数人。少数人进行的立法工作其成果绝对不能是少数人意志的体现。作为立法机关成员的人大代表必须能够代表人民,是人民的代表,他们进行的立法活动不应仅仅是他们自身的工作,而是由他们所代表的全体人民的工作。作为立法机关的工作人员,他们也参与立法工作,但是其工作也同样不是他们自己的工作,他们必须保证人民代表的意志能够被正确集中与科学表达,并被上升为科学的法律制度。他们不仅要忠于人大代表的本意,更要忠诚于人民的意志本身。因此,立法的过程就将是一个人民意志集中、形成、上升为法律的过程。这个过程的重要性是不言而喻的。只有保证了这个过程的科学性,才能保证的立法的科学性,使社会主义法所体现的意志是人民的共同意志。

其二,共同意志不是每个人的意志,也不是每个人意志的总和。社会主义法是广大人民的共同意志,既然是共同意志就不是每个人的意志,也不是每个人意志的累加。在社会生活中,由于每个人的生活环境、境遇、状况不同,他们就会有不同的意志,包括不同的利益、愿望和要求。社会主义法绝对不是某个人或者每个人意志的产物。它既不可能孤立地体现某个人的意志,也无法体现所有人的全部意志。社会主义法是全体人民共同意志的体现,它既包含有每个人的意志但并不等于每个人的意志,也不是每个人意志的简单相加。为此,社会主义法就需要一个整合全体人民意志以集中形成共同意志的过程。

其三,共同意志的形成应该是一个民主与法治的过程。社会主义法所体现的意志作为一种共同意志,不是随意形成的。它需要一个健全而良好的人民代表大会制度,一个科学而良好的立法制度。人民代表的选举制度、履职制度、表决方式、意愿表达等都需要贯彻民主与法治的精神,通过民主与法治的方式得以实现。没有科学的民主制度,人民意志就可能被少数人或者个别人的意志取代;人民共同意志一旦被亵渎,人民就无法修正,人民当家作主就会落空。没有严格的法治制度,人民共同意志就难以有序形成;一旦出现问题,也难得到法治的有效救济。所以,人民共同意志的形成过程必须是一个民主和法治的过程。唯有如此,才能确保社会主义法是人民的共同意志。

(二)人民利益

社会主义法所体现的是人民的共同意志,所维护的应当是人民的共同利益。只有它切实地维护了人民利益,它所体现人民意志的本质才落到了实处并成为社会的现实。

1. 维护人民利益是社会主义法的政治目的

从法产生以来,各个时期的法都是特定时代特定主体意志的体现。但是法所体现的意志并不是抽象的存在,特定的意志也总是与特定的利益相伴随的。体现谁的意志,维护谁的利益,无疑是法律本质中首要而根本问题。历代法律都是统治阶级意志的体现,也维护着统治阶级的利益,这是法律最大的政治归属和政治表征,体现着法律的政治目的。如果说意志还是表象的,利益则是在意志之下的深层根据。法律通过维护特定的利益来体现其政治意志,实现其政治目的。在社会主义社会之中,法所体现的意志是以人民利益作为基础的,维护人民利益是社会主义法的政治目的之所在。作为意志基础的都是利益,利益在一定程度上决定着意志的内容与范围。一般地说,任何阶级意志的背后都是阶级利益在起支配作用。即使是无产阶级领导的广大人民也不例外。只是工人阶级领导的广大人民的意志与利益与社会发展的方向是一致的,适应社会发展的要求而已。

2. 维护人民利益是社会主义法的现实基础

法律作为一种意志载体的制度,其体现着特定主体的意志,也反映和维护着特定主体的利益。意志是法的直接内容,利益则是法的意志根据。利益决定着意志的内容、范围和表达。人类的法律实践已经不断地证明和重复着这一事实。例如,奴隶制法,它体现的是奴隶主阶级的意志,维护的当然是奴隶主阶级的利益。在那个时代奴隶主的最大利益就是对生产资料尤其是作为特殊生产资料奴隶的占有。奴隶在相关的法律中并不拥有人的地位,他只是被法律作为客体而存在,他可以被作为其主人的奴隶主自由处理包括屠杀、殉葬等,可以被包括奴隶主在内的自由民自由买卖,甚至赠与等。奴隶在法律上就是"物"或者"会说话的工具"。维护奴隶主对于奴隶与其他生产资料的占有,就是奴隶主的最大利益。维护这一利益的意志也就反映在奴隶制法之中。又如,封建制法,它所体现的当然是地主阶级的意志,其根本利益也就是维护农民与地主之间的土地租赁关系,以及由此而形成的农民对地主的人身依附关系。这就是地主阶级的利益。再如,资本主义法,它是资产阶级意志的体现,资产阶级的根本利益就是维护其资本的神圣地位,所以私有财产神圣不可侵犯、契约自由才成为资本主义法的重要原则,目的也就在于要保护资产阶级的利益。社会主义法是人民意志的体现,在人民意志下面起着支撑作用的基础是人民利益。人民利益决定着人民意志,人民利益和人民意志是社会主义法的本质之所在。人民利益是社会主义法的现实基础。

(三)社会主义社会的物质生活条件

法的本质最终决定于社会的物质生活条件。正如马克思和恩格斯在分析资本主义法时所说,"你们的观念本身是资产阶级的生产关系和所有制关系的产物,正像你们的法不过是被奉为法律的你们这个阶级的意志一样,而这种意志的内容是由你们这个阶级的物质生活条件来决定的”。[4] 其他所有的法律都是建立在自己已经存在的经济基础之上的。唯有社会主义法并不是创建在完整的社会主义经济基础之上的。恰恰相反的是，社会主义社会的经济基础是在社会主义法的指导下建立的。这是由于在社会主义法出现之前的经济基础是旧的生产关系，而不是社会主义的生产关系。因为在那时，社会主义生产关系尚未得以建立。社会主义并不是社会主义生产关系建立之后的产物。它是在推翻资本主义政权、破坏资本主义生产关系的基础上建立起来的。社会主义法依赖工人阶级的新型政权而得以创立，并被用以指导对旧生产关系的革命，从而为自己建构新的经济基础。我国社会主义法的经济基础就是在社会主义法产生之后，指导人民对资本主义工商业实行社会主义改造之后，逐步建立起以公有制为主体、多种所有制并存，以按劳分配为主体、多种分配形式并存的生产关系，社会主义法才赢得了自己发展的经济基础。我国在 1949 年以后一直在探索建立科学的经济基础，改革开放以来的中国一直在完善社会主义的经济基础，从而为社会主义法的发展提供基础和开辟道路。

经济基础是利益和意志的基础，但是决定经济基础的是社会物质生活条件。对于法起最终决定作用的，不是经济基础而是社会的物质生活条件。社会物质生活条件是人类赖以生存和发展的现实物质条件的总和。社会主义社会的物质生活条件才是社会主义法的最终决定因素。社会主义社会的物质生活条件，包括自然条件、人口状况以及社会生产力发展的水平等。自然条件中最首要的是地理环境。地理环境决定着物产状况、生产和生活条件。它有许多有利的因素，也存在许多不利的方面。人类各国的法律都会受到各国自然环境的限制，社会主义法也是以不同国别存在的，因此各国的自然条件一定会制约和影响其法律发展，社会主义法也概莫能外。就人口来说，更是绕不开的决定性因素。人口的数量、质量、种族划分、分布状态等都在一定程度上制约和影响着法律。社会主义法也同样受着人口因素的制约和影响，甚至在一定程度上为人口因素所决定。就生产力发展水平而言，它是最具有可变性的物质因素。生产力水平既是可变的，但又很难突变，它尤其需要一个渐进的发展过程。生产力的状况对于法律起着根本的决定作用。如果说自然条件、人口状况是较为稳定的因素，生产力状况则是相对可以快速发展变化的方面。这些因素组合成人类社会的物质生活条件，也成为各个时期法律发展的最终决定力量。社会主义法正是在社会主义社会物质生活条件基础之上，并为其所决定的上层建筑的重要构成部分。社会主义社会的物质生活条件最终决定着社会主义法的本质。

---

〔4〕《马克思恩格斯选集》(第 1 卷)，人民出版社 1973 年版，第 268 页。

思考题

1. 原始社会规范的含义与基本内容。
2. 法的产生经历了怎样的历史过程?
3. 法产生的一般规律有哪些?
4. 法与原始社会规范的主要区别是什么?
5. 法的历史类型的含义及其划分。
6. 法的历史类型更替的历史和条件。
7. 奴隶制法的基本特征。
8. 古东方奴隶制法与欧洲奴隶制法的主要差别。
9. 封建制法的基本特征。
10. 中国封建制法与西欧封建制法的主要差别。
11. 封建社会后期具有资本主义因素的法的主要例证有哪些?
12. 资本主义法产生的主要形式。
13. 资本主义法的特征有哪些?
14. 中国社会主义法得以产生的历史条件。
15. 如何理解社会主义法在本质上是人民意志的体现?
16. 社会主义法与人民利益的基本关系。

第七章　法　　系

法系是根据法的历史传统和形式特点，对世界上所有法律所作的基本分类，也是在历史和形式方面具有某些共性的法律的总称。

第一节　法系的划分

法系有多种多样的划分，异常复杂，各国学者的认识也不尽统一，认识法系的划分时，对于划分标准和划分状况的了解始终是最基本的方面。

一、法系的划分标准

法系在英文中或者被表达为"genealogy of law"，或者被表达为"family of law"或"legal family"。法系是中外法学著作中经常使用的概念和术语。在描述和概括世界法律时，国内外的学术著作与法学学者都广泛地使用法系的概念。也有某些法学著作或译著将法系与法律传统、法律体系、法律族系等概念混用。严格地说，法系的含义并不等同于这些概念。一般说来，法系的划分标准是两个，一是形式特点，二是历史传统。就形式特点来说，主要包括或者以成文法为主，或者以判例法为主，或者以宗教法为主，或者以习惯法为主，等等。主要法律形式或称法律渊源的不同，也许就是不同法系划分的重要根据与标志。就历史传统来说，各个法系的划分都是由相关各国法律的历史传承与历史联系所决定的。同一法系的国家及其法律，总有某种历史的渊源，或者共同的历史依据。

长期以来，社会主义国家拒绝使用法系概念，认为它是资产阶级对世界法律所进行的分类。但是，由于法系这一概念在国际社会和世界法学领域中被普遍使用，难以彻底回避；也由于这一概念有它的积极意义，它确实在一定程度上有利于人们对世界上的各种法律进行概括、描述、分类与解析，所以又常常不能不使用，于是社会主义国家的比较法学、理论法学都在一定程度上介绍、使用这一概念与术语。在当代世界，由于国际法学交流交往的增多，社会主义国家已经不再像历史上那样坚决地拒绝这一概念，法系在更多的场合、更多的著作中，为社会主义国家的法学著作所使用。

二、法系的具体划分

法系的划分十分纷繁,关于法系的划分存在不同的学说和主张。

1884 年,日本法学家穗积陈重(1855 ~ 1926 年)将世界上的法律划分为五大法族或者法系,即印度法、中国法、伊斯兰法、英国法和罗马法。在 1905 年,他又增补了斯拉夫法和日耳曼法,将法系增加到 7 个。1905 年,法国法学家埃斯曼(A. Esmein)作出了五大法系的划分。他认为,世界上主要存在罗马、日耳曼、盎格鲁—撒克逊、斯拉夫和伊斯兰五大法系。1928 年,美国法学家威格摩尔(J. Wigmore)将世界上的法系划分为十六大法系,即埃及法系、美索不达米亚法系、希伯来法系、中国法系、印度法系、希腊法系、罗马法系、日本法系、穆罕默德法系、凯尔特法系、斯拉夫法系、日耳曼法系、海商法系、教会法系、罗马法系、英国法系。1985 年,法国法学家达维提出世界上有三大法系占主导地位,即普通法系、罗马—日耳曼法系和社会主义法系。许多学术著作依据达维的见解,将世界主要的法系概括为民法法系、普通法法系和社会主义法系。[1] 社会主义国家既有的主流观点认为,法系是资产阶级法学家的划分,马克思主义者只进行法的历史类型划分,不进行法系划分,因此社会主义法不属于任何法系。此为既有的主流认识,也有一些法学家在改革开放的背景下,提出了新的认识:"我们赞同把当今的法系主要划分为大陆法系、英美法系、伊斯兰法系和社会主义法系四种。这固然是资产阶级法学家的划分方法,但是我们并不能以这是资产阶级提出的为理由而弃而不用。"[2] 其实,西方学者将社会主义法作为法系之一,最大的困境还是科学意义上的。因为,法系是根据形式特点和历史传统进行的划分,而社会主义法是按照社会制度或国家性质来进行的划分。社会主义法系的概念与其他法系概念不是同序的。将民法法系、普通法法系和社会主义法系摆在一起,在学理上会遇到困境。

法系的概念尽管是资产阶级提出的,但是这不应该成为拒绝使用的理由。马克思主义的确重视法的历史类型划分,这固然是正确的,应坚持这样的划分。但是这不能成为排斥其他划分方法的理由。对于任何一个类别的客观事物或者社会现象,从多个视角进行观察、进行分类都是可以的,也是应该提倡的。不同的分类可以使人们更全面地认识客观事物或者社会现象。问题不在于应该或不应该使用法系的概念,而在于如何科学地使用这个概念,来认识世界的法律现象,来进行科学划分。

---

〔1〕 沈宗灵:《比较法研究》,北京大学出版社 1998 年版,第 55 ~ 57 页。

〔2〕 吴大英:《比较法学》,中国文化书院 1987 年版,第 45 页。

第二节　大陆法系

大陆法系又称为罗马法系、民法法系、法典法系、罗马—德意志法系，是指以古代罗马法，特别是以19世纪《法国民法典》和《德国民法典》作为传统而产生和发展的，采用法典形式的国家和地区法律的总称。

一、大陆法系的概况

大陆法系是以法典形式作为其显著标志的。所谓法典，是指一定法律部门比较集中而系统的规范性法律文件。大陆法系是导源于古代罗马法的，经《法国民法典》（也称为《拿破仑法典》）和《德国民法典》而发扬光大，以致逐步发展成为影响整个世界的重大法系。大陆法系是以法国和德国为代表的。他们都是在古代罗马法的基础上发展形成起来的，为大陆法系的发展作出了重要贡献。于是也有学者将大陆法系划分为法国法系和德国法系两大分支。当然也有学者认为这两大分支的说法不尽科学。法国主要以其1804年的《法国民法典》来影响其他大陆法系国家。在欧洲，比利时、卢森堡等国甚至直接将《法国民法典》加以修改适用。《法国民法典》对荷兰、葡萄牙、西班牙、意大利等国也很有影响。在欧洲之外的亚洲、非洲，尤其是中、南美洲，由于法国、西班牙、葡萄牙、荷兰的殖民活动和对外扩张的影响，《法国民法典》也延伸影响到这些国家。德国也是很受《法国民法典》影响的国家之一。1896年，德国制定了《德国民法典》。它虽然没有《法国民法典》那么大的影响力，但是它也依然对意大利民法典、希腊民法典、巴西民法典、日本民法典、韩国民法典和中华民国时期的民法典产生了重要影响。大陆法系及其影响遍及欧洲大陆的所有国家，以及法国、西班牙、葡萄牙、荷兰的殖民地国家和地区。日本、泰国、土耳其以及中国的台湾地区、澳门特别行政区都被认为属于大陆法系的范畴。

二、大陆法系的历史发展

大陆法系是从遥远的古代罗马法发展而来的，经过中世纪的复兴，在资产阶级革命和自由资本主义时期获得了巨大的发展，逐步成为影响世界的主要法系之一。

（一）古代罗马法

大陆法系导源于古代罗马法。古代罗马法是指从古代罗马奴隶制国家形成时期开始，到罗马帝国终结时止，长达约10个世纪法律的总称。其前期的标志为大约公元前450年的《十二铜表法》,后期的标志为大约公元534年东罗马帝国皇帝查士丁尼编纂的《查士丁尼法典》。

古罗马法经历了四个发展阶段。第一个阶段是《十二铜表法》时期。《十二铜表法》是由贵族和平民以过去的习惯法为基础共同制定的成文法。法典的内容相当广泛,涉及法律的各个方面,实体法和程序法、刑法与民法、刑事责任与民事责任都在其中得以体现。通过这一法典,贫民的地位得到了提高。第二个阶段是“市民法”与“万民法”并存时期。市民法是指仅适用于罗马公民的法律。所以又被称为“公民法”。它规定了只有罗马公民才能享有的法律权利。随着对外的战争和领土的扩展,罗马国家亟须对非罗马公民进行法律调整。与之相适应,罗马公民与非罗马公民之间的交往也越来越多,既有的市民法已经无法适应这种趋势的发展。在罗马的占领区域,就需要新的法律来调整非罗马公民之间,以及罗马公民与非罗马公民之间重要的社会关系。万民法应运而生了。万民法是调整非罗马公民之间,以及罗马公民与非罗马公民之间重要关系的法律。万民法后来成为国际法重要的历史渊源。在那个时期,市民法与万民法并存并行。第三个阶段是罗马法的“古典时代”。它实际上是罗马帝国的前期。在这一时期,罗马法和罗马法学都十分发达。目前所知的罗马法学著作,绝大部分都出自这一时期。罗马法的渊源也扩展为五类,即具有立法权的会议制定的法律、元老院的决议、皇帝的敕令、大法官法(包括高级长官特别是执政官、裁判官的告示)以及权威解答(由特定的法学家作出的解答)。权威法学家的标准现在已经无从查考。现有史料表明,公元426年东罗马帝国的皇帝曾发布《引证法》,宣布权威性的法律解答仅仅限于著名的五大法学家:伯比尼安(Papinian,150~212年)、保罗(Panl,公元2世纪末~公元3世纪)、莫特斯蒂努斯(Modestianus,3世纪逝世)、乌尔比安(Ulpian,170~228年)、盖尤斯(Gaius,生卒年代不详)。第四个阶段是《查士丁尼法典》时期。查士丁尼于527年即位后,任命一个18人委员会编纂一部以敕令为内容的新法典。编纂完成后于529年4月公布,称为《查士丁尼法典》,至534年被修订。现在所保存下来的只是这一修订本。530年12月,查士丁尼又组织了一个16人的委员会对罗马法学家的著作选录进行编辑,533年公布,全书被称为《学说汇纂》。《学说汇纂》其实是法学家的著作选录与集成。同时,查士丁尼还指派法学家写出了官方的法学基础教材《法学阶梯》,内容实际是《学说汇纂》的总论。于是,也就形成了查士丁尼编纂的罗马法的三大文献:《查士丁尼法典》《学说汇纂》《法学阶梯》。后来的法学家将此三文献与查士丁尼去世后编纂的《新律》合称“查士丁尼民法大全”。

(二)罗马法在中世纪的复兴

查士丁尼逝世之后,东罗马帝国不断衰落,罗马法也随之湮灭在历史的长河之中。经过了大约500年的沉寂，到了11世纪后期，罗马法的《学说汇纂》被重新发现。[3] 从11世纪末期至16世纪，出现了罗马法复兴运动。

中世纪西欧，海上贸易日益频繁，手工业获得了很大发展，市场、城市和商人大量出现，具有资本主义因素的生产力和生产关系开始萌芽，并逐步发展。经济发展迫切需要调整商品经济的法律出现。同时，封建君主面对各种割据势力，也力图维护自己的集权统治。

重新发现的罗马法正是对简单商品生产进行调整的法律，它对简单商品生产关系的调整，已经达到了相当完备的程度。这是其一。其二，历史上的罗马法是维护罗马帝国统治的法律，有利于集中权力，形成统一的政治格局，反对地方割据。其三，从立法技术和技巧方面来看，罗马法也是极为优秀的，大大超出了同时代其他法律的立法水平，内含良好的法律文化因素。于是推动和适应新兴经济发展，维护君主集权与反对地方割据等多种势力，就自然而然地对重现的罗马法表现出极大的兴趣。罗马法的复兴逐步形成社会潮流。

在罗马法的复兴中，注释法学家、评论法学家和人文主义法学家作出了重要贡献。罗马法逐步渗透进习惯法、宗教法之中，现实的习惯法和宗教法继续发挥着作用，并影响着罗马法。随着资本主义经济因素的增长，商法逐步产生。

（三）资产阶级革命与法典编纂运动

历史发展到17、18世纪，资产阶级革命在欧洲爆发。作为革命理论基础之一的自然法学，对欧洲法律的发展产生了极为深刻的影响。革命胜利后的资产阶级，为了适应资本主义经济与社会发展，在既有的古罗马法基础之上，制定出资产阶级法典。19世纪的资本主义法律实践，法典编纂成为时代特征。在法国，1789年革命胜利之后，1790年7月5日的制宪会议就作出决议：立法者将审查和改造民法，将制定一部简明并和宪法相适应的民法典。1800年8月，拿破仑任命了一个四人委员会，负责民法典的起草工作。当时34岁的拿破仑，虽然没有接受过系统的法律培训，但是他始终关注甚至参与了民法典的起草工作。据史料记载，他在审议草案的102次会议之中，至少参加了57次，对一些重大的原则问题，提出了许多明智的意见。从1803年3月到1804年7月，分别以36个单行法律的形式，在议会通过。1804年3月21日宣布将这些单行法并称为《法国民法典》。以后在1807年和1852年两次改称《拿破仑民法典》。但从1870年以后正式名称一直为《法国民法典》。恩格斯曾经高度评价了《法国民法典》，认为它是“以法国大革命的社会成果

---

[3] 据传说，到公元1135年左右，意大利比萨人攻克了马尔非城，获得了《学说汇纂》的手抄本。15世纪时，该手抄本转归佛罗伦萨城并由劳伦廷图书馆珍藏。

为依据并把这些成果转为法律的唯一的现代民法典”,[4]是以“罗马法为基础”而创造出来的“典型的资产阶级社会的法典”。[5] 随着《法国民法典》的颁布,《法国民事诉讼法典》《法国商法典》《法国刑法典》《法国刑事诉讼法典》相继问世。

在法国法典化运动的带动下,德国的法典化运动伴随着全德法律统一运动逐步高涨起来。1871 年全德统一后,立即将以前由北德意志联邦在 1870 年制定的《刑法典》改为全德的《刑法典》,随之先后制定《民事诉讼法典》《刑事诉讼法典》《破产法》等。1874 年,德国政府先任命了一个五人筹备委员会负责民法典的起草工作,随之又任命了由 11 人组成的起草委员会。该委员会提出了第一个草案。鉴于第一个草案招致了大量的反对意见,政府又决定成立一个由 10 个常委和 12 个非常委组成的第二个起草委员会进行修改。1896 年德国议会通过了《德国民法典》,并于 1900 年生效。《德国民法典》是继《法国民法典》之后的又一力作。它们共同为大陆法系民法和整个法系的发展,起到了极为重大的推动作用。

第三节 英国法系

英国法系,是指以英国从中世纪到资本主义时期的普通法作为法律传统而产生和发展的法律的总称。

一、英国法系的概况

由于英国法系起源于英国,因此被人们称为英国法系;由于它是以普通法作为基础和传统发展起来的,因此也被称为普通法法系;由于美国继承的是英国法律传统,英国的普通法制度在美国得到进一步的发展,于是人们常常将英美联系起来表述这一法系,故又称为英美法系。

普通法是针对中世纪普通法产生之前,英国各地沿用习惯法,没有全国通行的法律而言的。面对没有全国通行的法律的状况,英国国王通过派出巡回法庭创设判例,将判例发布并要求全国遵行,据此遵循前例的原则,形成了在全国有效的判例法。所以普通法的原意是指普遍通行于全国的法律,普通法实际上就是判例法。

英国法系是以普通法作为基础发展起来的,但并不意味着英国法系的法律渊源只有普通法。其实,在英国法系之中除了普通法之外,还有衡平法和制定法(成文法)。衡平法是为了弥补判例法之不足而产生的,所以衡平法的内容为一般的法

[4] 《马克思恩格斯选集》(第 3 卷),人民出版社 1972 年版,第 149 页。
[5] 《马克思恩格斯选集》(第 3 卷),人民出版社 1972 年版,第 149 页。

律原则。它是对判例法的重要补充。凡是无前例可循的案件,法官就依照衡平法公平正义的基本原则作出裁判,进而形成新的判例。随着时代的发展,在英国法系国家,制定法也不断增多。在时代的发展中,英国法系逐步形成了法律渊源的普通法(判例法)、衡平法和制定法三位一体的格局。

英国法律传统在18、19世纪广泛传入其海外殖民地,从而形成了以英国为中心,包括其殖民地在内的英国法系的庞大的法律家族。在当今世界,英国法系的法律传统与法律渊源遍及英国(苏格兰除外)的本土,北美的美国和加拿大,大洋洲的澳大利亚、新西兰,亚洲的印度、巴基斯坦、孟加拉国、缅甸、马来西亚、新加坡等,非洲的加纳、尼日利亚、东非、塞拉里昂等。

二、英国法系的历史发展

1066年,诺曼人威廉公爵率军征服了英国,宣布为英国国王威廉一世。此前,英国为盎格鲁撒克逊法时期。英国的法律制度呈现极为原初的习惯法状态。法的主要渊源是习惯法,更缺乏适用于整个英国的统一法律。威廉一世一方面宣布盎格鲁—撒克逊法继续有效,另一方面又着力建立起王权比较强大并具有中央集权性质的统一国家。当时的诉讼,一般都是由郡法院、百户区法院和领主法院按照地方性的习惯法审理,作出判决。国王只行使"最高审判权",御前会议也只受理重要人物和重大影响的案件,并不对社会开放。亨利一世执政时(1100~1135年),他把财产法院从御前会议中分离出来;设立巡回法庭,代表财产法院调查和受理地方上的财产案件。亨利二世执政时(1154~1189年),进行了司法改革,采取措施统一司法机构,完善巡回审判制度和建立陪审制度。鉴于各地习惯法没有文字记载,口口相传,于是各巡回法庭都聘请当地的陪审员参与审案。陪审员熟悉当地习惯法。巡回法官根据庭审,了解各地的风俗、习惯和法律,与陪审员一道裁判各种案件。巡回法官们所得判例,汇集起来,国王下令发布全国遵行,类似案件采取类似判决,形成了通行于全国的普通法。普通法具有普遍通行于全国的意味,实际上是判例法。

历史发展到14世纪,资本主义因素在不断增长,社会生活也变得比以前任何时代都更加丰富多彩。人们发现普通法的制度无法实现他们对于公平正义的要求,于是就常常要求国王、枢密院和国会采取特殊措施,为其主持公正。面对这些申诉,作为国王近臣的大法官,原本不是处理案件的司法官员,但迫于客观需要,也不得不处理大量的申诉案件。大法官在处理案件时,采用的并不是普通法的原则,也不是普通法法院的诉讼程序。他以纠正普通法法院的不公正为由,将原来经过普通法法院审理的案件,再行审理。1474年大法官以自己的名义作出了第一个判决,接着一发而不可收,他审理的案件不断增加,进而发展成为与普通法法院并列的大法官法院。由于大法官法院采用的不是判例法,而是由一系列公平正义原则构成的衡平法,于是该法院又被称为衡平法院。衡平法院根据一系列的公平正义法则,参照欧洲大陆的罗马法和教会法作出判决。它不仅在法律根据上有别于普通法法院,在诉讼形式上也不同于普通法法院。在衡平法院,没有陪审员,实行的是书面审、秘密审和审问式。

16 世纪,国王继衡平法院之后又设立了星法院,用来专门处理有关国王安宁的重大刑事案件,成为都铎王朝维护统治的高压工具。经过了数百年的发展,到了 17 世纪,英国普通法与衡平法、普通法法院与衡平法院之间的矛盾日益突出。普通法的权力不断扩大,逐步成为站在国会一边反对君主专制的力量。衡平法和星法院仍然是国王用以与国会和普通法法院相对抗的力量。普通法法院和衡平法院之间关系,伴随着英国资产阶级革命,既斗争又妥协。在封建专制被推翻之后,星法院由于迫害清教徒,遭到人民的反对,而被国会下令取消;衡平法院则被保存下来。衡平法院与普通法法院之间不断妥协、协调,直至 19 世纪二者合并。

17 世纪发生的英国资产阶级革命,确立了英国的君主立宪制和不成文宪法制。18 ~ 19 世纪,英国对自己的法律进行了大规模改革。由于议会作用的增强,加之资本主义快速发展,两大法系法律文化相互影响,英国出现了大量的制定法,制定法的地位也得到提升。19、20 世纪,随着英国殖民统治的进一步扩大,其法律文化进一步在世界传播并产生影响,英国法系成为世界上足以与大陆法系相提并论的资本主义重大法系。

三、英国法系与大陆法系的主要差异

英国法系与大陆法系各自有着自己的特点,彼此之间有着重要的差异,对于这种差异的比较与掌握,是认识两大法系基本内容的必然要求。但是它们之间的差异,不同学者有着不同的看法。[6] 综合一般的认识,两大法系主要有以下差异:

〔6〕 美国社会法学家弗里德曼(W. G. Friedmann,1907 ~ 1972 年)曾有过详细的论述,我国的法理学家沈宗灵教授等作出重要探讨。参见沈宗灵:《比较法研究》,北京大学出版社 1998 年版,第 293 ~ 301 页。

法律形式有重大差异。大陆法系国家的法律都采用法典形式,表现为成文法或称制定法,而英国法系则不倾向于法典,以判例法、习惯法为主,成文法并不占主导地位。在英国法系之中,存在判例法、衡平法和制定法的划分。判例法一直占据主导地位,是最重要的法律渊源。

判例地位和作用不同。在英国法系,判例是法的重要渊源,即判例法。在许多法律领域,法律甚至都是由判例法构成的。上级法院,尤其是最高法院的判决对下级法院具有拘束力,维持前例是英国法系的一个重要原则。在大陆法系国家,判例一般不被认为是法的渊源。下级法院至少在法律上,是不受上级法院判决所拘束的,也没有维持前例原则。

法律适用的方法不同。英国法系法官处理案件,首先从解析以前类似案件的判决出发,从中抽出一般法律原则再适用于具体的现实案件。大陆法系法官处理案件,则首先考虑法律规定的一般规则,并据此来处理案件。两大法律传统的不同也被称为法律方法论上的差别。

诉讼方法和程序不同。英国法系采取对抗制的诉讼模式,在民事诉讼中由双方律师,在刑事诉讼中由公诉人和被告方律师担任主要角色,法官仅是一个消极而中立的裁判者。大陆法系则采取审问式的教会法程序,法官在诉讼活动中居于主导地位。

法律的类别划分不同。在传统的大陆法系中,法律首先是被划分为公法和私法的。凡是与国家公权有关或者说国家以公权者身份作为法律关系一方当事人的法律,都属于公法的范畴。反之,凡是调整远离公权的公民或法人自治关系的法律,都属于私法。在传统的英国法系中,法律则没有这样的划分,他们传统上将法律划分为普通法、衡平法两类。

法院的组织系统不同。在大陆法系,法院有普通法院和行政法院之分,而且行政法院和普通法院没有隶属关系。英国法系的法院系统,在英国历史上有普通法法院与衡平法院之分,后来合并之后,法院系统相对单一了。英国法系没有独立的行政法院,即使有行政法庭,对行政法庭审理的案件,作出的判决,当事人也可以向普通法院提出申诉。

法律概念和术语的差异。大陆法系和英国法系在自己的发展历程中形成了许多不同的概念、术语。这些概念、术语是各自得以存在的重要标志,必将长期存在。诸如普通法,在两大法系都有,但是含义迥然不同:大陆法系认为是指宪法之外的法律的统称,英国法系则认为是普遍通行于全国的判例法。

两大法系的差别是巨大的,但并不是绝对的。尤其是20世纪后,两大法系在许多方面都已相互靠拢,差别逐渐缩小。由于传统的差异,两大法系间的差别必将长期存在。

第四节　其他法系

在法系的若干家族中,除了大陆法系与英国法系之外,还有诸多的法系。为了对一些重要法系的情形有更多了解,本节再对中华法系、印度法系、伊斯兰法系作一些简要的阐述。

一、中华法系

中华法系是中华民族从公元前21世纪的夏朝以来,一直到19世纪的清末,在漫长的历史进程中缔造的以《唐律》为代表和传统而形成的有关国家和地区法律的总称。在历史上,中华法系对日本、朝鲜以及东南亚都产生了重要影响。源远流长的中华法系,在数千年的发展之中形成了自己独有的诸多特征,主要体现在以下几个方面。

一是以儒家学说为指导。从汉武帝“罢黜百家,独尊儒术”以来,直至清末两千多年的历史上,儒家思想一直处于中国法律的指导思想地位。儒家学说是中国传统社会、政治、文化的指导思想,也是中国法律制度及其实施的指导思想。

二是司法隶属于行政。在中国历史上,没有像西方那样专门的司法机关。虽然有一些专门从事法律工作的机构和人员,比如说大理寺等,但从整体的政治构架上讲,仍然不是专门的司法机构。司法由行政兼理。行政的中央长官和地方长官也同时是中央和地方的司法首脑。

三是成文法为主要渊源。中国从先秦《法经》以来,特别是从秦朝《秦律》以来,经两汉、三国两晋南北朝、唐宋元明清,一直发展下来,整体的法律传统都是法典式的,都是成文法。中国古代法律自成文法产生以来一直都是法典化的,都是用条文、条款记载的法律。

四是重刑轻民。在整个法律体系之中侧重强调刑法,轻视民法和商法,也就是习惯上所说的重刑轻民,即重视刑事而轻视民商。即使是处理民事、商事案件也往往采用刑罚的手段来解决。

五是诸法合体。各种类别的法律混同在一起,刑法、民法没有严格的区分。中国以宪法为主导,包括刑法、民法、商法、行政法、社会法、诉讼法这么一个法律体系是现代法律体系,是在清末改制及其以后逐步形成的。

有的著作认为中华法系已经是一个死亡的法系,如果从形式上讲,这种判断是正确的。但中华法系在形式上的不复存在,并不意味着它的消失。恰恰相反,中华法系的许多精神、文化都留存了下来,在现代依然在中华民族的法律文化中发挥着这样那样的作用，对东亚、东南亚的法律文化仍然有着历史性的影响。

二、印度法系

印度法系是在印度历史发展中逐步形成的以《摩奴法典》为代表和传统的法律制度的总称。印度法系不仅对印度而且对缅甸、巴基斯坦、新加坡、马来西亚等国家都产生了很大影响，非洲东海岸的坦桑尼亚、乌干达、肯尼亚等国也深受其影响。

印度法系的首要特征就是其法律渊源的宗教性质。印度法系的法律渊源是典型的宗教习惯法，宗教特色非常浓厚。婆罗门教、印度教都对印度法系产生了重大影响。印度法系法律的经典性代表《摩奴法典》，是在公元前 2 世纪至公元 2 世纪长达四百年间在印度教、婆罗门教影响下形成的。它体现了独有的种姓制度，把人分为婆罗门、刹地利、吠舍、首托罗四大种姓，即四个社会等级。

印度法系的第二个特征是，印度教的教义直接进入法律，成为法律规范的组成部分。宗教意义的种姓制度成为法律制度所规范的权利义务内容。至今，印度社会中还有浓厚的种姓制度的残余和影响。

印度法系的第三个特征是强制性低。这是由它与相关宗教、道德、习俗等的关系所决定的。由于它的宗教性、伦理性、习惯性和宗教式的理想化，必然导致强制性程度低，难以切实实行。

第四个特征是僧侣掌管司法，具有浓厚的神判色彩，司法制度不发达。这几个方面是紧密联系的。僧侣成为纠纷的裁判者，必然就会导致神判色彩浓厚，也当然地会导致严格意义的司法制度缺失。

1600 年之后，印度逐步成为英国殖民地，直到 19 世纪，英国人直接统治了印度。英国人企图用改造美洲的办法来改造印度，把英国法律制度移植到印度。所以直至现代印度还大量地存在并使用判例法，即英国模式的法律。但是印度源远流长的法律文化对移自英国的法律产生了强大抵制，传统印度法系的习惯法，以及《摩奴法典》的一些法律精神还在印度的乡村和民商事领域继续发挥作用。现在印度的土地法、房产法、市场交易法在很大程度上仍受自己的宗教法律和习惯法律的支配。印度法系呈现出宗教、伦理与法律三位一体、彼此互动的整体态势。印度法系因受到英国法律的极大影响而处于残存的、不完整的法系状态。

如果从法系的生命力状态来看，印度法系是一个半死亡状态的法系。在公法领域，传统印度法的影响已经很小，而在民事和商事领域，传统印度法依然发挥着调整社会关系的重要作用，是具有现实生命力的法律。

三、伊斯兰法系

伊斯兰法系，是以伊斯兰法作为基础发展起来的，具有共同特征与历史联系的法律的总称。伊斯兰法系的法律制度是世界上极为典型的宗教法律制度。伊斯兰法对世界的影响极为重大。现在全世界有12亿人口都受伊斯兰法的影响。在伊斯兰法中最主要的法律是《古兰经》、圣训以及法学家的公议。《古兰经》是伊斯兰教的经典,同时也是伊斯兰法的经典文献。圣训是穆罕默德的教导,也即穆罕默德的语录汇编,在伊斯兰具有法律效力。伊斯兰法学家的共同认识称为伊斯兰法学家的公议,也是伊斯兰法的组成部分。另外还有类比,相当于逻辑推理和判例,等等。整个伊斯兰法都是以《古兰经》为基础发展起来的,所以说《古兰经》在伊斯兰法中具有至高无上的地位,发挥着主导作用。

伊斯兰法系具有自己的特征,美国法学家威格摩尔认为"伊斯兰法有三个必须注意到的显著特征":一是它为因语言差异而分离的众多民族提供了一种教育、君主统治和巡游的通用语言。二是作为治理工具,数千个不同风俗习惯的社会群体都可以根据伊斯兰法进行审判。三是它消除了等级或肤色的一切差别,无论是蒙古人、雅利安人、闪米特人,还是白种人、黑种人、黄种人,他们的社会、法律地位在共同信仰伊斯兰教的社群中都是平等的。〔7〕 我国台湾地区的法学教科书则认为伊斯兰法系的特质在于以《古兰经》经典为其圭臬,其教义具有法律意义,并以举例的方式论述道:"例如:(一)奖励孝敬父母,(二)提倡男女平等,唯一夫多妻制,并不禁止,(三)不得为不名誉的事,(四)不吃猪肉,(五)不得饮酒,(六)不得放高利贷,(七)禁止虐待奴隶,(八)反对种族歧视,(九)诚实信用,不得诈欺,倡导节约,救济贫困,(十)鼓励武力传教,战死升入天堂。"〔8〕这一特质概括未必准确,但是对于帮助人们简要地把握伊斯兰教及其伊斯兰法的主张,是十分有益的。伊斯兰法的特征主要有以下几个方面:

一是以伊斯兰教作为思想基础。伊斯兰法是以伊斯兰教作为思想基础的。在伊斯兰国家或民族,伊斯兰法被视为神圣的法律,是安拉的神圣命令和神圣启示,具有绝对不变、永远有效的性质。由此,伊斯兰法就被赋予了永不变易的特性。在他们看来,任何立法者都不能对伊斯兰法进行修改。伊斯兰法因此具有了超乎寻常的保守性和僵化性。相对于其他法系来说,伊斯兰法的这一特征使其具有了更强的历史传承性。

二是体现法律与宗教的高度合一。伊斯兰法的法律渊源包括《古兰经》、圣训、法学家的公议和类比。每一个方面都是将法律与宗教高度结合的产物。《古兰经》既是伊斯兰教的经典,又是伊斯兰法的法典。圣训是宗教领袖穆罕默德的教导。法学家的公议与类比都不过是在前两者之下对法律的诠释与运用。

三是以整体的宗教法状态存在。在现代世界上,大陆法系、英国法系都不是宗

〔7〕 [美]约翰·H. 威格摩尔:《世界法系概揽》,何勤华、李秀清等译,上海人民出版社2004年版,第534～535页。

〔8〕 管欧:《法学绪论》,台北,五南图书出版股份有限公司2008年版,第39页。

教法律。印度法系虽然具有宗教性质,但是在现实中由于英国法系的影响而在公法领域式微,只是在民事法律关系中发挥一定作用,其作用是不完整的。伊斯兰法显然比印度法系传统的法律制度发挥的作用更好,以更完整的状态存在。

四是以属人主义为效力原则。一般说来,法律效力的基本原则都是采用属地主义原则,地域范围是法律效力的基本依据。伊斯兰法并不是以属地主义作为自己基本的效力原则的,它严格采用的是属人主义原则。在伊斯兰法系国家,普遍认为只要有伊斯兰教的信仰,就应该服从伊斯兰法。

思考题

1. 法系的概念及其划分标准。
2. 日本法学家穗积陈重的五大法系划分。
3. 大陆法系的含义及其历史发展。
4. 英国法系的含义及其历史发展。
5. 大陆法系与英国法系的主要差异。
6. 中华法系及其特征。
7. 印度法系及其特征。
8. 伊斯兰法系及其特征。

第八章　法律方法

法律方法是特定法律活动主体在法律适用过程中所采用的解决法律问题的独特技术与技巧的总称。法律方法是多种多样的,本章仅就主要方法作一简要论述。

第一节　法律解释的方法

法律解释是为了更好地把握立法原意,由一定主体对法律规范的含义以及相关事项所作出的阐述与说明。它是最基本的法律方法之一。

一、法律解释的意义

法律解释是理解法律的需要。法律一经产生就有一个如何理解的问题。对法律的理解是从制度到实施的中间环节,没有这一环节,法律就无法从立法到实施。法律解释是理解法律的手段和工具。在东西方历史上,第一批法学家都是从注释法律开始的。法律解释的第一意义在于确保对于立法原意的阐述,使人们能够准确地理解法律的制度性规定,领悟法律的要旨。法律解释有利于人们认识法律。人们的认识与思维的差异是客观存在的,人们对于法律规范的理解就完全可能是多元的。对于既有的法律规范,由于个人的知识、阅历、利益、价值观的差异,完全可能产生不同的认识。这种不同认识不仅仅在当事人之间存在,在代理人之间存在,在辩护人与公诉人之间存在,就是在法官之间、法院之间都存在。面对这种差异,就需要有权威的甚至具有法律效力的解释来确保法律被统一理解,并被统一适用,而不是被各行其是。

法律解释可以弥补立法之不足与完善立法。首先,法律在立法时的天生缺陷是难以避免的。一旦发现了立法中的不足,何以弥补这种不足,何以体现出立法原意,确保法律的精神能够被充分体现,法律解释就成了必然的选择。法律解释对于立法的不足来说,是极好的补充与修正措施。法律解释不能违背立法的原意,但它可以使立法原意体现得更加完善。其次,法律规范的表述总是有限的。法律不论是以成文的条款来表达的,或者是以判例方式存在的,相应的表述都或多或少地受到文字、语言、记录材料等方面的限制,要做到绝对完备与完善是不可能的。因此,当人们发现既有的法律规范存在不明晰,有歧见、误解的时候,法律解释就成了必需。最后,通过法律解释可以现实地弥补立法不足,并为以后的修改完善奠定基础。既有的法律解释必然是以后完善立法的重要参考依据,从而为立法的进一步完善做准备。

法律解释可以使法律更好地适应社会发展。社会生活与社会关系的发展是无限的。法律制定之后,社会并没有因为法律的确定而变得凝固,相反的是,社会生活始终在向前演进,社会关系始终在发展变化。立法有复杂的程序和过程,要随时更新是不可能的。尤其是不可能因为某个表述或者某个条款的过时或者不能完全适应社会发展就要重新立法。因此,法律的滞后性,在一定意义上说,总是难以免除的。要以既有法律来适应变化着的社会生活,调整发展中的社会关系,就必须对既有法律的立法原意进行适合社会发展的阐释。只有这样,既有的法律才能永远适应社会的需要,具有实在的有效性和有用性。法律解释是在立法难以更新的情况下,使既有法律与时俱进的措施。

法律解释是实施法律的需要。制定法律的目的在于实施法律。实施法律的前提就是要准确理解法律。法律如果不能被准确理解就无法被准确适用和遵守,于是法律解释就成了法律实施的前提。法律解释是适用法律和遵守法律的需要。法律要得到准确实施就必须要法律解释。法律解释的准确与否直接影响法律实施的效果,所以法律解释的方法就为法律实施所特别重视。法律解释还有利于法律的统一适用。法律是被不同执法部门和执法官员、不同司法机关和司法官员来适用的,他们对于法律规范,也可能存在不同的理解。如果听任根据各种不同理解来适用法律,法律的适用就必然陷入混乱。为了使全国各地的执法机关及其工作人员、各地的司法机关及其工作人员对法律有统一的适用,就必须要有统一的理解。因此,不仅一般的法律解释成为必要,就是全国性的统一的法律解释也不可缺少。只有对既定法律具有了统一的认识,才可能保障法律在全国不同地方、不同机构被统一适用。

法律解释是法学得以产生和形成的需要。“面对法律,法学家的任务有三:解释、构造、体系。”[1]解释不仅是法学家的首要任务,而且是法学家创立法学时的首要工作。在西方,古罗马法学就是在法律解释的基础上产生和形成的。似乎同理可证,由于没有大规模立法与法律解释,古希腊就没有严格意义的法学。“在古代希腊,由于城邦制度繁荣的时间太短,各个城邦之间经常发生战争,立法也未能充分发达等原因,因此,在希腊只是产生了比较发达的法哲学和法律思想,尽管这些思想为罗马法学的诞生奠定了理论基础,尽管柏拉图的《法律篇》(The Laws)被誉

〔1〕［德］拉德布鲁赫:《法学导论》,米健、朱林译,中国大百科全书出版社1997年版,第169页。

为西方历史上第一部法哲学著作,但在希腊,没有法典注释学,没有产生法学家,也没有形成系统的法学学科。"[2]在中国,古代律学也是从法律解释中诞生的,并始终以法律解释作为自己的显著标志和主要任务。在日本,"法律学曾被称为'法律解释学'"。[3]

二、法律解释方法在历史上的运用

法律解释方法是对法律制度或规范的含义加以阐述和说明的方法。如果法律解释是备注于法律文件之中的,也就成为法律的注释。因此,在这个意义上,法律解释的方法也被称为法律注释的方法。其实,更确切地说,法律注释是法律解释之一种形式。包括法律注释在内的法律解释,是法律所独有的研究方法。对于法律文件、法律规范的解读始终是法学的主题。

在中国古代,律学的重要使命就是对法律进行注疏。法律注疏的主要内容就是对法律制度与规范作出解释。我国以律学作为标志的古代法学也就是从法律解释或者说是从法律注释起步的。我国成文法出现很早,在春秋时期的公元前536年就有了子产的《刑书》,公元前505年就有了邓析的《竹刑》,公元前513年就有了晋国的《刑鼎》。成文法出现了,要执行成文法就必须对成文法进行解释,也就必然会催生法律解释。也就是说,随着成文法的出现,法律解释就成了必要,法典注释学就会随之产生。中国法典注释学正是由此而发端。公元前3世纪秦国的《法律答问》就是法典注释的成果和代表。"在秦朝,为了统一适用法律,还专门制定了官方的法律解释,以利于官吏依法判案。在云梦秦简中的《法律答问》就是秦国制定法律解释的明证,它对秦国定罪量刑以及法律适用当中的重要问题,都作了具体解释,同刑律具有同等的法律效力,成为秦国法律形式的一种,秦统一后仍在沿用,并且影响到后世的法律解释。"[4]到了汉朝,法律注释学即律学的发展进入了一个繁盛的历史时期,"至汉代以后,各大经学家开始了以经注律的活动,法学作品丰富,法学名家辈出,著名者有郑玄、马融、张斐、杜预、刘颂、郭躬、陈宠等。《晋书·刑法志》说:当时注释法律者'十有余家,家数十万言'。中国古代的法律注释学,是除罗马之外世界上最为发达的形态"。[5]"我国7世纪的著名法典注释《唐律疏议》,无论在结构体系的合理性、概念阐述的科学性、条文注释的完整性、原则内容的系统性等方面,都可以与古代罗马查士丁尼《国法大全》相媲美。"[6]中国古代律学为法律解释积累了丰富的历史经验和具体的解释技术与技巧。

---

〔2〕 何勤华:《中国法学史》(第1卷·修订本),法律出版社2006年版,第38~39页。

〔3〕 [日]川岛武宜:《现代化与法》,申政武等译,中国政法大学出版社1994年版,第287页。

〔4〕 怀效锋主编:《中国法制史》,中国政法大学出版社1998年版,第46~47页。

〔5〕 何勤华:《中国法学史》(第1卷·修订本),法律出版社2006年版,第42页。

〔6〕 何勤华:《中国法学史》(第1卷·修订本),法律出版社2006年版,第28~29页。

在西方,法学的产生和形成是从注释法律开始的。古罗马法学家就是从法律解释起步的。“公元前3世纪,罗马共和国末期的平民法学家格伦卡留斯,为了打破少数贵族僧侣对于法律知识的垄断,便把《十二铜表法》以来散乱的立法文件,系统地加以公开,并根据自己的见解进行诠解。这就开了罗马注释法学的先河。”〔7〕其后包括古罗马著名的五大法学家在内的,直至6世纪的一大批法典编纂学家们,大体上都可归入广义的注释法学派的行列。〔8〕在西方的中世纪,甚至出现了对古罗马法进行注释的注释法学派。中世纪的注释法学派的发展可以分为前期和后期两个阶段。前期是指11世纪到13世纪初期以伊纳留士(约1055~1125年)为代表的法学家们,他们对古罗马法进行整理、编纂和注释。到13世纪由F.阿库索士(约1182~1260年)汇编成《通用注释》。后期是指从13世纪后期到15世纪,以巴托罗(1314~1357年)为代表的注释法学派,开始从单纯的注释转向理论研究。在西方的自由资本主义时期,法国和比利时都出现了注释法学派,其成果甚至成为后来奥斯丁的分析法学的基础。“19世纪初的法国和比利时的注释法学。该学派是1904年《拿破仑法典》的直接产物,并以注释这部法典为基本任务。可以说,它是在以法典体现的个人自由为中心的、古典自然法的实证化的基础上展开的。法国和比利时注释法学派侧重的是对法典规范的逻辑解释,而对立法时的意图(立法精神)以及当时的社会实际情况采取漠视的态度。这种形而上学方法论,被而后的分析主义法学家,首先是奥斯丁法学派着重加以运用和发挥。”〔9〕奥斯丁从功利主义出发,汲取欧洲大陆注释法学的成果,创立分析主义法理学体系即其本人自己称谓的“分析法学”。〔10〕

三、法律解释的原则

法律解释并不能随意进行,必须遵循应有的原则。这些原则是在法律解释的历史过程中总结出来的,主要包括准确性原则、稳定性原则和简明性原则。

(一)准确性原则

法律解释必须是准确的,这是由法律解释的目的决定的。法律解释的目的就在于准确把握法律,理解立法原意与律条语意,准确遵守和适用法律。准确性主要是针对立法原意与律条语意而言的。如果不准确,就必然违背立法原意,违背正常的语意解读。在法的遵守上,就可能错把合法当违法,使相关主体过度抑制自己的

---

〔7〕吕世伦主编:《西方法律思潮源流论》,中国人民公安大学出版社1993年版,第19页。

〔8〕吕世伦主编:《西方法律思潮源流论》,中国人民公安大学出版社1993年版,第19~20页。

〔9〕吕世伦主编:《西方法律思潮源流论》,中国人民公安大学出版社1993年版,第22页。

〔10〕吕世伦主编:《西方法律思潮源流论》,中国人民公安大学出版社1993年版,第22页。

合法行为;或者错把合法当守法,使相关主体遭受本不应遭受的法律制裁。在法的适用上,就可能错把合法当违法,制造冤案或错案;也可能错把违法当守法,放纵违法犯罪。这都是对于法律的不准确解释所可能导致的严重恶果。

法律解释准确与否的标准,是看其是否符合立法原意与律条语意。立法原意是十分重要的,它是判别法律解释准确与否的标准。法律解释的主体如果是一般的社会成员,对于法律的不准确解释,危害相对会小一些,如果是国家机关乃至国家司法机关及其司法人员,其后果是不堪设想的。因为这样,法律就可能被滥用,法律的目的就根本无法实现,社会的公平正义也必然得不到维护。法律的不准确解释,会走向法律解释目标的反面,导致对法律和法治的伤害。

(二)稳定性原则

法律有稳定性的问题,法律解释也必须注意坚持稳定性原则,以与法律的稳定性保持一致。

法律解释的稳定性也首先是相对于法律制定时的立法原意来说的。尽管社会生活千变万化,但是人类的价值目标并不是千变万化的,人间的天理人情并不是千变万化的,人们的心理期待也不是千变万化的。天不变道亦不变也许就是这个道理。所以,任何法律解释者都不应使对法律的解释远离立法原意。

法律解释的稳定性,是法律自身的要求。法律的权威性是以自己的稳定性作为基础的。朝令夕改的法律,既没有稳定性,也不会有权威性。如果听任法律解释任意远离立法原意,就等于法律允许对自己的权威性进行伤害。如果法律允许其解释做过大的改变,还不如及时启动立法程序对既有的法律进行修改。法律之所以要在不修改的前提之下,以解释的方式使之适应社会发展,也就意味着这种解释是不能偏离立法原意的。

坚持法律解释的稳定性也是确保法律连续性的需要。社会生活既是变化的,也是连续的。现有社会是以前社会的继续。即使是新的立法也还要考虑与以前立法的衔接等问题,也不能跨度过大,割断了现有法律与以往法律的连续性。因此,法律解释必须始终注意并始终坚持稳定性这一重要原则。

(三)简明性原则

简明性是法律解释的目的性要求。法律解释的一个重要目的就是使以前难于理解、难以遵守和适用的法律,变得容易理解,进而易于遵守和适用。基于这样的考虑,绝对不允许法律解释的结果,比法律规范本身还繁复杂乱,还晦涩艰深。不论是繁复杂乱还是晦涩艰深都达不成法律解释的目标。

简明性是法律解释的现实性要求。法律解释的简明性是人们的现实需要。解释法律对于需求者来说就是为了更好地遵守和适用法律,是为了满足实用性的现实需要。如果法律解释是简明的,一看即明白,一听即清楚,遵守和适用起来就容易。否则,就难解有关主体内心中的困惑,满足不了有关主体对法律解释的需要。

简明性是立法发展大众化的要求。立法的通俗化和大众化已经成为立法发展的趋势。法律制定的目的在于被人们遵守执行,所以简明易懂就成为在表达艺术上对于立法的要求。法律解释显然不需要像立法那么精练,它本身就是为使法律变得更加明晰而存在的。法律解释的通俗易懂、简单明了就成为更为重要的要求。当然法律解释的通俗并不是庸俗,庸俗的法律解释不仅不能使法律得到更好的实施,甚至还会使法律被扭曲,导致更多的误解与误读。

四、法律解释的种类

法律解释的主体是多元的,不同主体对于法律有不同的解释,不同主体的解释效力并不相同。根据法律解释的主体和效力的不同,可以将法律解释划分为法定解释和非法定解释。

- 法律解释
  - 法定解释（有权—有效—正式）
    - 立法解释
    - 行政解释
    - 司法解释
  - 非法定解释（无权—无效—非正式）
    - 学理解释
    - 任意解释

(一)法定解释

法定解释是指特定主体根据法律的授权性规定而对法律所作出的解释。这里所称的特定主体是指国家立法机关、行政机关和司法机关。由于法定解释是特定主体根据自身的职权作出的,具有一定法律效力的解释,所以它又被称为有权解释或有效解释。由于法定解释具有一定的正式形式,并代表着一定国家权力的公开行使,所以又被称为正式解释。根据解释的主体不同,可以将法定解释划分为立法解释、行政解释和司法解释三类。

1. 立法解释

立法解释是指法律制定机关根据法律的规定和自己的职权,对自己所制定的法律的含义所进行的阐述与说明。立法解释的目的在于解答法律实施中可能出现或者已经出现的关于法律规范含义的疑问。立法解释与立法具有同等的法律效力。立法解释有两种情形:一是出现在立法之中,作为规范性法律文件的内容;二是出现在立法之后,作为解释性的法律文件内容。

立法机关在制定规范性法律文件的过程中,即在立法的过程中,就对相关的问题作出解释,以避免实施中产生歧义。这种解释本身就是立法的一部分。例如,我国《民法典》第1259条规定:“民法所称的‘以上’、‘以下’、‘以内’、‘届满’,包括本数;所称的‘不满’、‘超过’、‘以外’,不包括本数。”它们就是作为立法内容的立法解释。我国《刑法》第93条第1款规定:“本法所称国家工作人员,是指国家机关中从事公务的人员。”第94条规定:“本法所称司法工作人员,是指有侦查、检察、审判、监管职责的工作人员。”也同样是作为立法内容的立法解释。

立法机关在立法后、法律的实施过程中,发现有的法律规范需要作出进一步的阐述与说明,而特别作出的解释,这也是立法解释,但并不是原有立法的组成部分。

2. 行政解释

行政解释是国家行政机关在行政活动过程中,依照自己的职权,对有关法律规范的含义所作出的解释。行政解释的主体是国家行政机关,进行行政解释的条件是在行政活动过程中,前提是依照行政职权,解释的对象是有关法律规范。行政解释是非常重要的。首先,它的地位非常重要。国家行政机关在国家和社会管理中发挥着极为重要的作用,其所有的行政行为都可以被理解为执法行为。它对法律的解释直接关系着政府工作的开展和职能的实现,影响整个国家和社会的状况。其次,它的数量极其庞大。任何现代国家其法律的大部分都是由政府来执行的。政府在执法中会涉及大量的法律解释问题。没有行政法律解释,行政工作就难以推进。

至于行政机关对自己制定的法规的解释,是否属行政解释,还有不同的看法。其实,由于这一解释的特殊性,将其归入立法解释或者行政解释,都是有道理的。只是看归入哪一类更加科学。作者认为还是应将行政机关依照职权所作出的所有法律解释,都称为行政解释较为科学。因为这里的解释主体与解释效力是联系在一起的,尽管行政机关对自己制定的行政法规作出的解释,称为立法解释也没有什么错误,但是毕竟在严格的意义上只有人民代表大会才是立法机关。行政机关从执行法律的意义上讲也总是立法机关的执行机关,如果将其对自己法规的解释称为立法解释,就可能导致对机关性质的混淆,同时也不利于区分行政机关解释与立法机关解释的效力,因为人民代表大会的法律解释显然比行政机关的解释更为权威。

3. 司法解释

司法解释是指国家司法机关在司法活动中,对有关法律法规所作出的解释。全国人民代表大会常务委员会《关于加强法律解释工作的决议》(1981年6月10日第五届全国人民代表大会常务委员会第十九次会议通过)规定:“凡属于法院审判工作中具体应用法律、法令的问题,由最高人民法院进行解释。凡属于检察院检察工作中具体应用法律、法令的问题,由最高人民检察院进行解释。最高人民法院和最高人民检察院的解释如果有原则性的分歧,报请全国人民代表大会常务委员会解释或决定。”据此,我国的司法解释权分别被赋予了最高人民法院和最高人民检察院。我国的司法解释就以三种形式存在,即最高人民法院的审判解释、最高人民检察院的检察解释以及最高人民法院和最高人民检察院共同作出的司法解释。

以上三种司法解释,是指具有普遍约束力的司法解释。就整个司法解释来说,还应该包括不具有普遍约束力的司法解释在内。人民检察院的起诉书和人民法院的裁判文书中都有相关的司法解释。只是这些法律文书的司法解释,是针对特定的案件和当事人的,不具有普遍的约束力或者效力,在我国现有的法学著作之中一般都不将它们列入司法解释之中。

(二)非法定解释

非法定解释是指没有法律授权的社会组织、学术机构、公民个人以及法律服务人员包括律师、非律师代理人等根据自己的认识,对法律规范所作出的解释。非法定解释由于不是以法定职权作为根据的,可以随意进行,并不当然具有法律效力,因此,又有人称之为无权解释、非正式解释或者无效解释。非法定解释,可以分为学理解释和任意解释两大类。

1. 学理解释

学理解释,是指由法学的教学科研机构,法学学术团体或学术组织,以及法学教育工作者、科研工作者在教学、科研工作中,对法律规范作出的解释。学理解释虽然不具有法律效力,但是它对立法机关、行政机关、司法机关的法律解释都有着重要影响。法学学者的教学科研活动直接影响着相关机关的人才培养。接受相关法律教育的人才一旦从事立法、行政和司法工作,学者们的法学理念就可能通过学术传承与知识传授成为法定解释的知识准备,进而影响相关的法定解释。立法机关、行政机关和司法机关在作出法律解释的过程中,还可能主动吸纳相关的学术见解,听取有关专家学者的意见,有的甚至直接邀请相关的专家学者参与法律解释的拟制工作。

2. 任意解释

任意解释,是指司法活动中的当事人、律师、非律师代理人以及在日常生活中的社会大众对法律规范的解释。他们对于法律的解释,当然是不具有法律效力的。但是这些解释的存在是的的确确的社会现实,它们在或多或少的意义上影响着其他各种法律解释的产生和形成。

非法定解释虽然不具有当然的法律效力,但是并非可有可无,在社会的现实生活中是不可忽视的。尤其是学理解释在国家的法治建设中发挥着重要的作用。

五、法律解释的方法

法律解释
- 字面解释
- 限制解释
- 扩充解释
- 系统解释
- 逻辑解释
- 历史解释
- ……

法律解释在总体上是法律方法之一。法律解释的具体方法是多种的,其中字面解释、限制解释、扩充解释、系统解释、逻辑解释和历史解释的方法都是被经常使用的法律解释方法。

(一)字面解释

字面解释是指严格依照法律规范的文字含义所作的解释。这一解释对于忠实理解法律规范的原意具有重要的价值,同样也是法律解释之中经常被采用的解释方法。由于字面解释是最严格地忠实于法律文本的解释,因而它被普遍而广泛地采用。

(二)限制解释

限制解释是指对法律规范所作出的比其字面含义更为狭窄的解释。解释的目的在于对法律规范的含义作出限制,以解决字面含义过于宽泛的问题。限制解释依然是为了更好地体现立法意图,实现立法目的。

(三)扩充解释

扩充解释是指对法律规范的含义所作出的广于其字面含义的解释。扩充解释的动因在于解释者认为既有的法律条文的字面含义,还不足以表达立法原意,使其应有的范围被不当缩小了,于是采用扩充的方法以使其字面含义得以扩大,以使立法原意被人们准确把握。

(四)系统解释

系统解释是指将被解释的法律规范纳入整个法律体系或者整个规范性法律文件之中,加以系统考察与考证,以得出正确认识的解释方法。系统解释是系统方法在法律解释中的具体运用。

(五)逻辑解释

逻辑解释是指运用逻辑分析方法对法律规范所作出的解释。逻辑解释方法是常用的法律解释方法,在法律解释中经常被运用。逻辑解释在整个法律解释之中具有重要的作用。

(六)历史解释

历史解释是指对法律规范的制定经过、历史沿革以及产生背景等历史因素加以考察,从而使人们更好地把握立法意图的解释。历史解释也是对法律进行解释的重要方法之一,对于某些法律规范的理解具有独特的意义。

法律解释的方法是多样的,在这里所论述的只是主要的研究方法,以及根据这些方法而对法律解释进行的不同分类。其实,不同的解释方法,在法律解释中都有其意义,采用何种方法来解释法律规范,关键是看何种方法最能揭示法律规范的内涵和外延,最能体现立法的原意,最能使法律规范被准确理解与实施。在法律解释之中,不同的解释方式可能是被交替或同时使用的。使用何种解释方法是根据法律解释的目标来确定的,而不能机械地固定采用某一种或某几种方法。

第二节　法律推理的方法

一、法律推理的含义

法律推理在不同的学者看来,也许有不同的含义。有的学者总结认为,法律推理有三种模式,一是逻辑推理模式,二是规范推理模式,三是法律适用模式。其实概观各种模式,不外乎广义和狭义双重含义。在广义上,法律推理是指在法律领域或者对法律命题所进行的逻辑推理。这样的法律推理实际上是逻辑推理在法律上的运用,既包括法律适用上的推理,也包括非法律适用的法律研究、法学教育和法律生活之中的推理。在狭义上,法律推理则仅指司法官员——法官在适用法律的过程中所进行的推理。这种意义的法律推理是司法技术的构成部分,甚至可以称为司法推理。法学教科书意义上的法律推理正是狭义的。

(一)法律推理的主体

广义的法律推理的主体是多元的,律师、检察官、法学家、法学教师、法律学习者乃至一般公民都可能成为法律推理的主体。但是,在严格意义上,他们都不是法律推理的主体,只有法官才是法律推理的主体。其他主体的法律推理不过是从法官的推理延伸而来的,都应当以法官裁判中的推理作为基本模型与蓝本。

(二)法律推理的前提

法律推理的首要前提是存在法律规定。没有法律规定,纵然具有事实,也不能成为法律事实,更无法推导出法律上的结论。法律结论是法律推理的结果。法律推理的结论决定于法律事实,也决定于法律规定,并决定于推理的过程是否科学。只有法律规定、法律事实和推理过程都是正确的,法律推理的结论才可能是正确的。法律规定是决定法律推理正确与错误的前提性因素。因此,对于法律规定应有立法正确、理解正确、运用正确三个方面的要求。

法律推理的前提还包括法律事实。法律事实,是各方当事人认可的具有法律意义的事实,或者是依靠证据证明的事实。法律事实有别于客观事实,最多只能是接近和等于客观事实,并不能绝对地等同于客观事实。对于这一问题,在有关法律适用理论和证据理论之中将会有专门的论述。各方当事人都认可的事实,也当然地免除了各方的举证责任。各方认可的事实,只要不是共谋伤害第三人利益的,一般都可以得到法官的认可并作为法律推理的前提。对于一方主张,另一方反对的事实,究竟是不是事实,则需要主张一方的当事人运用证据加以证明。被证明的事实即可以作为法律事实被法官认可,进而被作为法律推理的前提。

(三)法律推理的规则

法律推理实际上是逻辑推理的法律运用,因此,它必须遵循逻辑推理的原则、规则和方法。推理的逻辑规则适用于所有的推理活动与过程,也当然地适用于法律推理。

同时,法律推理又有其相对独特的法律属性,因此,法律推理还需要遵循自身的原则、规则和方法。这些原则、规则和方法至少包含着三个方面:一是以法律规定和法律事实作为前提。与法律规定和法律事实无涉的推理就不是法律推理。对于法律规定的采用必须依照法定的程序和规则,对于法律事实的认定需要遵守相应的证据法则。二是法律推理以法律适用作为目的。不以适用法律作为目的的推理不是法律推理。严格意义的法律推理,都是在法律的适用活动过程之中或者在法律文书之中,为了法律的准确适用所使用的推理。适用法律是极为严肃的国家行为,必须严格以法律规则作为根据。三是法律推理是由法官来进行的。作出法律推理的主体是具有法定职权的法官。严格意义的法律推理都是法官依照其职权和职责来进行的。因而法官在作出法律推理的过程中还必须遵守一系列的职务、职权和职责规则。

(四)法律推理的目的

法律推理的根本目的在于正确适用法律,直接目的在于作出法律裁判,使裁判具有正当性与说服力。法律推理是法律适用活动与过程的必需，是法律裁判被正确作出的前提与条件。正确的法律裁判来自科学的法律推理。许多法律裁判的错误，就是由法律推理的错误所导致的。法律裁判结论的正确性是由法律推理加以说明和证明的，法律推理是法律裁判正当性的理由之所在。

二、法律上的形式推理

法律上的形式推理是指运用形式逻辑进行的法律推理。它包括演绎推理、归纳推理和类比推理三种形式。形式推理是法律推理的最基本形式。几乎所有案件的法律适用及其裁判都必须依赖形式推理。

（一）法律上的演绎推理

所谓演绎推理是从一般到特殊的推理，是从一般性的判断推出特殊性的结论的推理。三段论推理是演绎推理的典型形式。它包括大前提、小前提和结论三个部分。

演绎推理中的结论实际上是其前提就蕴含的。只要前提没有错误，结论就必然没有错误。正是因为演绎推理具有不容怀疑的绝对正确性，因此，运用演绎推理就可以很好地防止司法擅断与司法专横。当然，演绎推理是需要条件的，它需要大前提和小前提的必然真实。在实际处理案件的过程中，要保证所有的推理都具有前提的必然真实性，就会遇到困难。这时，演绎推理的局限性就表现出来了，因此，实质推理就成为弥补演绎推理之不足的重要手段。

演绎推理是从一般的法律规定到具体的法律事实再得出具体的法律结论的推理。演绎推理的这一属性，特别适合于成文法国家的法官运用成文的法律规则处理具体案件。因此，这一推理形式也就特别为成文法国家包括大陆法系国家所特别看重和普遍适用。

（二）法律上的归纳推理

归纳推理是从个别现象或事实推导出一般原则的推理。归纳推理的前提是对于个别现象或事实的判断，结论是关于一般现象或事实的全称判断。归纳推理分为完全归纳推理和不完全归纳推理。完全归纳推理是对所有的元素进行考察而得出的结论，因此，只要它的推理过程没有错误，它的结论就是没有疑问的。但是完全归纳推理常常是困难的，因此，不完全归纳推理则成为普遍的推理形式。不完全归纳推理是对部分元素进行考察，从而得出一般性结论的推理。它不可避免地具有猜测性与或然性。尽管如此，不完全归纳推理并非无用。恰恰相反，客观世界的无限性和人类认识的有限性之间的矛盾，使不完全归纳推理具有了特别重要的意义。

不完全归纳推理对于判例法国家的法官适用法律的活动与过程,具有特别重要的意义。他们也许无法或者不能对既有的所有裁判进行考察,但是他们可以从一定数量的案例之中得出普遍的结论,用以处理现实的案件。普遍结论的得出过程也就是不完全归纳推理的过程。所以归纳推理尤其是不完全归纳推理,在英国法系中具有特别重要的意义。其实在大陆法系国家,归纳推理,包括完全和不完全归纳推理的意义也是不容否定的,大陆法系的法官也必须运用之。例如,对于产品质量或者数量进行随机的或者有规律的不完全检测,得出关于质量或数量的一般结论,就是归纳推理的结果。没有这样的推理,法官就无法得出相应的结论,或者无法对相关鉴定结论进行采信。再如对于某种法律行为的后果预测,在许多时候也只能采用不完全归纳推理来加以解决。相关的不完全归纳推理也同样是司法裁判的理由。只是由于不完全归纳推理的不完全特性,使得在运用时务必审慎。

(三)法律上的类比推理

类比推理是根据两个或者两类对象在某些属性上的相似或相同性,而推导出其在另一些属性上也具有相似或相同性的推理。演绎推理是从一般到个别,归纳推理是从个别到一般,而类比推理则是从个别到个别。其基本的逻辑形式表达为:A 是 B,C 与 A 相似,C 是 B。

从类比推理的推理形式上就可以看出,类比推理的结论具有猜测性和或然性。但是这并不意味着类比推理是没有道理或者是没有意义的。人类的理性和经验都表明,类比推理具有重要的实践价值。法律上的"类似案件、类似处理"即是类比推理的典型运用。根据不同案件之间的相似性质,得出适用相同法律,作出相同裁判的结论,是法律上经常运用的法律适用技术。尤其是在英国法系国家,在"遵循前例"的原则下,法官经常使用类比推理的方式来处理案件。

类比推理的关键在于如何认识比对对象之间的相同点与不同点。对相似性的认识,是类比推理的首要环节。对相似性认识的错误,必然会导致推理的错误、结论的错误。所以在英国法系之中,对不同案件相似性的确认,是极为重要的法律技术与技巧,是类比推理被正确适用的关键,也是法律被正确适用的关键。在一般的案件处理之中,法官的类比推理并不困难。在一些特别复杂与疑难的案件处理之中,也许无法适用类比推理,或者勉强适用类比推理就可能导致严重背离司法价值与法律价值的后果。于是,如同在演绎推理和归纳推理中遇到疑难一样,法官就必然求助于另外的推理形式即实质推理来加以解决。

三、法律上的实质推理

实质推理也称辩证推理,是指运用辩证逻辑进行的推理,是与形式推理相并称的推理形式。

（一）法律上实质推理的适用情形

实质推理是运用辩证逻辑进行的推理。所谓形式逻辑，是从形式结构上研究思维的形式和规律的科学。辩证逻辑不同于形式逻辑，它是研究人类辩证思维及其形式、规律和方法的科学。辩证逻辑通过概念、判断、推理等发生于思维中的抽象形式，对外部世界作出概括的、近似的，然而却是本质的反映。它的基本特征是将对象作为一个整体，从内在矛盾运动、变化及其各个方面的相互联结中考察对象，与形式逻辑既相联系也相区别。

法律上的实质推理是运用辩证逻辑来进行的推理，它对法律裁判结论的得出远比形式推理更为复杂和困难。它适用于以下情形：

一是法律上缺乏明文规定，也无既往案例可遵循，而又必须作出裁判的情形。在刑事法律上，因为实行法无明文规定不为罪的原则，一般不存在这样的情形。但是，在此罪与彼罪、罪轻与罪重的判断中，实质推理还是有重要作用的。在民事法律中，这样的情形则是经常存在的。在民事案件的审判之中，法官面对争议，绝对不能以法律上没有规定或者没有前例为由而拒绝裁判。法律上没有明确的规定，甚至没有既往的判例，形式推理显然无法解决。这时，实质推理就成为处理案件的必要手段。

二是法律含义含混，需要推导法律的合理含义的情形。法律的规定可能含混，以前的判例也可能使人莫衷一是。这时，实质推理就成为确定法律含义、合理适用法律、正确裁判案件的工具，就是达成裁判目标的桥梁。

三是对两个或者以上的陈述、规则、判断、结论进行选择的时候，也需要运用实质推理。社会生活的无限性与法律的有限性之间总会产生这样那样的脱节或分离。法律自身的有限、概括、保守等属性都可能导致多个选项需要法官予以选择，作出结论。在这时，实质推理的作用也就得到了凸显。

四是既有的法律规定或前例如果被遵循，就可能导致法律或司法的价值目标倒错的情形。法律、司法应是公正的维护者；但是如果既有的法律规则或者前例的适用，必然会导致严重不公正的情形发生，这时，形式推理就不宜使用，实质推理就成为必要的补救措施。

（二）法律上实质推理中的价值判断

在法律的形式推理之中，法官不应该有超越法律规定的价值目标。在一般常规的案件裁判之中，法官不过是严格地体现法律既定的价值内涵罢了。法官的裁判越是严格服从法律，就越能体现法的价值。但是在实质推理之中，情形却大相径庭。

在需要实质推理的时候，或者在实质推理之中，法官如果没有正确的价值判断,对于法律的认识就会出现问题,对于法律的选择就会产生失误,对案件甚至无法得出必要的裁判结论,即使有了某种裁判结论也根本无法确保是正确的结论。法的价值判断是实质推理中的思想指导与精神依据。

法律推理问题,是法律逻辑学、诉讼法学以及法理学都将进一步专门研讨的课题和重要的教学内容。鉴于彻底掌握这些知识和理论还需要更多的法学知识和法学理论作为基础,因此,在此仅就法律推理作一个宏观概述,更丰富的知识和更深入的理论尚待以后的学习加以充实。

第三节 案例分析的方法

案例分析方法在其他学科中也被广泛运用,但是它们都不是法学意义上的案例分析方法。法学上的案例分析方法是为法学所独有的方法,具有悠久的历史和独特的技巧,一直是法学教育的重要内容和法律实践的重要手段。

一、案例分析方法的意义

案例分析是世界各国法律适用中的重要工作。无论是在什么法系,无论是在哪个国家,案例分析始终是非常必要的。在大陆法系,虽然拒绝判例法,但是判例始终在法律实施过程中发挥着重要的示范作用。即使是典型的大陆法系国家,判例的作用依然是不可忽视的,甚至其作用还在增强。上级法院的判例、本级法院历史上的判例都在不同程度上影响法院的裁判。如何看待上级法院的判例和自己以前的判例,一直是大陆法系司法机关面对的问题。在伊斯兰法系国家,判例也被作为重要的法律渊源之一受到重视。判例作为“比”被视为仅次于《古兰经》、圣训、法学家的公议之后的重要法律渊源,作用依然是重大的。在英美法系国家,判例更直接地被作为法律渊源之一,受到特别重视。判例具有法律效力,成为人们的行为准则和法院的裁判依据;维持前例成为法律适用的基本原则。

案例分析方法是法学研究的独特方法。在其他学科之中也有案例研究,但是其所称的“案例”都不是法律意义上的“案例”,而往往都只是一般的事例,不涉及对法律适用包括司法、执法和守法进行研究的问题。法学研究包括对于法律制度的研究,也包括对于法律实践的研究。在对法律实践进行的研究中,案例分析就是其中重要的研究内容。通过案例分析,可以发现现实的社会问题,提出对社会进行法治化治理的对策。通过案例分析,也可以检省司法裁判的情况,改进司法工作,为提升司法水平寻找改革发展的路径。案例分析还可以为立法进行准备,为立法奠定实践基础,推进立法的发展完善。

案例分析方法始终是法学教育的独特方法。在法学教育中,案例教学一直是重要内容。通过案例分析,教师向学生阐释法律制度与规范的含义,讲解法律适用的技术与技巧。案例分析是法学教育的基本形式与重要活动。案例分析在整个教学活动之中,以其实用性、生动性、丰富性为特征,成为重要的法学教学方法之一,受到各类法律教育的普遍重视。

二、案例分析方法在历史上的运用

案例分析方法是自古以来重要的法学与法律方法之一。中国早在先秦时代就产生了“判例法”。那时“审理某一案件,经过占卜,作出判决,以后再遇到同类案件便不再占卜,而直接参照成案判决之,即《尚书·盘庚》所谓‘有咎比于罚’。这种做法从某种角度而论已经是‘判例法’了,尽管它仅作为某种例外而被笼罩在神意的云雾之中”。[11] 在历史的发展中,逐步形成了中国古代的“判例法时代”。在宗法贵族政体之下,“各个诸侯国不仅具有相当独立的一系列权力,而且还保持着各自民族的、历史的及文化的传统。宗法血缘链条决定着权力再分配的方向,各级贵族、官吏(包括法官)世卿世禄、子继父业、代代相传。这就造成了当时法律活动的基本特征:地域上的多样性与时间上的连续性,使‘前车后辙’、‘遵循先例’成为立法、司法的主要原则,即所谓的‘判例法’。‘判例法’是对‘任意法’的否定,是古代人们在实践中探索法律活动客观规律的伟大尝试,它为后世留下了宝贵的法律文化遗产”。[12] 随着判例法的产生,案例分析方法就必然被大量运用。后来,随着成文法的大量产生,判例法时代即宣告结束。判例法时代结束了,但是判例作为一种法律渊源却一直被保存了下来,案例分析方法也日趋成熟和丰富。在其后的中国法制发展史上,判例一直被作为重要的法律渊源,直至中国法律的清末改制,全面走向成文法制度为止。在汉代,就将“比”或称为“决事比”作为主要的法律形式。所谓“比”或者“决事比”,就是指在处理法律上没有明文规定的案件时,比照最接近的律令条文或者比照同类的典型判例,作出判决。到汉武帝时,死罪决事比已经达到13472事。汉朝时有廷尉决事20卷,春秋决事比232事。[13] 汉朝的判例在法律实施中发挥了极为重要的作用。在清末以后乃至中华民国时期,我国借鉴大陆法系建构现代法律体系,判例具有重要的参考意义而不具有法律的效力。在法学教育和法学研究之中,案例分析方法从未被排除过,始终是重要方法。

在欧洲大陆,古罗马就开始了对判例的研究,所以有的法学家甚至认为西方的判例法传统最早是导源于古罗马的。在古罗马法典化之前,判例在司法中发挥着

---

〔11〕 武树臣等:《中国传统法律文化》,北京大学出版社1994年版,第209页。

〔12〕 武树臣等:《中国传统法律文化》,北京大学出版社1994年版,第209页。

〔13〕《汉书·刑法志》。

重要的作用,案例分析方法在那时的司法实践中具有重要意义。有学者认为,对于古罗马法典化前判例的了解甚至有助于对现代民法的认识。〔14〕 公元 13 世纪后半期到 15 世纪的后期注释法学从单纯的注释转向理论研究的同时,也开始了对典型案例的发掘,推动了判例法的发展。〔15〕 一个很长历史时期以来,在大陆法系国家,判例的作用没有在英国法系国家那么重要,但是判例一直是重要的参考。在历史发展之中,判例的作用甚至又在逐步增强。“在大陆法系国家,判例的地位则相反,仅居于补充的法源地位而已,主要法源仍以成文法为主。虽然如此,判例具有相当大的社会统制作用,则属无可置疑之事。尤其在法院的长期运作下,判例殆已成为补充法源之重要来源。”〔16〕在大陆法系的法学教育与研究之中,判例的作用一直是巨大的,所以案例分析方法在大陆法系一直是极为重要的法学方法。

英国法系的判例法制度使案例分析方法在英国法系国家具有特别重大的意义。英国法系从其创立之时起,就以判例作为自己最重要的法律渊源的,判例法的重要地位一直持续到现代的英国法系国家。英国法系的“判例法是在英国中世纪出现的。当时英格兰的统治者迫切需要创造出一种适用于全国的普通法;它没有现成的法律可以借鉴。西欧大陆直到 12 世纪才开始对罗马法的研究,但那时英国已有了以王室法院为代表的高度集中的司法权,正是在这种历史背景下形成了这样的传统:定期地公布重大案件的判决,法官在判决时参引以前的判决作为依据”。〔17〕 在英国,遵从前例原则就包括以下的情形:上议院判决对其他一切法院均有约束力;上诉法院的判决对上议院以外的所有法院包括其自身都具有约束力;高等法院法官的判决,下级法院必须遵从。〔18〕 在美国,判例法也同样具有重要的地位,下级法院也需要遵从上级法院的判例。〔19〕 英国法系与大陆法系的重要区别之一,就是判例地位的差别。在传统的英国法系国家,判例法居于主导地位,制定法处于次要的补充地位。自 19 世纪以来,制定法不断增多,但是判例法依然占据重要的地位,即使是制定法,它也要受到判例法解释的制约。

---

〔14〕 [美]艾伦·沃森:《民法法系的演变及形成》,李静冰、姚新华译,中国政法大学出版社 1992 年版,第 55 页。

〔15〕 吕世伦主编:《西方法律思潮源流论》,中国人民公安大学出版社 1993 年版,第 20 页。

〔16〕 杨仁寿:《法学方法论》,中国政法大学出版社 1999 年版,第 210 页。

〔17〕 沈宗灵:《比较法研究》,北京大学出版社 1998 年版,第 249 页。

〔18〕 高等法院法官的判决对下级法院有约束力,对于该院的其他法官或刑事法院法官没有绝对的约束力,但也有重要的说服力。此外,还需说明的是,在英国《2005 年宪制改革法案》生效后,2009 年 10 月 1 日联合王国最高法院成立并开始运作后,英国上议院不再行使司法权。

〔19〕 美国的法院坚持遵从前例原则,但是法院尤其是联邦最高法院并不认为自己应受本院以前判例的约束。必要时,它们可以推翻自己以前的判例,作出不同的判决。

思考题

1. 法律方法的含义及其主要方法。
2. 法律解释的含义与意义。
3. 法律解释在中国和西方经历了怎样的历史发展过程?
4. 法律解释的种类划分。
5. 法定解释的概念及其基本内容。
6. 非法定解释的概念及其基本内容。
7. 法律解释的主要方法。
8. 法律推理的含义及其主体、前提、规则和目的。
9. 如何理解法律上的形式推理。
10. 如何理解法律上的实质推理。
11. 案例分析方法的意义。
12. 案例分析方法在历史上有过怎样的运用?

第九章　法 律 关 系

法律关系，是由法律规范调整人们的行为所形成的权利、义务关系。它是一种特殊的社会关系。

第一节　法律关系概述

法律关系是一种特殊的社会关系。首先，法律关系是一种思想的社会关系。法律关系总是与思想意志具有密切联系。其次，所有的法律关系都是重大的社会关系。法律是由国家强制力保证实施的行为规范，它不可能对一切社会关系进行调整，它只能调整重大的社会关系。法律调整的特殊性决定了，只有重大的社会关系，需要被法律调整并确实被法律调整了的社会关系才是法律关系。

一、法律关系是思想社会关系

社会关系是指人们在社会活动中所形成的相互关系，它包括物质关系和思想关系两大部分。法律关系属于思想关系的范畴，但它又不等于思想关系的全部内容。因为思想关系除了包括法律关系外，还包括政治关系、道德关系、宗教关系等人们在精神活动中所结成的相互关系。法律关系仅是社会关系中思想关系内的一种，是一种思想的社会关系。

为什么说法律关系是一种思想的社会关系呢？原因主要有二：

其一，任何法律关系都是由法律规范调整社会生活才形成的。如果没有一定的法律规范的存在作为前提，相应的法律关系就不可能产生。任何法律规范都只不过是一定意志的体现而已，属于上层建筑制度的范畴。在阶级对立的社会，法律是统治阶级意志的体现，在社会主义社会，法律是全体人民意志的体现。总之，法律是意志的体现，意志的载体，法律关系都是由这样的法律所调整的，所以说，法律关系是一种思想的社会关系。

其二，任何法律关系的成立都离不开其参加者的意思表示。所谓意思表示，就是指行为人把自己作出某项法律行为的意思或愿望，以一定方式表达于他人或者社会。意思是人的思想意识的内容。参加者的意思表示存在于每一个法律关系之中。离开了参加者的意思表示,法律关系便无法建立。这种离不开意思表示的法律关系当然应是思想的社会关系。意思表示在法律关系中的存在情况是相当复杂的,有的出现于法律关系产生之前,有的存在于法律关系持续之中,有的出现于法律关系变更、消灭之际。无论意思表示出现在什么环节,它都是法律关系不可缺少的因素。

二、法律关系由法律规范调整

法律关系是由法律调整的社会关系。作为社会规范的还有道德、教规、习惯和传统等,但只有为法律所调整的社会关系才是法律关系。法律对法律关系的意义主要表现在以下几个方面:

首先,一定法律规范的存在是一定法律关系产生的前提。法律关系是社会关系,而社会关系的范围是十分广泛的。许多政治关系、道德关系、宗教关系、艺术关系之所以不是法律关系,除了这些关系自身的许多因素决定了它们以外,法律规范未予调整则是一个关键性的原因。没有法律规范调整的社会关系,就不是法律关系。

其次,一定法律规范是一定法律关系得以持续和实现的强制性保证。法律关系的内容是一定的权利和义务,一旦义务不被履行,权利就无法实现,法律关系就必然遭到破坏。一定法律规范的存在不仅为相应法律关系的产生创造了前提,而且为法律关系的持续和实现提供了强制性保证。谁破坏了正常的法律关系,就应当承担相应的法律责任,国家的专门机关也就会依法予以相应的法律制裁。

最后,法律关系的变更和消灭一般也要以法律规范为依据。法律关系一旦产生,并不是可以随便变更和消灭的,许多法律关系的变更和消灭都必须以一定法律规范为前提或依据。如婚姻关系、诉讼关系,其产生是依法进行的,其变更或消灭也必须依法进行。

三、法律关系的特点

法律关系作为一种特殊的社会关系,除了与其他思想关系一样,属于上层建筑范畴,并为经济基础决定外,它还有其自身独有的特点。其主要特征如下:

首先,法律调整性。法律关系都是以一定法律规范的调整作为前提的。只有由法律规范所调整的社会关系,才属于法律关系的范畴。法律调整的属性,是法律关系与政治关系、伦理关系、宗教关系的重要区别之所在。其他社会关系,或者由政策调整,或者由道德调整,或者由教规调整,而非法律调整。

其次,权利义务性。法律关系是由法律规范调整人们的行为所形成的权利、义务关系。法律是权利义务规范,权利与义务是法律关系的内容。权利义务的内容属性也是法律关系在内容上与其他社会关系的重要区别。其他社会关系之中也许有着某种权利义务关系,但是远不如法律上的权利义务那么明晰,而不允许混淆与模糊。

最后,强制保障性。法律关系是以法律的国家强制力作为保障的。法律关系的产生、变更和消灭都要以法律规定为依据,任何破坏法律关系的行为都应当承担相应的法律责任,受到应有的来自国家强制力所实施的法律制裁。

正是这些特征,将法律关系与其他社会关系区别开来。任何法律关系都必须由法律关系的主体、法律关系的内容(权利和义务)以及法律关系的客体三个要素构成。

- 法律关系的构成要素
  - 主体
  - 内容(权利和义务)
  - 客体

第二节　法律关系主体

法律关系主体是指法律关系的参加者,即在法律关系中享有权利、承担义务的个人或组织。其通常被称为权利主体,是法律关系的要素之一。

一、法律关系的主体界说

法律关系的主体数量,可能因法律关系的具体种类、性质不同而有所差异。比如,买卖关系,其主体一般都为两个;所有权关系,其主体则为所有者和其他的一切个人和组织,显然主体数量远远超过两个。值得注意的是,任何法律关系都必须至少具有两个主体,否则法律关系就不可能成立。

法律关系的主体各自在法律关系中的地位也有所差异。有的可能是一定权利的享有者,有的可能是一定义务的承担者。最常见的情况是,法律关系主体在法律关系中既享受权利,又承担义务。比如,在甲乙双方建立的买卖法律关系中,作为卖方的甲享有从乙处获得价款的权利,但同时也具有向乙交付货物的义务;而作为买方的乙虽享有从甲处取得货物的权利,但也必须承担向甲交付价款的义务。也正是由于法律关系主体一般都既享受权利,又承担义务,所以有的人才直接把法律关系主体称为权利主体。当然严格说来,这一说法(把法律关系主体称为权利主体)也未必妥当,只是一种习惯性称谓而已。

法律关系主体的资格,往往都由各国法律加以具体规定。透过各国的法律规范，可以发现，真正对法律关系主体的资格起决定作用的，还是各国的生产关系性质。在奴隶社会，只有奴隶主才是最完全的法律关系主体，而奴隶则被完全排斥在法律关系主体之外，甚至被作为会说话的工具而被当作法律关系的客体。在封建社会，不同等级的人具有不同的法律地位，处于社会最底层的农民、农奴虽有别于奴隶，但是其法律权利受到了极大限制，从法律地位上看，也依然不是完全意义上的法律关系主体。在资本主义社会，形式上的平等掩盖了事实上的不平等。由于经济地位极其低下，工人无论如何也成不了在实际上与资本家完全平等的法律关系主体。只有在社会主义社会，广大劳动人民才有可能平等地成为法律关系的主体，平等地享有作为法律关系主体的资格。

二、法律关系主体的种类

- 法律关系主体
  - 自然人
    - 公民
    - 外国人
    - 无国籍人
  - 法人
    - 机关
    - 单位
    - 团体
    - 其他社会组织
  - 国家

作为法律关系主体的自然人主要包括公民、外国人和无国籍人，法人包括国家机关、企事业单位、社会团体和其他社会组织，以及作为特殊主体的国家。

自然人。所谓自然人是指具有自然生命的个体的人。自然人中包括本国公民、外国人和无国籍人。(1)公民。公民是各国法律关系的基本主体之一，是指具有一国国籍的自然人。作为一国公民，当然地享有该国法律所规定的公民权利，承担相应的公民义务。中华人民共和国公民是指具有中华人民共和国国籍，依照中华人民共和国法律，享有权利、承担义务的人。公民是我国多种法律关系的参加者，是我国法律关系最广泛的主体。(2)外国人和无国籍人。在现代世界，国际交流越来越广泛。在一国生活的，并不仅仅是本国公民，作为法律关系主体的自然人，除了本国公民之外，还有外国人和无国籍人。就我国来说，外国人和无国籍人居住在我国，必须参加我国的社会生活，同时也必须遵守我国的法律规定。因而居住在我国的外国侨民和无国籍人也就可能成为我国某些法律关系的主体。然而他们究竟能成为哪些法律关系的主体，都由我国法律和我国同有关国家签订的国际条约等具体规定。

法人。法人是依法成立,具有一定组织机构和独立财产的,能够以自己的名义享受权利、承担义务的国家机关、企事业单位、社会团体和其他社会组织。国家机关、企业事业单位、社会团体等社会组织,它们都是一国法律关系的重要主体。国家行政机关是国家行政管理方面大量法律关系必不可少的主体,国家检察机关、审判机关是我国诉讼法律关系的参加者,企事业单位等经济组织更是我国经济活动中法律关系的积极而活跃的主体。一般社会团体和其他社会组织都是我国法律关系主体的重要构成部分。

国家。国家是特殊的法律关系主体。在国家与公民、国家与社会组织之间的法律关系之中,国家是相关法律关系的主体;在国家与国家之间的国际法律关系中,国家更是最基本的主体。中华人民共和国作为一个整体,是我国法律关系的特殊主体。在国际法律关系中,我国理所当然是所参加的国际法律关系的主体。在国内,国家也是诸如所有权法律关系等的主体。因为中华人民共和国作为一个整体,是我国国有财产,包括国有矿藏、水流、森林、山岭、草原、荒地、滩涂等自然资源所有权法律关系当然的主体。

三、权利能力和行为能力

法律关系的主体必须具有法律上的资格。法律关系的主体资格包括权利能力和行为能力两个方面。

法律关系的主体资格
- 权利能力
- 行为能力

(一)权利能力

法律关系主体的权利能力是指一定个人或组织能够参加法律关系,作为法律关系主体享受一定权利、承担一定义务的能力。简单地说,权利能力就是一个人或组织能够成为法律关系主体的资格。它是个人或组织参加法律关系的前提。没有它,就不能参加法律关系,也就不能作为法律关系的主体。

根据不同的标准可以对权利能力进行不同的分类。一般来说,根据权利能力享有者的范围,可以把权利能力分为一般权利能力和特殊权利能力。一般权利能力是指一般个人或组织都能普遍享有的权利能力;特殊权利能力是指具有一定特殊身份的个人或组织才享有的某种特定的权利能力。根据权利能力的性质,也可以把权利能力分为民事权利能力和政治权利能力。民事权利能力(包括经济权利能力),公民不分性别、年龄、种族、民族、信仰和出身,一般都普遍具有。社会组织一般从依法成立时就享有。政治权利能力则不如民事权利能力那么广泛和普遍。有的可能因未达到法定年龄或不具有其他法定要求而不能享受,也有的可能因被依法剥夺而丧失。

（二）行为能力

法律关系主体的行为能力是指法律关系主体能够依照自己的意志，通过自己的行为，依法取得权利和承担义务的能力。行为能力，一般都由各国根据一定的客观情况（年龄、智力）用法律加以具体规定。通观世界各国，通常都把作为自然人的本国公民依据行为能力划分为三类：

一是有行为能力人，或称完全行为能力人。其是指依法可以通过自己的行为，建立或参加法律关系，从而取得权利、承担义务的人。这是指各国智力状态正常的成年人。成年人的年龄标准都由各国法律明确规定。

二是无行为能力人，即依法不能通过自己的行为建立或参加法律关系，从而取得权利、承担义务的人。其一般是指未成年人中年龄相当小的部分，以及精神状态被确认为不正常的人，其范围由法律规定之。他们的民事权利的享有、民事义务的承担都由其代理人或监护人进行。

三是限制行为能力人，也就是能建立或参加部分法律关系，具有部分行为能力的人。在一些法律关系中，他们可以通过自己的行为享有权利、承担义务；而在另一些法律关系中，他们又不能以自己的行为去享有权利、承担义务。这一般是指达到一定年龄，而又尚未成年的人。

对以上三类具有不同行为能力状况的人，各国的规定都有所差别。我国《民法典》规定，18 周岁以上的自然人是成年人，具有完全民事行为能力，可以独立进行民事活动，是完全民事行为能力人。16 周岁以上不满 18 周岁的未成年人，以自己的劳动收入为主要生活来源的，视为完全民事行为能力人。8 周岁以上的未成年人以及不能完全辨认自己行为的精神病人是限制民事行为能力人，可以进行与其年龄、智力、精神健康状况相适应的民事活动。不满 8 周岁的未成年人和不能辨认自己行为的精神病人是无民事行为能力人。

法人的权利能力和行为能力较之公民的权利能力和行为能力又具有自己的特点。法人的权利能力、行为能力从该法人被核准之日产生，到解散时终止；法人的权利能力与行为能力是一致的，有什么权利能力就有什么行为能力；法人的权利能力与行为能力都由法律规定或主管机关批准。

第三节　法律关系内容

法律关系实际上是一定主体之间的权利、义务关系。每一个法律关系主体都是一定法律权利和法律义务的享有者和承担者。权利、义务构成法律关系的内容,所以许多著作直接称法律关系的内容为法律关系主体的权利和义务。法律关系的内容(法律关系主体的权利和义务)是法律关系的构成要素。

一、法律权利

法律权利是指法律关系主体依法所享有的权能和利益。享有权利的人,习惯上称为权利人。法律权利表现为行为权,即权利人有权作出一定行为或不作出一定行为;表现为请求权,即权利人有权要求他人(相应义务承担者)作出一定行为或不作出一定行为;表现为获得法律保护权,即这种权利受到国家法律的强制性保护,禁止对它的任何侵犯,一旦发生侵犯权利的情形,权利人就有权请求国家予以法律保护。

二、法律义务

法律义务是指法律关系主体依照法律规定,所承担的必须作出或者不作出某种行为的责任。承担义务的人,习惯上称为义务人。法律义务主要表现为义务人必须按照权利人的要求为或不为一定行为。义务人若不履行法律义务,就会受到法律的强制。当然法律强制的实现也有赖于特定的法律手续(如权利人向司法机关起诉等)和特定的法律程序(如诉讼程序),以及特定的法律措施(如司法机关的强制执行)等。

三、法律权利和法律义务的关系

特定法律关系之中的法律权利和法律义务一般都是紧密联系、相互一致、不可分割的。在大量的法律关系中,法律关系主体一般都既享有权利,又承担义务。买卖、借贷、租赁、加工、仓储、运输等法律关系莫不如此。一方的权利,往往是另一方的义务。一方义务的不履行就必然导致对方的权利无法实现。因此,在权利义务的关系中,一般来说权利是可以放弃的,而义务则必须履行。但是在许多法律关系中都存在这样的情况:法律关系主体的某种行为在一个法律关系中是权利,而在另一个法律关系中则是义务。这主要表现在行政法律关系之中。因为行政管理机关的某种行为对相应法律关系主体(下级行政机关、其他机关和组织,以及公民个人)来说是权力,然而这一行为相对于它的上级机关和国家来说则是它所必须承担的义务。这样的权利(力)同时具有义务的性质,因此它是不可放弃的。

法律权利的实现和义务的履行对社会法律秩序具有重要意义。法律对社会的调整是通过法律对社会关系的调整来实现的。法律关系的建立、持续和实现是法律对社会调整的具体表现。没有法律关系,法律就无法发挥其社会作用,法律秩序就不可能建立。如果法律关系中权利、义务无法实现,法律秩序就必然出现紊乱,遭到破坏。在法律社会中,既要强调坚持权利、义务统一,享有权利而不滥用权利;还应号召全体社会成员充分尊重他人权利,自觉履行自己义务,积极行使自己权利。

第四节　法律关系客体

法律关系的客体,也称为权利客体,是法律关系主体的权利和义务所指向的具体对象。法律关系的客体并不是在任何社会都是一致的。人本身是不是法律关系的客体,是不同社会或时代法律关系客体相互之间的重大区别。当然,这一问题还需要深入探讨,相关的理论还需要进一步探索完善。但一般认为,法律关系的客体包括物、非物质财富和行为三个大类。

一、物

作为法律关系客体的物远不同于物理学和哲学等学科中物的含义。这里的物,是指特定时代人可以控制的、具有经济价值的物质资料。物是一个重要而普遍的法律关系客体;尤其是在具有财产属性的法律关系之中,它更是不可或缺的客体。买卖、保管、加工、运输、租赁等法律关系,其主体的权利、义务都必须以物这一客体为基础。需要说明的是,哪些物可以作为法律关系的客体,特别是哪些物不能成为哪些法律关系的客体,都是由法律规定的。这里的物,必须是人们可以控制的,不能控制的物不能成为法律关系的客体。例如,弥漫在空中的氧气,如果人们不予以收集,并控制在一定的容器内,它就不可能成为法律关系的客体,任何精神正常的人也都不会为购买散在空中的氧气而支付价款。这里的物,也必须是具有经济价值的。没有经济价值的物不可能成为法律关系的客体。当然经济价值的具体表现形式是相当多样的。

二、非物质财富

非物质财富也就是精神财富,是科技、文化等精神领域的产品,它包括科学发明、理论著述、文艺作品等内容。专利法律关系、发明法律关系、著作法律关系的客体都属于非物质财富的范畴。随着全社会文化水准的提高和精神生活的丰富,非物质财富的产品必将越来越多,以它作为客体的法律关系也必将更加纷繁复杂。

三、行为

行为是人们在一定思想支配之下的人体动与不动的状态。它包括作为和不作为两种形式。所谓作为的行为,是指身体处于积极的、动的状态的行为;不作为的行为则是指身份处于消极的、静的即不动的状态的行为。无论是作为的行为,还是不作为的行为,都是行为,都能作为一定法律关系的客体。作为的行为和不作为的行为,其法律后果,都需要根据法律的具体规定加以确定。尤其是不作为构成违法或者犯罪的行为,必须以法律的明确规定作为其根据。

第五节 法律事实

法律事实,即依照法律规定,能够引起法律关系产生(发生)、变更和消灭的客观情况。法律关系的产生(发生)、变更和消灭,是指法律关系主体、客体以及内容(权利义务)的变化。依据法律事实的出现是否以人们的意志为根据,一般都把法律事实分为事件和行为。

一、事件

作为法律事实的事件,是指不以法律关系主体意志为转移的,依法能引起法律关系产生、变更和消灭的事实。自然灾害、人的生死、意外事故等,都可以导致法律关系的变化,也都是法律事实中的事件。例如,人的出生可以导致父子、母子、父女、母女关系的建立,抚养、监护等法律关系的产生等。人的死亡可能导致遗产继承关系的产生,家庭抚养、赡养关系的变化,或者一些债权债务关系的消灭,等等。

二、行为

作为法律事实的行为,是指由法律关系主体意志支配的,依法能引起法律关系产生、变更、消灭的行为。它是人们有意识的自觉活动。行为可以分为作为的行为和不作为的行为,以及合法行为和不合法行为。无论是作为的行为还是不作为的行为,无论是合法的行为还是不合法的行为等,都可能导致法律关系的产生、变更和消灭。只要它们能依法引起法律关系的产生、变更和消灭,它们就是法律事实中的行为。

思考题

1. 法律关系的含义及其特点。
2. 为什么说法律关系是一种思想的社会关系?
3. 如何理解法律关系是由法律规范调整的?
4. 法律关系主体的含义与种类。

5. 法律关系主体的权利能力与行为能力。

6. 法律权利与法律义务及其相互关系。

7. 法律关系客体的含义与种类。

8. 法律事实的含义与分类。

第十章 法律行为

任何法律规范都是行为规范。行为是法律调整的对象，法律行为是法律调整的产物。关注法律行为是法学学习和研究的基本而重要的内容。

第一节 法律行为概述

法律行为的含义如何，如何认识法律行为的地位，研究法律行为具有怎样的意义，这些问题都是学习和研究法律行为时所必须首先认识清楚的。

一、法律行为的含义

法律行为是法律所调整的、具有法律意义的行为。其内涵至少有这样两点：其一，法律行为是行为。作为行为就意味着是人在一定意志支配之下的人体外部动与不动的状态。它是由一定意志所支配的人的行为，而不是无意志支配的自然现象；是人体的外部状态，而不是人的内心活动。其二，法律行为是由法律调整的行为，也即具有法律意义的行为。在法律行为这个语词上并不包含对有关行为是否合法的判定。法律行为既可能是合法行为，也可能是不合法的行为。法律对法律行为的态度既可能是肯定的，也可能是否定的。

"法律行为"一词，源自德语，是胡果最先使用它来解释罗马法中的"适法行为"，意指具有法律意义的一切合法行为。拉丁文中以类似含义使用法律行为这一概念的还要早些。[1] 苏联学者则认为法律行为是指一切有法律意义和属性的行为。《中国大百科全书·法学》主张，法律行为"是指发生法律上效力的人们的意志行为，即根据当事人的个人意愿形成的一种有意识的活动，它是在社会生活中引起法律关系产生、变更和消灭的最经常的事实"。[2] 在我国影响颇大的《法学词

---

〔1〕 董安生：《民事法律行为》，中国人民大学出版社 1994 年版，第 30 页。

〔2〕 中国大百科全书总编辑委员会：《中国大百科全书·法学》，中国大百科全书出版社 1984 年版，第 102 页。

典》[3]却将上述两种观点相并列,认为法律行为的第一含义是“民事法律行为”的简称,是指合法的行为;第二含义是泛指各种法律调整的行为。[4] 在总体上,我国法学界对于法律行为长期重视不够,《民法典》的制定推动了对这一问题的研究并在立法表述的科学性上取得了重要进展。《民法典》第133条对民事法律行为作出了新的权威性阐释:“民事法律行为是民事主体通过意思表示设立、变更、终止民事法律关系的行为。”

首先,法律行为是法律调整的对象。从广义上讲,法律是社会关系的调整器,其调整的对象首先是社会关系。社会学表明,社会关系就是一定社会人们行为的互动或交互行为的总和。行为是社会关系的主要构成元素,是主体与主体之间相互联结的纽带和桥梁。说法律调整的是社会关系,不如说法律调整的是社会行为。马克思主义一向认为,行为才是法律的对象,行为是人们同法律打交道的唯一领域。因为有行为,人们才受到现行法的支配。除了行为之外,法律别无客体。行为,法律行为,是法律调整的对象。从法律本身来看,法律无非是告诉人们可以做什么,必须做什么,以及不得做什么而已。也就是告诉人们,可以如何行为,必须如何行为,以及不得如何行为。为了确保法律的实现,法律分别规定了不尽相同的法律态度、法律后果来调整不同的行为,使社会行为符合法律的要求。法律调整的行为必须也只能是需要法律调整的行为。也就是说,法律所调整的并不是普遍的一般行为,而是能为法律调整的具有法律意义的行为。

其次,法律行为是法律实施的手段。法律仅是纸上的规定,要转化为社会的现实,必须依赖法律行为。法律行为既是法律调整的对象,也是法律调整的手段。没有作为法律调整对象的法律行为,法律就会毫无意义;没有作为法律调整手段的法律行为,法律就无法贯彻实施,就无法实现自己的意义。在法律制定上,法律制定行为的存在,是法律制度和法律规范得以产生的前提,同时也是立法法和上位法[5]得以贯彻的途径。没有立法行为,产生不了法律制度和法律规范,也实现不了立法法和各上位法。比如中央的全国性质的立法活动,它得遵守和实施宪法、立法法,以及比正在制定中的法律在地位和效力等级上更高的法律。在法律适用上,法律适用行为是法律得以实现的过程。没有法律适用活动,法律就无法调整社会主体的行为。法律适用行为是法律得以实现的最直接的保证,也是保护合法行为、制裁违法行为的必要措施。在法律遵守上,法律遵守行为是法律实现的社会基础和基本依据。一个正常的社会,法律遵守行为总是法律实施的主要方面。法律只有在被普遍遵守的前提下,才可能对少数违法者予以有效制裁。只有法律遵守行为普遍

---

〔3〕《法学词典》编辑委员会:《法学词典》(增订版),上海辞书出版社1980年版。

〔4〕《法学词典》编辑委员会:《法学词典》(增订版),上海辞书出版社1980年版,第617页。

〔5〕立法学上将地位和效力上更高等级的法律称为上位法;反之则被称为下位法。

化了,法律规定才可能由机械的律条转化为生动的现实。在法律监督上,法律监督行为是法律实现的最后保障。法律监督行为以法律行为作为自己的监督客体,其中包括被监督的法律监督行为在内。就法律监督行为本身来说它也是一种法律行为。法律监督行为是法律在社会中得以切实施行的重要保证。

二、研究法律行为的意义

行为对于法律的意义是不言自明的。任何法律都不过是一定的行为规则而已。规则是法律的存在形式,行为是法律的调整对象。离开了法律行为,法律的意义就无法确定,法学也难以实现自己的理论目的和实践价值。从一定意义上讲,法学不仅应当是研究法律规则的学问,同时更应当是关于法律行为的科学。世界上许许多多的法学家都意识到了这一点。他们曾留下了十分精辟的论述,只是至今尚未引起我们的足够重视而已。美国著名法学家劳伦斯·弗里德曼认为:“我们一直花费很多时间研究法律规则及其结构,以制定和执行规则。但需要强调指出,法律系统并非仅指规则及其结构……在任何法律系统中,决定性的因素是行为,规则不过是一堆词句,结构也不过是被遗忘的缺乏生命的空架子。除非我们将注意力放在被称为法律行为的问题上,否则就无法理解任何法律系统,包括我们自己的法律系统在内。”〔6〕马克思早就注意并论证了行为对于法律的意义。他说:“对于法律来说,除了我的行为以外,我是根本不存在的,我根本不是法律的对象。我的行为就是我同法律打交道的唯一领域,因为行为就是我为之要求生存权利,要求现实权利的唯一东西,而且因此我才受到现行法的支配。”〔7〕“除了行为之外,法律别无客体。”〔8〕

法律行为在法律和法学研究中具有特别重要的意义。第一,法律行为是法学中行为研究的核心。对法律行为的研究远比对法律规则的研究更加生动和丰富。倡导研究法律行为的目的,不是为了减少对法律的规则研究,而是强调不能忽视对法律行为的研究。尤其是在法学对规则的研究已经达到很高境界而对法律行为的研究却十分薄弱的时候,开展并特别强调法律行为研究,具有特别重大的学术意义。第二,研究法律行为是全面认识法律现象的必需。法学应改变长期以来侧重规则研究、忽视行为研究的倾向,使法学在行为和规则并重的研究中获得新的发展和全面发展,以便人们更好地把握法律、运用法律,全面实现法律的价值。第三,研究法律行为是拓展法学研究领域的必需。法学研究在以前基本上都是围绕规则,以及规则所依据和体现的法律理论而展开的。开展法律行为研究无疑会极大地扩

〔6〕 张文显:《法学基本范畴研究》,中国政法大学出版社1993年版,第125页。

〔7〕《马克思恩格斯全集》(第1卷),人民出版社1956年版,第16~17页。

〔8〕《马克思恩格斯全集》(第1卷),人民出版社1956年版,第16页。

展法学研究的视野,为法学研究的发展开辟新的天地。第四,研究法律行为是修正某些法律理论失误的必要途径。现有法学从规则出发,以规则作为核心研究法律,往往对法律行为作出不恰当的解释和论述。要纠正这些失误,就必须加强对法律行为的研究,修正既有的不当理论。

三、正确认识法律行为

对法律行为性质进行认识,在法学中具有特别的意义。因为人们对各种行为持何种法律态度,是根据各种法律行为的性质来进行确定的。对于法律行为性质认识的错误就可能在法律行为归类上产生错误,进而影响人们对于不同性质行为的法律调整;对于立法、执法和守法等法制和法治的各个方面都会产生重要影响。认识法律行为性质应当注意以下四个方面。

第一,法律行为不等于合法行为。在拉丁文中、在罗马法里、在德国等较早使用"法律行为"一词的情形下,法律行为都有被理解为合法行为的先例。"依此,法律行为只能是并且'永远是有效的、产生法律效力的'合法行为;无效行为、可撤销的行为及效力不确定的行为均不属于法律行为。"[9]我国民法学界对此一直有着重要的分歧,"最根本的一点就是一部分学者认为法律行为是一种合法行为,既然是合法行为,理所当然地不能包括违法行为;另一部分学者则认为法律行为只是一种能产生法律后果的行为,至于它是否合法需做进一步判断,因而可以分为合法行为与违法行为"。[10] 其实苏联学者在此问题上也一直有着与我国学术界相同的争论。[11] 在语义上,"法律行为"这一词组中的"法律"一词,乃"行为"的定语,它的意义在于确定"行为"的"涉法"性质,表明该"行为"系"法律意义上的行为"或"为法律所调整的行为",并不意味着该"行为"是"合法的行为"。将"法律行为"等同于"合法行为",在语义上讲,本身就是对法律行为的误解。在逻辑上,"法律行为"是与"非法律行为"相并列、相对应的,而不是与"不合法行为"相并列、相对应。反过来说,与"不合法行为"相并列、相对应的是"合法行为"而非"法律行为"。将"法律行为"等同于"合法行为",是对"法律行为"及其相关概念的混淆,也同样是错误的。法律行为包括合法行为,也包括不合法行为,甚至违法行为、犯罪行为在其中;法律行为包括有效法律行为,也包括无效法律行为和可撤销的法律行为、效力不确定的法律行为在内。

法律行为是由法律调整的、具有法律意义的行为。法律行为并非合法行为,合法行为仅是法律行为的一部分。违法行为也为法律所调整,具有法律意义,因此,

---

〔9〕 董安生:《民事法律行为》,中国人民大学出版社 1994 年版,第 91 页。

〔10〕 刘歧山主编:《民法问题新探》,中国人民公安大学出版社 1990 年版,第 93 页。

〔11〕 董安生:《民事法律行为》,中国人民大学出版社 1994 年版,第 93 ~ 94 页。

违法行为也是法律行为。认为法律行为仅指合法行为的误解,在国内法学著作中十分普遍。对此,必须予以纠正。把法律行为作为合法行为理解后,一遇到某种法律行为要受到制裁时,就会产生认识上的混淆与偏差。人们会发出疑问:怎么合法的行为还会受到制裁呢?如果将法律行为与合法行为等同起来,那些不合法行为是否具有法律上的意义,能否为法律所评判的疑问也随之而来。因此,还是摒弃将法律行为等同于合法行为的认识为好。

第二,法律行为不等于有效法律行为。一个行为是不是法律行为,是以法律是否调整或行为是否具有法律意义而论的,并不取决于该行为在法律上是否有效。行为是否有法律效力,是法律对行为进行调整的结果,是法律对行为的评价结论。不仅有效法律行为为法律所调整、具有法律意义,就是无效法律行为也为法律所调整,也具有自己的法律意义。我们从各国法律都有关于无效法律行为何以认定的规定中,就可以看到这一点。无效法律行为与有效法律行为一样,都是法律行为的构成部分之一。区别在于一个具有法律效力,一个不具有法律效力,而不在于是法律行为或不是法律行为。一个用欺诈手段订立合同的行为,虽然是无效的,却是有法律意义的。欺诈一方在合同或者相关的民事行为被宣告无效之后,还得承担无效法律行为的法律后果,有的还会受到相应处罚。将法律行为等同于有效法律行为,很容易导致重大的理论失误,导致在学术上将法律行为的成立要件与生效条件相混淆,引起理论和实践上的混乱。将法律行为与有效法律行为区别开来,有利于对法律行为作进一步更为明晰的解析,深入进行对于法律行为效力的研究。

第三,法律行为不仅指民事法律行为。民事法律行为是法律行为,而且是极为重要的法律行为,但是将法律行为局限为民事法律行为,也是错误的。法律行为的类别是纷繁复杂的。即使从有关法律行为的部门划分来看,法律行为也包括宪法行为、民事法律行为、行政法律行为、刑事法律行为、诉讼法律行为等。法律行为并非仅限于民事法律行为。如果认为法律行为就是指民事法律行为,显然失之偏颇。法律行为存在于法律所调整的所有社会领域。

第四,法律行为不包括法律不调整的行为。一些法学理论著作认为,法律行为包括三种,即合法行为、违法行为和中性行为。中性行为的含义被确定为"人们的某种行为,虽不算违法,但并不一定就等于合法。这就是说,对这种行为在法律上虽然没有明确禁止,但也并不意味着法律就支持或保护这种行为……有的学者把这种既不算违法,也不算合法的行为,称之为'中性行为'",[12]或者直截了当地说,这种"中性行为"就是法律所不调整的行为。既然法律不调整,当然就无所谓合法与违法的问题。在法律行为中只能划分为合法行为与不合法行为,或违法行为与不违法行为两类。至于"中性行为",法律未予调整,当然就不能归入法律行为的范

〔12〕 沈宗灵主编:《法学基础理论教学参考资料选编》,北京大学出版社 1989 年版,第 428 页。

围之内，否则就难免自相矛盾。

中性法律行为，本身就是不存在的。中性是相对于合法和违法的中间性质，而合法行为和违法行为并不是对应的、能将法律行为进行完全划分的概念。合法行为是与不合法行为对应的，违法行为是与不违法行为相对应的。如果把中性法律行为理解为法律不调整的行为，显然不能归入法律行为之中。法律既不调整，当然就不是法律行为。

第二节　法律行为的类别

法律行为，是法律各个部门的调整对象，是法学各个领域的研究对象。它的结构复杂，种类繁多。我们可以从多个角度、多个侧面对它进行考察。

一、合法行为与不合法行为

在是否合乎法律的评价意义上，法律行为包括合法行为和不合法行为。

合法行为是指行为人在一定意志支配之下作出的、符合法定条件和模式的、能导致合法的法律后果产生的行为。合法行为在内容与形式上都具有合法的性质。合法行为应当受到法律的保护。这种保护表现为：行为人不能因该行为而被追究法律责任或受到法律制裁；行为人在合法行为的进行过程中受到阻碍，有获得相应法律保护的权利。

不合法行为是指不完全合于法律规定的行为。或许是其内容，或许是其形式具有不符合法律的性质，或许是不合于法律规定的条件、模式，或许是导致了法律所不能认可的后果。不合法行为的外延大于违法行为，违法行为是不合法行为之一，但并不等于不合法行为。一般地说，不合法行为中，只有违法行为才应承担法律责任，才会受到法律制裁。

这种分类是具有重要意义的，尤其是对国家机关及其工作人员来说，因为他们的行为只有合法才可能获得法律的认可和保护，否则就是对公民、法人或者其他社会组织合法权益的侵犯，就是对其职权的超越或者滥用。对于国家机关及其工作人员的公务活动而言，只有合法行为才可能取得预期的法律后果，其行为才可能忠诚于其职责，并不会侵犯公民、法人或其他社会组织的合法权益。根据这种划分才可能判明国家机关及其工作人员职务行为的性质，保证他们对于法律和社会的忠诚，确定他们的有关行为是否应当承担必要的法律责任。

二、违法行为与不违法行为

从是否违反法律的评价意义上看,法律行为包括违法行为和不违法行为两类。

违法行为是指行为人主观上有过错的、违反法律规定的行为。不违法行为是指行为人不违反法律规定的行为。违法行为所导致的是否定性法律后果,而不违法行为却不会导致否定性法律后果。也即违法行为应当受到法律制裁,而不违法行为则不会受到法律制裁。

违法行为与不违法行为的划分对于非国家机关及其工作人员的公民、法人来说具有重要的行为指导意义。自然人、法人,非以国家机关及其工作人员身份作出的、非执法或非司法行为,只有违法了,才可能承担法律责任。不违法行为当然就没有法律责任可言,也就不应受到法律制裁。

三、作为的法律行为和不作为的法律行为

从行为方式上看,法律行为有作为的法律行为和不作为的法律行为之分。

作为的法律行为是指人体在一定意志支配之下处于动态的,能为法律调整、具有法律意义的状态和过程。不作为的法律行为则是人体在一定意志支配之下处于静态的,能为法律调整、具有法律意义的状态和过程。作为的法律行为,是行为人积极作出的违反法律或合乎法律的行为,表现为违法的作为和不违法的作为。不作为的法律行为是行为人消极地不实施法律所许可或要求的行为。不违法的不作为不承担法律责任。违法的不作为,具备一定法定条件的,就应承担相应的法律责任。法律行为的作为和不作为划分,在法律理论和实践上都具有特别重大的意义。在刑法学中,作为与不作为往往成为罪与非罪、此罪与彼罪的划分标准之一,成为是否承担法律责任的重要根据。在民法学中,作为与不作为也是民事法律行为的重要方式,是取得一定民事权利、享有一定民事权利、承担一定民事义务、履行一定民事义务的重要依据和表现方式。同样,它也是行政法学、诉讼法学等学科研究的重要内容。

四、个人法律行为、群体法律行为和国家法律行为

从法律行为的主体上看,法律行为有个人法律行为、群体法律行为和国家法律行为之分。

个人法律行为是自然人以个人为主体,在一定意志支配之下所作出的具有法律意义的行为。群体法律行为则是由群体包括群体的代表根据群体的授权而作出的法律行为。群体是自然人的集合体。群体法律行为具有明显的组织性和目的性。群体的建立和运转都以相应的法律规定为依据。国家法律行为是国家机关及其工作人员根据国家意志,以国家名义,代表国家所进行的活动。这种行为的行为

人是国家机关及其工作人员；其根据的国家意志，即国家的法律规定，以及特别的依法授权；其后果由国家承担。国家是拥有公权力的最强有力的特定政治组织，国家法律行为不能归入群体法律行为之中，它是由国家这个特定主体作出的，严格地说它不是群体意志的产物，而是权力代表者或者权力行使者作出的具有法律意义的行为。区别个人法律行为、群体法律行为和国家法律行为，有利于分辨各法律行为主体，认识不同的法律行为，分别确定各法律行为的效力和责任等。

五、行使法律权利的行为和履行法律义务的行为

法律，在总体上讲，不过是特定的权利、义务规范而已。权利、义务是规范性法律文件的实质性内容。如果说法律是权利与义务的结合，那么法律行为就应当是行使法律权利行为和履行法律义务行为的统一。

行使法律权利的行为，其目的在于行使法律权利，其根据在于法律对权利的具体规定。行使法律权利的行为，在一般意义上，既可能以作为的方式出现，也可能以不作为的方式出现。行使法律权利的行为应有法律上的依据，至少不得为法律所禁止，并不得随意扩大其范围，应以法律的规定为限度。行使法律权利的行为，在受到阻碍时，行为人有权请求阻碍者排除妨碍，有权请求国家及其法律保护，以确保其权利的充分实现。

履行法律义务的行为，其目的在于履行法律上的义务，其根据在于法律对义务的具体规定。履行法律义务的行为，一般地说，都是以作为的方式进行的；当然也有一些是，甚至必须是以不作为的方式履行的。如非所有权人对所有权人的义务就必须以不作为的方式履行。法律义务行为人不得放弃义务，必须履行。否则，就应该并可能受到法律的强制而被迫履行其义务。

行使法律权利的行为与履行法律义务的行为是相辅相成的。基于社会伦理和法律实现的需要，一个良性的社会，既应强调正确行使法律权利，也应强调积极履行法律义务。前者是后者的动力，后者是前者的保证，二者协调并行，法律才能得以真正实现。

六、分属不同法律部门的法律行为

依据法律行为的部门结构，法律行为可以被分为宪法行为、行政法律行为、民事法律行为、刑事法律行为和诉讼法律行为等。

法律行为的部门划分对于法学理论和法律实践都具有十分重要的意义。首先，有利于正确调整法律行为。人们总是以自己的行为与他人、与社会发生联系的，法律调整的对象正是人的行为。人的行为形形色色，什么法律行为应由什么法律部门调整，是由具体的法律规范确定的。对法律行为作出了正确的部门划分，就有利于对其进行正确的法律调整。侦查机关对特定行为的侦查，检察机关对特定

行为的检察,审判机关对特定行为的审判,以及这些机关内各部门的管辖划分,都是以法律行为的法律部门属性为依据和前提的。如果对法律行为的法律部门归属发生误断,就必然会使法律行为受不到应有的法律对待。其次,有利于正确实施法律。法律的各个部门调整着各自相应的法律行为。如果对法律行为部门划分误断,必然导致应实施的法律得不到实施,不应被实施的法律又被错误地实施。法律行为部门归类上的错误,对于社会成员和社会组织来说,容易导致"莫名其妙"的违法,甚至犯罪;对于法律适用机关来说,则容易导致适用法律不当,以致铸成冤假错案。

各个法律部门的法律行为都是法律行为的子系统,其内部的类别划分十分复杂。例如,民事法律行为中就包括单方法律行为和双方法律行为,有偿法律行为和无偿法律行为,诺成法律行为和实践法律行为,要因法律行为和非要因法律行为,主法律行为和从法律行为等;行政法律行为中就包括抽象行政法律行为和具体行政法律行为,积极行政法律行为和消极行政法律行为,主动行政法律行为和应请求的行政法律行为,独立的行政法律行为和补充的行政法律行为,羁束的行政法律行为和自由裁量的行政法律行为;等等。

七、法律许可的行为、法律要求的行为和法律禁止的行为

法律许可的行为,是指非国家机关及其工作人员的一般自然人或法人的,法律所不禁止的所有法律行为。法律授权的行为仅是其中最典型的例证。因为,对民众而言,凡是法律不禁止的行为,都应当被认为是法律所许可的行为。这种行为一是不受法律制裁,二是应受法律保护。至于国家机关及其工作人员的履职行为,必须要有法律的授权,否则即为非法。

法律要求的行为,表现为义务性法律规范所要求的行为。法律要求的行为,其主体、内容、方式、后果,在法律上有明确的规定。特定主体以特定的方式作出特定的行为,承担特定的法律后果。应作出特定行为的主体不以特定的方式作出特定的行为,就应当承担相应的法律责任。法律在很大程度上都是对人们必要行为的规定,并以此来维护正常的社会关系和社会秩序。

法律禁止的行为,是法律要求人们不作出的行为。一旦有人作出,行为人就应当承担法律上的责任;严重者甚至应当受到刑罚的制裁。法律禁止的行为是由法律明确规定的,其范围不能被随意扩大或缩小。法律禁止的行为,往往是通过法律规定制裁某种行为来表达的。法律通过制裁某种行为的规定,警示社会成员不得作出这一行为。

八、预设法律行为和现实法律行为

预设法律行为,是指在法律规范中由"假定"部分所假定的法律行为。这种法

律行为被立法者认为是可能发生的,但事实上是否已经出现,或将会出现,都另当别论。现实法律行为,是指在事实上已经存在,并在制度上或规范上已为法律调整的行为。这种法律行为在时间上处于已经过去或现存的状态。预设法律行为是规范意义上的法律行为;现实法律行为既是规范意义上的法律行为,也是事实意义上的法律行为。作出这种分类,有利于人们准确描述法律行为的存在状态,便于人们从存在状态上区分法律行为,对法律行为作更进一步的研究。

九、法律制定行为、解释行为、遵守行为和监督行为

法律制定行为,也可以称为立法行为,是指特定国家机关依照法定职权和程序,创制、修改、废止法律规范的活动。法律制定行为是一种特殊的国家行为。其主体是特定的,即国家,具体地说是代表国家而享有立法权的国家机关;其范围是特定的,必须依照法定职权;其程序是特定的,必须遵循法定的步骤;其方式是特定的,表现为创制新法规、修改和废止现行法规。

法律解释行为,是指依照其原意,对规范性法律文件的内容和相关问题所进行的阐述和说明。法律解释行为分为法定的法律解释行为和非法定的法律解释行为两类。法定的法律解释行为的主体是拥有法定法律解释权的国家机关。其解释具有一定的法律效力,能直接影响法律规范的适用和遵守。非法定的法律解释行为的主体是普遍的、不特定的。它表明的是解释主体自身对有关法律的认识和理解,不具有法律效力。有的学者认为,不产生法律效力的学理解释(属于非法定的法律解释)行为不属于法律解释行为。[13] 本书作者认为,还是将包括学理解释在内的非法定的法律解释行为纳入法律行为之中为宜。因为法律行为是指能为法律调整、具有法律意义的行为,而不是指具有法律效力的行为。其实,非法定的法律解释行为中的学理解释行为和任意解释行为,都是法律确定了效力地位的法律解释;只不过其效力定位在无效力上而已。但是它们也有合法存在的地位和空间。应当肯定它们在法律行为中的地位,将其纳入法律解释行为中一并研究。

法律适用行为,是国家特定机关及其公职人员依照法定职权和程序,将法律规范适用于具体的人或组织的专门活动。这种法律行为是一种特殊的国家行为,本身就具有一定的国家强制力。它以规范性法律文件为根据,是法律实施的重要方面。其中包含查清法律事实、使用法律规范、制作法律文件、执行法律文书等具体的法律行为。

法律遵守行为,是守法主体享受法律权利、履行法律义务、抑制法律禁止行为的法律行为的总称。如果说法律制定行为、法律解释行为、法律适用行为主要是作为的行为,那么,法律遵守行为既可能是作为的行为,也可能是不作为的行为。法

〔13〕 李林:《法制的理念与行为》,社会科学文献出版社 1993 年版,第 133 页。

律遵守行为应是行使法律权利和履行法律义务行为的统一。有的学者将行使法律权利的行为排除在法律遵守行为之外。[14] 本书作者认为还是将其纳入法律遵守行为中为宜,因为行使法律权利是守法的基本要求和基本内容,将其排除,法律行为就有残缺之嫌。

法律监督行为,是法律监督主体依法作出的监察督促国家机关、公职人员和其他社会成员与社会组织依法办事的法律行为。法律监督行为分为专门法律监督主体的法律监督行为和一般法律监督主体的法律监督行为。前者具有法律效力,能引起一定的法律后果;后者不具有法律效力,但可能引起具有法律效力的专门法律监督的启动。

第三节 行为的法律调整

法律对于人们的行为并非无所作为,相反,法律从其一诞生开始就发挥着积极的调整作用。人类创设法律的一个重要的动因即是防止违法行为的出现或者发生。面对人们即将作出的行为和已经作出的行为,法律的调整方式是多种的,但最基本的方式不外乎指引、激励和制裁三种。

一、指引

最初,也许是基于严重的邪恶行为对于社会生活的破坏,非法律而不能禁止,于是人们创造了一个被后人称为“法”或者“法律”的怪物。也许早期的人类一开始就智慧地想到了要用法律来引导人们的行为,以防止人们作出邪恶行为;也许早期的人类并没有一定要制作一个规范来指引人们行为的动因,而是由于法律产生之后,人们基于违法要受制裁,立足于自身利益的考虑,才不得不根据法律来决定自己行为的方向、方式与取舍。在现代,作这种种假设都未必错误。面对现实的法律与行为之间的关系,在法律与行为的互动之间,法律对于行为的指引意义是客观存在的。法律通过其制度化的规范,引导人们的行为沿着既定的法律轨道作出,并产生法律所预期的后果。法律对于行为的指引调整正是法律作为规范所具有的基本功能——指引功能的现实化。

法律对人们行为的指引受制于两个因素,这两个因素也是人们行为接受法律指引的两个基本条件。一是人们对于法律有足够的了解,知道法律的规定或要求。二是人们愿意接受法律的指引,即愿意在法律的指引下作出相应行为。法律对于

---

〔14〕 李林:《法制的理念与行为》,社会科学文献出版社 1993 年版,第 133 页。

人们行为的指引是以人们对于法律的知悉作为前提的。法律对于人们行为的指引状况受制于人们对于法律的了解程度。人们对于法律的了解度越高,接受法律指引的可能性就越大,法律对人们行为的调整就越能达到预期的效果。如果人们对于法律一无所知,那么人们的行为也就无法得到法律的指引。从这个意义上讲,以告诉人们法律有哪些规定为初级目标的普法宣传,还是颇有价值和值得肯定的。人们是否愿意接受法律的指引,也是法律对于人们行为的指引状况重要的制约因素。在现实的法律生活中,许多违法犯罪者并不是不知道法律的规定,而是面对法律的禁令,明知故犯,其实,这也就是拒绝在法律的指引下行为。人们知悉法律并愿意依法而行,这两个条件同时具备,法律的指引作用才可能得到发挥,法律才能有效地调整人们的行为。

二、激励

通过激励方式调整法律行为,随着时代的发展越来越显示出其重要的意义。它是对片面强调法的制裁性的一种修正和中和。法律对于人们行为的意义并不仅限于禁止和制裁,更有引导和激励作用。运用激励方式调整法律行为,甚至比运用制裁方式调整法律行为更为有效。当然,作者并不主张片面强调激励方式,而是要强调在法律行为调整中重视激励的意义。法律行为的激励调整方式与制裁调整方式各有各的价值。在我国目前,激励方式被不应有地忽视了多年之后,特别加以强调当然具有非常重要的意义。激励这一法律行为调整方式适用的对象是合法行为,而不是违法行为。因为只有对合法行为才可能存在激励的问题。对于违法行为,考虑的应是法律如何惩罚、如何制裁的问题。激励这一调整方式有利于法律权利的实现,是对权利的积极保障措施。如果认为制裁也可以保障权利,那也主要是从消极防范与处罚的角度来实现的。激励与制裁的一个重大的区别也就在这里。

法律怎样通过激励方式调整法律行为呢?具体来说,第一,确认法律行为主体某些需要的合法性,使法律行为主体的某种法律行为动机能够顺利产生,并可以积极地追求这些需要的满足。追求这些需要满足的过程,也就是法律行为具体行动的过程。第二,通过法律对某些行为合法性的肯定,进而影响法律行为主体的价值观念,使法律行为主体自愿地作出法律所肯定或确认的行为。也就是说,法律通过自己的规定确认某些价值准则和价值观念,并通过这些价值准则和价值观念来指导人们的行为。第三,法律规定人们可以拥有的资源种类和数量,为人们提供获得资源的法律行为模式,调整资源的具体分配状况,来调动人们行为的积极性。第四,法律可以减少人们行为的机会,也可以增加人们行为的机会。法律通过增加人们法律行为的机会,增加人们的法律行为。第五,法律为人们明确规定具体的行为方式,使人们的行为能依法顺利进行,从而加快社会法律行为的频度。第六,法律通过对法律行为耗费的调节,实现对法律行为的调整。尤其是通过降低某些法律行为的耗费(如减税或免税等)来鼓励某些法律行为。

法律通过激励方式调整行为,也可以通过对各种合法行为的肯定性法律评价来实现。法律对于各种法律行为的态度,是通过它对各种法律行为的法律后果的规定——法律评价来表明的。法律后果分为否定性法律后果和肯定性法律后果。凡是具有肯定性法律后果的法律行为,都是法律所不禁止的行为,甚至是法律所鼓励、所嘉奖的行为。法律正是通过其肯定性法律后果的规定来鼓励人们一定的法律行为的。在现代法治建设中,法律所激励的行为越来越广泛。如法律所表扬的见义勇为行为、科技发明创造行为;法律所保护的行使合法权利的行为、履行法律义务的行为,等等。

法律对于行为的激励调整方式,更有利于对于权利的保障,鼓励人们充分享有权利,实现权利。在现代以权利为本位的法治发展中,激励方式在调整行为上具有特殊意义。

三、制裁

设定法律的目的并不在于要对某种法律行为的行为者加以某种制裁。任何制裁都是法律最无可奈何的选择。对何种违法犯罪行为给以何种法律制裁,也是法律对待一切违法犯罪事实最无奈的结论。尽管无奈,制裁还是法律调整行为最经常、最普遍的方式之一。法律对违法行为的调整就是通过制裁得以实现的。法律行为的制裁调整方式具体表现为法律对各种违法行为的处罚。根据法律行为的不同性质,法律以不同的部门规范规定了不同的制裁措施,来调整不同的法律行为。在整个法律制裁中,包括刑事制裁、民事制裁、行政制裁和违宪制裁等,它们从不同方面调整人们的法律行为。

法律通过不同的制裁方式调整人们的行为。刑事制裁是所有法律制裁中最严厉的制裁方式,轻则管制、拘役,重则无期徒刑、死刑。刑事制裁是针对严重违法行为所采取的法律惩罚。它对受害者并无多少补益,意在维护社会公正,惩戒犯罪者,教育其他社会成员。刑事制裁的重要目的在于使犯罪者不再作出犯罪行为,使社会其他成员不作出犯罪行为,进而维护社会秩序和社会公正。刑事制裁对法律行为的调整也就因此而得以实现。民事制裁是对违反民事法律规范的行为所规定或采取的特定惩罚。民事制裁的制裁方式包括责令行为人停止侵害,排除妨碍,消除危险,返还财产,恢复原状,修理、重作、更换,赔偿损失,支付违约金,消除影响、恢复名誉,赔礼道歉等。民事制裁也具有惩戒民事违法人、教育社会其他成员的意义。与刑事制裁相比较,它更具有给民事受害人以实际补偿的意义。民事制裁不仅调整民事违法行为人和其他社会成员以后的民事法律行为,而且直接改变已经发生或正在进行的民事法律行为的发展方向。行政制裁是对违反行政法律规范的行为所实施的行政处罚。行政制裁的方式包括行政处罚与行政处分。行政制裁调整社会的相关行为,从而引导人们令行禁止,使人们的行为符合法律所既定的行为规则。至于违宪制裁,更具有独特的意义,在任何民主和法治的国家违宪制裁都是宪法的重要保障。如果没有违宪制裁,对于宪法的任何违反,只要没有违反具体的部门法律规定,都可能冠冕堂皇地逃避法律制裁,并且为下一次更大的违宪做好了铺垫。没有宪法的权威,就不可能有法治。

在所有的制裁中,以刑事制裁和民事制裁为主干。刑事制裁也许先于民事制裁出现,二者具有不同的目的,从不同角度刺激人们的行为,调整人们的行为。凯尔森曾经探讨了这两种法律制裁的发展与差异。法律制裁,"最初它只有一种制裁——刑事制裁,即狭义的惩罚,涉及生命、健康、自由或财产方面的惩罚。最古的法律只是刑法。后来制裁中才有区分:除惩罚外,还出现了一种特定的民事制裁,民事执行,也就是对财产的强制剥夺,旨在提供赔偿(reparation),即补偿非法造成的损害。这样,除刑法以外,民法也就发展起来。但民法,即调整经济生活的法律,以一种与刑法在其范围内完成任务时实质上并无不同的方式,在民法领域中保证所希望有的人的行为,这种方式就是,对相反行为的场合下建立起它自己的特定的强制措施——民事制裁。民法和刑法的不同是它们各自制裁性质方面的差别……更重要的是两者目的上的不同:刑法旨在报应,或者,从现代观点来说,就是威慑(deterrence),即预防(prevention);而民法却旨在赔偿。这种不同就体现在法律秩序的内容中。有些规定是关于如何使用被剥夺的所有物的。这些所有物或在它们被出卖后所得的金钱,在民事制裁场合下,必须转归被非法地损害了的国民;而在刑事制裁的场合下,则必须转归法律共同体(国库)"。[15] 从基本的刑事制裁和民事制裁来看,或者从其衍生的其他制裁来看,无论制裁中被剥夺者的财产的去向为何,对于被制裁者来说,都是一种损失,一种符合于法律的被损害。如果认为趋利避害是人的本性,任何人都会因制裁中的利害考虑而调节自己的行为。

制裁的调整作用是通过制裁所具有的惩罚性得以发挥的。法律通过制裁在人们内心形成压力机制,促使行为人根据特定行为的风险,以及行为的成本或者代价来调适自己的行为。人们行为调适的标准就是法律的规范性规定。这种调适人们行为的压力,就是人们因制裁规定或制裁事实的刺激而产生的内在的限制性心理。它限制着人们的价值取向与行为及其方式的选择,从而调整人们的法律行为。

---

〔15〕 [奥]凯尔森:《法与国家的一般理论》,沈宗灵译,中国大百科全书出版社 1996 年版,第 54 ~ 55 页。

思考题

1. 如何理解法律行为这一概念?
2. 为什么要研究法律行为?
3. 何以正确认识法律行为?
4. 法律行为的主要类别划分。
5. 对行为进行法律调整的基本方式。

第十一章 法制与法治

法制与法治是法制建设、法治建设、法学教育乃至法律生活之中必须提及的基本概念。鉴于未来的法理学课程与教材将对法治作出更多更详尽的论述，在此只是希望大家能够有一个初步认识，为其他学科和法理学的学习奠定一个概念基础。

第一节 法制与法治的含义

法制、法治都具有极为丰富的内涵，作为法学学科与社会生活中十分重要的基本概念与范畴，一直备受关注。对其概念的理解，是正确认识法制和法治的前提。

一、法制的概念

法学界对于法制有着长期的研讨，也有着多重的理解。综观各种理解，法制相当于英文的“legal system”，包括两个基本方面内容：

一是将法制理解为法律制度的简称。这是对于法制的十分普遍的认识与理解。在许多情况下，人们对于法制的理解和运用都是在法律制度意义上作出的。自从人类创造法律以来，人类就具有了这样意义的法制。这种含义的法制从法律诞生时起到法律消亡时止，都一直存在。从奴隶制法、封建制法、资本主义法到社会主义法，在人类法律社会的各个历史时期，都有法律制度，也都有法制。

二是将法制理解为法的整体、总体或框架结构、体系状态。这就是有时候有的场合所使用的法制一词，它将法制作为法律相关状况的总体概括，是指法律制度的制定、执行、遵守在内的整体，是法律制度运行的一系列活动与环节的总称，包括立法、执法、司法、守法、法律监督等诸多环节在内。这样的法制实际上是法的静态与动态的统一，具有极大的概括性和整体性。

需要特别说明的是，在我国政治层面尚未普遍使用“法治”一词的时候，为了对于这个概念的内涵有所体现，许多法学家乃至社会公众还将“法制”扩展理解为依法办事的制度。作为依法办事制度的“法制”，它的含义就不仅仅局限于法律制度本身,而且将其扩展到法律制度的良好实施等。有的甚至还将其含义扩展到以民主为基础并与民主相伴随等。其实这样的“法制”概念已经很接近“法治”了。在1997年中国共产党十五大提出“依法治国”的治国基本方略与“建设社会主义法治国家”的法治目标之后,“法治”一词的禁区被打破。逐渐地,法制主要集中于以上两层含义,而将更进一步的以民主为基础的“法制”含义,名正言顺地让位于“法治”,与之相适应,“法制”与“法治”的区别也更加明晰。

二、法治的含义

法治即法的统治,“rule of law”,依法而治,内涵法律至上之意,是指以民主为基础,以权力制约为重点,依法而治的国家治理方式、社会管理模式、国家与社会的秩序状态,以及公众的社会生活方式。法治与人治、专制相对立,与民主密不可分。在法治的视野中,法律具有至高无上的权威,法律至上是其最基本的原则。对于法治概念要特别注意以下几点:

一是法治指的是法律至上的国家和社会治理状态。法律至上是法治的根本,没有法律至上就没有法治。法的统治,就是法律至上之意。二是法治是以民主作为基础的。民主是法治的基础:没有民主,法治就会成为空中楼阁;没有民主作为法治的质的规定性,法治就难免畸形变化为集权与专制。民主是法治的目标,法治最终是为民主服务的。没有民主作为目标,法治就会失去应有的政治追求。三是法治的关键是对公权力(一般简称权力)尤其权力拥有者的制约。四是法治是近代资产阶级革命成功、资本主义社会得以建立的产物。法治的思想早在古希腊、古罗马就有萌芽和发展,但作为实践的、制度性的法治并不是自古就有的。它是近代才得以建立的,它与人治相对立并以对人治的克服作为前提的,是资产阶级革命及其取得胜利的成果,是资本主义社会的产物。法治要求权力必须依法行使,必须受到有效的监督。法治的核心是法律至高无上的状态,根本上是公权力必须受到法律的约束。法治首先是关于规范和制约公权力的制度机制设计,其次是公权力切实依法行使,最后是对公权力的法律制约与监督。公权力是由拥有者行使的。法治对权力的约束实际上是对掌权者的约束。因此才有了“依法治国关键是依法治权、依法治权最终是依法治官”的通俗说法。对于政治家、政治领袖的法律约束历来都是法治成败的关键与最大难题。

三、法制与法治的基本关系

法治与法制具有重大的差异,在此简要地归结出以下几点区别:

第一,法制从原始社会结束以来就存在了,而法治仅仅存在于近现代社会。尽管古代社会也有法治的思想与萌芽,但真正作为社会体制、机制的法治,还是资产阶级革命胜利之后的资本主义社会的产物。

第二,法制只表明有法律制度的存在,并不要求法律至上,也就不会有实行法的统治的要求;而法治本质上就包含着法律至上的原则,要求实现法的统治。

第三,法制并不一定与民主相联系,而法治必须以民主作为基础。没有民主,可以有法制,而绝不会有法治。尽管,法制并不排斥法治,也不反对民主,但在专制社会中,往往都是有法制而无法治。专制社会很可能是有法制的,甚至法制在表面还十分丰富乃至完备,但是它既非法治,也无民主。

能否做到法律至上、是否以民主作为基础并实行民主,是法治与法制的本质区别。它们之间除了有区别之外,更有密切联系:

第一,法制是法治的基础。法制首先强调的是关于法律的制度建设,它为法治确立制度前提,奠定制度基础。法治是以法制的建立作为前提和基础的,它总是建立在完备的法律制度的基础之上的。没有法制作为基础,法治就只是奢望。

第二,法治是法制的深化。一个有秩序的社会必须是有法制的社会,一个有秩序的国家必须是有法制的国家。但仅有法制是远远不够的。因为建立法制只是国家和社会最基本的要求。建立法治才是在法制基础上,人民、国家、社会进一步追求的目标。只有法治建立了,法制才能获得最好的立法环境和实施机制、实现条件,法治是以法制为基础的国家与社会治理方式的本质性飞跃。因此我们说法治是法制的深化与升华。

以上论述已经说明,法制是古已有之,表达的主要是法律制度的总称或者法的总体,但并不要求法律至上与民主基础;而法治则是近现代产物,表达的则是法律至上并以民主为基础等观念、体制、机制等,当然法治也必须以法制作为基础并以民主为政治内核。法制与法治的概念应当各归其位、各得其所,不可混用与混淆。更多的内容,我们的法理学教科书中还会有更详细的阐述。

四、法治与相关概念

我们谈到法治就不能不谈到人治、德治、礼治、自治等概念,在此需要逐一加以梳理。尤其是要在民主与法治的统帅下,克服人治,有机协调地发挥德治、自治的重要作用,推进国家和社会治理的现代化。

人治是谈到法治时必须区别的极为重要的概念。人们一般都认为人治与法治是根本对立的。尤其是在现代社会,人治与法治的冲突表现得更为突出与充分。人治是指依靠政治领袖个人或者其集体的威信与智慧进行社会管理的社会模式。在人治状态之中,权力总是大于法律;领导人个人的威信和意志高于法律。法律成为权力的奴仆。在人治状态之中,并不是绝对地不要法律,而是法律被作为为权力服务的工具。当权力需要利用法律的时候,法律就被强调;当权力视法律为障碍的时候,法律就被抛弃。在人治状态之中,权力可以利用法律,权力也可以随意地亵渎和践踏法律。权力往往都是由政治领袖掌控的,因此,领袖崇拜、神化领袖就成为人治的重要表现。似乎神圣的领袖就可以凌驾于法律之上,破坏法治。这是法治建设过程中必须警惕和认真对待的重大问题。

德治的情形也是十分复杂的。在中国传统社会、传统文化中和在当代中国、现代文化中,德治具有不同的含义。在中国传统社会、传统文化中,德治是指依靠道德规范进行国家和社会治理的方式、模式、手段、措施等的总称。中国传统社会中儒家文化所倡导的就是德治,尽管它与一般所说的完全听命于掌权者那种极端人治有所差异,但其本质上还是人治,甚至被认为是最好的人治。在儒家文化的影响下,中国实行了几千年的德治,取得了重要的成就,造成了严重的问题,乃至今天仍然是我们推进现代化、推进民主与法治建设必须克服的思想、精神、文化障碍。在当代中国,我们推陈出新,提出了新的"德治"观,它并不是中国传统德治——儒家德治的翻版与延续,而是一个更高层次的扬弃。它是建立在对传统德治批判基础上的一种创新,它不再是反法治的人治,而是作为法治补充、与法治随行的社会治理方式。尤其是在基层社会包括乡村治理中德治是法治极为重要的辅助性方式与手段。其核心是运用社会主义道德规范来引领社会公众的思想观念、社会行为,弘扬社会主义道德及其核心价值观,助推良法善治。它是法治的有力辅助与补充,绝不是对法治的否定或者代替。

礼治是中国传统社会以礼的原则与规则来治理国家和社会的一种方式和手段。由于周礼是中国传统社会中礼的集大成者,具有代表性,因此历史上所说的礼治实际上也就是"周礼之治"。礼治,严格地说属于社会道德文化的范畴。以礼治天下,是中国特定时期的治国方式,其实也是中国传统德治的重要组成部分,当然属于人治的范畴。在现代,礼治中所包含的德治内容,已经被我们纳入了新型德治观念之中加以吸纳。该概念已经没有现代实用意义,所以它也就只是以一个历史文化概念存在于现代社会对传统社会与文化的描述中,不再是现代国家或者社会治理的方式与手段等。

自治是在一定范围内发挥相应主体自主性、积极性,使其自我规范、自我约束、自我管理的治理方式与形式。自治在社会生活尤其是在城市社区和农村基层治理中,是十分有效的,发挥着重要的作用。自治并不属于人治的范畴,自治与法治完全可以不矛盾,因为它更加凸显了主体的自治性,因此,自治中的许多要求,甚至比外附的国家强制力更能得到主体的认同与响应。自治与现代法治、现代德治并不矛盾。要将它们相得益彰地协调起来、统一起来,在民主与法治的统率下形成合力,共同服务于现代国家与社会治理,推动国家治理体系和治理能力的现代化。

第二节 法治的主要环节

法治的内涵丰富和外延广泛,是由立法、执法、司法、守法等所构成的一个有机联系的统一整体。对于这几个主要环节的认识,是认识法治的需要。

一、立法

立法也可以称为法的制定,是指特定的国家机关依照法定的职权和程序,创制、修改和废止法律规范的活动。立法是法治的首要环节,制约着整个法治的各个方面与其他环节。立法的优劣对法治有着前提性质的制约作用。法治建设总是首先从立法开始的。立法是法治的重要起点,没有良好的立法,后续的各个环节都将因此而难以发挥作用,甚至遭致十分严重的恶果。法律体系主要是依靠立法而得以建设的。要建设完备的社会主义法律体系,必须将立法放到首要的位置加以认真对待。立法是良法的产床,没有立法就谈不上良法,更谈不上善治。立法既是良法善治的前提,也是执法、司法、守法的前提。

二、执法

广义上的执法是指国家机关及其工作人员依照法定的职权和程序,执行法律的活动。其包括国家行政机关和国家监察机关的执法活动等在内。狭义上的执法则是指国家行政机关依照法定职权和程序执行法律的活动。狭义的执法是由政府担负的。政府只有严格依法办事,才能实现依法行政,才可能建立起法治政府。建设法治政府已经是现实目标,严格执法是走向法治政府的必由之路。执法活动存在于行政活动的每一个环节。因此,依法行政也就是要求以严格执法的严肃态度,认真对待行政工作,确保行政的法治化。客观地说,要建立起良好的执法状况,并不是一件容易的事情。庞大的国家行政机关,数量巨大的行政官员,要做到处处依法办事,时时依法行政,绝对不是一件轻而易举的事情,需要长期努力,不断推进。监察执法制度是我国独特的执法制度,作为专责机关的各级监察机关既是政治组织也是法律机构。根据我国宪法和国家监察法等的规定,国家监察委员会与同级党的纪律检查委员会合署办公,实行“一套人马、两块牌子”(国家的监察机关和党的纪律检查机关)、两大职能(国家执法与党内执纪),依法担负着繁重的执法任务。

三、司法

司法是指国家司法机关根据法定职权,依照法律的实体和程序规定,适用法律,处理案件的专门活动。在我国,人民法院和人民检察院是国家的司法机关。司法权是神圣的国家权力,在国家公权的范围内,它是一切社会矛盾与争端的最终裁判力量,享有崇高的地位,担负着神圣的职责。依照我国宪法和法律的规定,我国的司法权是由人民法院和人民检察院分别享有的。人民法院依法独立行使国家审判权,人民检察院依法独立行使国家检察权,不受任何行政机关、社会组织和公民个人的干涉。改革开放以来,我国逐步推进司法体制改革,取得了一系列重要的改革成果。目前,我国的司法体制改革正在推进之中。司法体制及其改革的崇高目标就在于实现全社会的公平正义。

四、守法

守法是指一定主体包括国家机关、企业事业单位、其他社会组织以及自然人包括公民个人自觉地依照法律的规定作出相应的法律行为,尊崇和服从法律规定的状态。法律必须被遵守,只有被遵守了,才能实现立法目标。法律如果不被遵守,就不可能发挥出应有的社会作用,其功能再好也是潜在的。普遍守法的原则,是法制的基本原则与要求。守法有主动守法和被动守法之分。凡是一定主体自觉地依法办事,主动地遵循法律规定的,就是主动守法。那种迫于法律的强制性规定,或者为法律的国家强制力所强制而不得不服从法律的,即是被动守法。法的遵守,尤其是主动守法更要依靠全体人民的自觉精神和法律意识。加强普法工作,加强法治理念教育,是促进守法的重要措施。

也有学者或者著作主张法治的环节中除了立法、执法、司法、守法之外,还有法律监督。法律监督当然是必要的,但是否需要作为一个独立的环节,在学术上是可以讨论的。不论是否作为一个独立的环节,它都十分重要。即使不将其作为一个独立环节,也是将其理解为体现在立法、执法、司法、守法的每一个部分之中,它是其他四个方面都包含的重要内容。之所以不作为一个独立环节,是因为它被蕴含在了其他每一个环节之中,而不是它不重要。

第三节 法治的基本方针

1978年12月,中国共产党十一届三中全会确立了我国法制建设与法治建设的基本方针:有法可依、有法必依、执法必严、违法必究。它是对我国改革开放初期法制建设提出的基本要求,也是那时及其以后指导法治发展的重要方针。2012年11月,中国共产党十八大正式提出并确立了法治建设新的基本方针:科学立法、严格执法、公正司法、全民守法。它是对原有基本方针的整体格式化,也是其升级版。

两相比较,新的基本方针逻辑更加清晰,重点更加突出。

一、科学立法

科学立法是新时代法治发展对立法工作的基本要求,它要求立法必须确保内容科学、程序科学,并以程序科学来保障内容科学,主要是指立法程序科学合理并得到严格执行,立法内容符合客观实际与客观规律,并能有效地促进社会和谐发展与健康发展。为此,必须做到以下几个方面:

一是改革立法机构。要改革和完善作为立法机关的人民代表大会的组织制度和工作制度,进而完善立法工作机制。具体来说,还要进一步完善立法机关代表组成制度、会议制度、工作制度,增加立法机构代表与常委的工作时间,使立法机构有充裕的时间出色地完成国家和社会发展提出的立法任务。

二是完备法律制度。要与时俱进地不断完善中国特色社会主义法律体系,使之随着经济、政治、文化、社会的不断发展而发展。尤其是要完备市场经济立法、民主政治立法、社会建设立法。改进国务院和有立法权的地方人大及其常委会的立法工作,抓紧制定和修改与法律相配套的行政法规和地方法规等。

三是实现科学立法和民主立法。要提高立法的科学性,使立法适应和反映客观规律的要求。广泛听取人民群众的意见和建议,通过座谈、听证、评估、公布法律草案等扩大公民有序参与立法途径,通过询问、质询、特定问题调查、备案审查等积极回应社会关切,拓展人民参与立法的途径。

四是完善立法程序。完善立法程序,确保立法程序科学,严格依照既定的立法程序开展立法工作。健全立法起草、论证、协调、审议机制,使科学立法与民主立法具有法定的程序保障。

五是提高立法质量。立法质量对于整个法治水平都具有前提性的基础作用,必须高度重视。要提高立法质量就必须克服立法中的偏差,有效防止立法上的地方保护和部门利益法律化,并以此确保立法的科学性。

二、严格执法

严格执法广义上是指作为执法机关的各级人民政府及其工作人员,依照法律的实体规定和程序规定,运用法律处理相关事务,确保法律得到准确实施,既不缺位,也不越位的执法工作状况。它要求人民政府及其工作部门、工作人员都不折不扣地执行法律。

一是改革执法体制。加强执法体制改革,整合执法主体,相对集中执法权,推进综合执法,着力解决权责交叉、多头执法问题,建立权责统一、权威高效的行政执法体制。

二是强化执法队伍。加强执法队伍建设,打造一支过硬的执法队伍,确保执法活动能够规范、文明,符合执法的形式要求。这支队伍必须有大量德才兼备的法律人才。加强在职执法队伍建设是现实的任务,发展和提升高等法学教育水平是培养后备执法队伍的需要。

三是准确适用法律。除了社会公众包括自然人和法人等社会组织自觉守法之外,大量的法律都是由执法机关及其工作人员来执行的。执法者必须忠于立法原意,确保立法目的能够充分实现。执法者既要严格执行实体法,也要严格执行程序法,并以程序公正来确保实体公正。

四是加强执法监督。任何权力都需要监督,对于执法这种特殊权力的监督更为必要。这种监督既要求防止滥用执法权,又要求确保实现执法权。因此,执法监督既要监督执法者,防止执法者的越权与失职,也要排除对执法的非法干预,确保执法忠于事实,只服从法律。为此,我们必须加强国家权力机关、国家监察机关、国家司法机关建设,完善对于执法活动的权力机关监督、监察机关监督、检察机关监督和审判机关监督。

三、公正司法

公正司法是指司法机关办理案件,必须从程序和实体两个方面都做到公平正义。公平正义作为司法的核心价值观,也是司法工作的现实目标。要让人民群众在每一个司法案件中感受到公平正义。要做到公正司法,对于司法机关及其工作人员来说:

一要确立公正目标。我们必须首先提升对于公正的思想认识。就司法机关来说,一个冤假错案发生了,错误也许只是百分之一、千分之一、万分之一,但是对于受害者来说就是百分之百的损失和伤害。司法机关及其工作人员必须用百分之百的公正来严格要求自己。

二要改革司法体制。为了确保司法公正,就需要改革司法体制,从体制上确保司法机关依法独立公正地行使司法职权,不受任何非法干涉。司法裁判只忠于事实,服从法律。

三要准确适用法律。要求司法机关及其工作人员必须从程序法和实体法、程序公正和实体公正的两个方面入手,正确适用法律,使案件审理过程与裁判结果不偏不倚、不枉不纵,正得其宜。

四要排除非法干扰。司法必须首先防止权力、金钱、关系对司法公正的干扰。其次,必须排除司法官员自身的偏私与偏好。由于利益、认识、价值和个体差异等原因,一个公正的司法官员会不断地与自己的偏私与偏好作斗争。只有坚守公正,不断克服偏私、偏好的司法官员才可能真正实现司法公正。司法官员的内在修养始终是司法公正的重要支撑。

五要实行有错必纠。要建立有错必纠的法律机制,敢于纠正冤假错案,使被伤害的公正能够得到及时的修复与补救。司法官员应当秉持的是有错必纠，这里的错应该理解为不公正之意，而不是明显错误或者重大错误。否则，有错必纠的原则就会被大打折扣，甚至被消解于无形之中。

四、全民守法

全民守法是普遍守法这一法治原则的具体体现，是指所有社会成员都必须一体遵守法律规定，而不得违反法律。

第一，全民守法是对全体社会成员提出的普遍要求。没有全体社会成员的普遍守法，就一定没有良好的法治状态。全体社会成员无一例外，都必须遵守法律的规定，依法办事、循法而行。

第二，全民守法要求坚持法律面前人人平等。一切党政机关、武装力量和党政领导都必须在宪法和法律的范围内活动，必须带头守法。任何组织和个人都没有超越法律的特权。只有反对特权，才能确保平等守法。

第三，全民守法要求对一切违法犯罪必须予以有效的法律制裁，实现违法必究。法律的权威在于有效的实施。有法不依、违法不究恶于无法。确保守法公民的人身、财产等具有良好的法律保障，并不受非法侵害，就必须对一切违法犯罪予以应有的法律制裁。

科学立法、严格执法、公正司法、全民守法是社会主义法治的基本方针和基本要求，是一个有机联系的统一整体，囊括了立法、执法、司法、守法四大方面，任何方面都不可或缺或者偏废。必须系统推进、协调推进、全面推进。

思考题

1. 如何理解法制的含义？
2. 如何理解法治的含义？
3. 如何认识法制与法治的基本关系？
4. 法治有哪些基本环节？
5. 法治新的基本方针是什么？

下篇　法　学

第十二章　法学概念

进入法学领域，对于什么是法学，西方与中国的学者们是如何定义的，法学以什么作为研究对象，具有哪些基本性质，具有怎样的功能，与其他学科是怎样的关系，这些问题都需要一一回答。

第一节　法学的定义与性质

法学的定义与性质是密切相关的两个方面，具有内在的紧密联系。它们都是学习法律和法学所必须掌握的基本知识。

一、法学的不同定义

自古以来，法学家们就在尝试给法学下一个基本的定义，为此进行不懈的努力，他们从不同的视角展开了对于法学内涵的探究。

（一）西方的法学定义

“法学”这一语词，在西方大抵是导源于拉丁语“jurisprudentia”这一单词。在英语和法语都表达为“jurisprudence”，在德语中表达为“jurisprudeny”。从拉丁语法学单词的结构来看，它的元素包括 jus 和 providere 两个部分。前者为公理、正义，引申为法律；后者意为先见，引申为知识。

公元前 451 至前 450 年，罗马共和国颁布了《十二铜表法》。为了使这部法典为众人知晓，并为公众所遵守，罗马官方采取了对法典进行解释与宣讲的措施。这种活动持续推进，但主要是由少数神职人员担当的。公元前 198 年，罗马执政官阿埃利乌斯（Aelius）开始以世俗官吏的身份讲授罗马法，写作法学著述。随着类似活动的普遍化，逐步形成世俗的学问。这门学问被称为“jurisprudentia”，即“法学”，传授相关知识者被称为“jurisconsultus”，即“法学家”。到了公元 2 世纪，jurisprudentia 在罗马就已经被广泛使用。到公元 13 世纪，jurisprudentia 则在欧洲广为传播和使用。随着罗马法复兴运动的开展，法学在整个欧洲得到了空前的发展。在法学的发展中,英语之中的"science of law",法语中的"science du droit"等表示"法学"或者"法律科学"的单词被普遍使用。法学逐步发展成为近现代重要的社会科学和人文科学。

综观古代西方的法学定义,首先当推古罗马五大法学家之一的乌尔比安(Domitius Ulpianus,约160~228年)的定义。他认为"法学是神事和人事之知识,正与不正之学问"。从这一定义可以看出,当时的法学是与神事联系在一起的,是与道德联系在一起的。于是神和正义被请进了法学的定义之中。这也反映了那个时代法律与宗教(教规)、道德相混同的情形。法学与神学、伦理学并无严格的界限。在现代看来,这个定义过于宽泛,但是在当时也许是恰当的,它反映了那个时代法学的状况以及人们对于法学的认知。

到了近代,格老秀斯(Hugo Grtius,1583~1640年)给法学下了这样的定义:"从正义而生活之学。"将这一定义与乌尔比安的定义相比较,不难发现,这一定义已经远离了宗教与神学,法学成为一种世俗的学问。从它放弃了"神事"的用语就可以知道这一点,从其"生活之学"的表述中更可以看到这一点;但它依然将正义作为法学的根本内涵。这反映了格老秀斯对于法学与正义关系的认识;也说明了,在格老秀斯看来,法律与道德、法学与伦理学具有密切的联系。近代另一位著名的法学家,德国的莱布尼茨(Gottfried Wilhelm Von Leibniz,1646~1716年)也给法学作出过定义:"法学者,权利之学也。"这一定义表明了他对法学中权利地位的认识。但是在现代法学的视野中,它是有失偏颇的。因为法学不仅仅是权利的问题,还有与权利无关的问题。如果统统归结为权利问题,还是显得有些勉强。所以这一定义也有不尽科学之处。

现代法学之中关于法学的定义层出不穷。法国有法学家认为:"法学是关于法律的制订、实施、研究及教育等领域的各种科学性活动的总体。"[1]英国有法学家认为:法律科学是"指从哲学的、历史的、比较的、评注的、批评的和其他各个角度对法律的和有关法律的发展、变化、制定、评注、运用的系统化了的和经过组织加工了的知识"。[2] 日本有法学家认为:"法学即法律学。最广泛的解释,是指以法为研究对象的各种学问的总称。"[3]

(二)中国的法学定义

中国先秦的法学家们将法学定义为"刑名法术之学"。法学当然是法术之学。

---

〔1〕 上海社会科学院法学研究所编:《法学总论》,知识出版社1981年版,第42页。

〔2〕 [英]沃克编辑:《牛津法律大辞典》,北京社会与科技发展研究所译,光明日报出版社1988年版,第545页。

〔3〕 上海社会科学院法学研究所编:《法学总论》,知识出版社1981年版,第5页。

也许可以批评它过分注重于“刑”。在该定义之中，特别提出了“刑名”，而且将其与“法术”并列，这与中国古代法律更多是刑律，中华法系重刑轻民的传统有关。在中国历史上，法律在很大程度上都被理解为刑法，法学被理解为刑名之学也就自然而然了。中国古人法学乃刑名法术之学的认识，是有其根据的。

综观各种法学定义，在现代，可以这样定义法学：法学是以法或法律这一特定社会现象及其产生、发展、变化的规律作为研究对象的社会科学。

二、法学的研究对象

根据法学的基本定义，法学的研究对象有两个层次：一是法或者法律；二是法或法律的产生、发展、变化规律。

（一）以法作为研究对象

法学，顾名思义必须研究法。从研究法的角度来看，法学既要研究抽象的、普遍的、一般的法，也要研究具体的、特殊的、个别的法律。

法学要研究抽象的、概括的、普遍的、一般的法律，即法或广义的法律。法学要研究法的起源，法的历史发展与历史类型，法的概念、本质、功能、作用、价值等法的一般理论。没有对于这些一般理论的研究，法学的研究必然是狭隘的。如果法学仅仅限于具体的法，就必然会局限自己的视野，限制自己的研究范围，使法学的研究范围过于狭窄。

法学也要研究具体的、特殊的、个别的法律。法学只有注意到对于具体的、特殊的、个别的法律的研究，法学的一般研究才有现实基础和客观依据。更重要的是，只有研究了具体的、特殊的、个别的法律，法学才更多地具有现实意义与实用价值，才可能成为应用科学和实用科学，才可能真正地为法治建设提供理论支持和指导。

（二）对法律现象进行研究

法律是法律现象之一部分，但是并不是法律现象的全部内容。作为法律现象，除了各种意义的法律之外，还有违法、犯罪、侦查、起诉、公诉、审判、辩护、代理、宣判、上诉、申诉等。

法学应该对一切法律现象进行研究。只有对一切法律现象进行研究，作为整体的法学才是完善的。这里所说的应该对一切法律现象进行研究，是就整个法学而言的，并不是就法学的个别学科或者个别法学家而言的。从法学学科角度来看，任何学科的研究对象与范围都是有限的。每一个学科都有自己特定的研究对象与范围限定。法学是众多法学学科的知识与学问的总称，是对众多法律现象进行认识和研究的成果。以个体状态开展学术研究的法学家，往往都有其相对确定的学科领域。在现代内容愈加丰富、范围愈加广博的法学领域,百科全书式的法学家愈加稀少。

(三)对法的内在规律进行研究

法学对于法的研究,包括对各种法律现象及其内在规律的研究。没有对法律现象的全面研究,法学必然是狭隘的、残缺的。没有对法律内在规律的研究,法学就必然是肤浅的,法学的深度就会受到严重局限,人类法律文化的积累与延续就会成为问题。

法学研究的法律规律,包括法律结构规律、法律发展规律、法律变化规律、法律调整规律等。法律的制定规律、适用规律、遵守规律、监督规律等都是特别重要的,都需要法学予以特别研究。对法律内在规律的研究,是法学的基本任务和根本主题。

三、法学的性质

法学具有很强的科学性、理论性、实践性、实用性。法学的这些属性共同决定了法学的基本状态。

(一)法学的科学性

法学是对法律现象进行认识和研究的理论成果,是人类认识发展的产物,是人类社会科学的重要构成部分。法学是科学,就必然具有科学性。法学的科学性对法学的研究、学习和实践,对法学研究者、学习者与实践者都提出了一些重要要求。

对于法学研究者来说,尊重法学的学术规律,尊重并研究法律的内在规律与发展规律,是其使命。法学研究者实事求是的科学精神、严肃认真的学术态度是法学科学性的保障。法学学者必须严格要求自己,不断提升自己的学术修养和学术认知,不断探索真知、传播真知。法学的科学性质要求法学学者摒弃虚假,尊重客观实际,研究客观实际,从理论的高度回答现实提出的问题,推动法学理论和法律实践的进步。

法学的科学性也要求法学学习者具有实事求是的科学态度。法律学习者应当科学对待法律现象和法学学习,具有探求真理的科学精神与高尚品格。法学是科学,就要求每一个法律学习者在学习中培养起科学的精神、作风与品格,进而塑造出良好的法律人格,确保在未来的法律实践与法学研究中能够秉持并坚守科学的态度。

法学的科学性也对法律实践者提出了重要要求。法学既然是科学,当然可以有不同的认识,但是绝对没有理由和权力亵渎法律与科学。法律人的使命就是要使字面的或者纸上的法律演化为活生生的现实,成为现实的法律。法学的科学性要求法律人具有执法如山、以身护法、坚守正义的秉性,以实现法律、实现公正为理想，努力查明事实的真相与详情，坚决维护法律的尊严与权威。

（二）法学的理论性

法学从产生以来，经历了漫长的历史发展过程。一代又一代法学家的不断努力，才使法学具有了如今的辉煌成就。法学已经发展成为一个内容精深、范围广博的学科群，成为社会科学的重要领域与分支。法学的发展产生了大量的名词术语，积累了丰富的知识学说，创造了艰深的学术理论，建构了严密的科学体系。法学早已具有很强的理论性。

认识到法学的理论性，法学学习者就要注重理论学习，不断提高自己法律与法学的理论修养。对于法律学习者来说，就不能仅仅着眼于法律的社会实践，更要着眼于法律的理论学习，提升自身的理论层次，使自己的法学学习能够从学理上登堂入室，而不是肤浅地法外谈法、贻笑大方。

认识到了法学的理论性，法律实务工作者就要不断学习。一方面，法律是不断发展的，法学是不断进步的，担负适用法律重任的法律官员必须严格要求自己，努力学习法律知识，刻苦钻研法律理论，不断提高自己的理论水平。在历史和现实中，成功的司法官员都是在法学理论上很有造诣的专家，他们对于法律的精深研究和远见卓识，使他们无愧于自己的神圣职责，也使他们赢得足够的尊重和无上的荣光。法学理论修养是法律官员必备的基本素质，也是其优秀而成功的基本前提。法学理论工作者当然需要注意理论与实践相结合，了解实践，向实践学习。另一方面，法律实务工作者更必须自觉学习理论，接受理论指导。没有足够理论修养的法律工作者必然难以准确理解法律，严禁执行法律，正确适用法律。

认识到法学的理论性，法学研究者们就必须加强自身的理论修养。只有具有了良好的理论修养，法学研究者才可能具有对于法律的科学认识，才可能形成自己的真知灼见，进而丰富法学和发展法学。法学理论工作者必须首先具有相当的理论修养，甚至是法学及相关学科的理论专家。

（三）法学的实践性

法学是实践性很强的科学。任何法律理论都是对现实法律现象进行科学研究的成果。法学研究的首要任务就是满足法律实践的现实需要，回答法律发展所提出的问题。法学的实践性是其理论性的基础。没有实践性，理论性就可能因缺乏基础而出现问题或者出现错误。

法学的实践性要求法学的研究者们密切关注并悉心考察和总结社会的法律实践，得出科学的研究结论。一旦获得了研究成果还应当用于指导法律实践，推动法律发展。法学的实践性提出了法学研究的基点和目标问题。法学理论既是以法律实践作为基础的，又是以法律实践作为目标的。

法学的实践性也告诉法学的学习者们要理论联系实际地从事法学学习。要把自己的理论学习与社会的法律实践结合起来,正确理解和准确把握相关的法律理论和法律制度。这是确保法律学习质量和效果的要求。无论法律学习者未来的发展目标是成为一个法律实务工作者,还是做一个法学理论工作者,对于法律实践的关注,并使自己具有良好的法律实践基础,始终是必要的。

法学的实践性也反对那种违背客观现实、背离法律实际的法学理论。有的法学学科可以进行比较纯粹的理论研究,并不一定要与现实具有紧密的联系,比如法史学的研究就是如此。但是,即使是法史学的研究,也不能背离历史的真实,更不可臆造历史,信口开河。法律史料就是过去法律实践的记录。也就是说,即使是法史学的研究,也要研究历史中的法律实践并符合历史中法律实践的实际。

(四)法学的实用性

法学具有极大的实用性。这当然是就法学的整体而言的。除了个别学科的实用性相对较弱之外,法学的各个部门都具有极大的实用性。尤其是各个具体的法学部门,如宪法、行政法、民商法、刑法、诉讼法等,无一不具有极强的实用性。宪法中对于国家权力的设定是国家机关职权与职责的根据,宪法中关于公民权利与义务的规定,每天都现实地被当作公民的行为规则。行政法对于政府行政行为范围、权限与程序的规定,是政府依法行政的根据。民事商事活动须臾不可离开相关法律的指引与调节,否则违法就将发生。惩罚犯罪、定罪量刑是刑法的基本任务。尽管人们并不期望有犯罪发生,但是犯罪总是无情地发生着,只有哪一天人类没有犯罪了,刑法才会真正地归于消亡。诉讼法是调整诉讼关系的法律,诉讼关系的存在也就决定了诉讼法的实用价值。

法学的实用性要求法学学习者和研究者必须具有“学以致用”“研以致用”的主导思想。除了热爱法律而学习法律者外,学习法律的一般目的还在于学有所用。将自己所学的法学知识运用于法律实践,处理案件,裁判是非,是法律实务工作者的日常工作和基本任务。将自己探索的法学理论贡献社会,指导或者影响现实的法律实践,是法律理论工作者的目标与使命。法律理论工作者的学术研究目的当然包括促进法律的良好运用与运行,推动法治发展。

第二节　法学的功能

法学的功能是多样的,总体说来至少具有认知功能、解释功能、引导功能、教化功能和文化功能等主要方面。

一、法学的认知功能

法律是一种特殊的社会现象,是人类进入政治法律社会以来就存在的社会现象。法律的产生既有人类自觉的成分,也有人类自发的成分。在人类社会之中,法律并不是可有可无的现象。只要社会具有法律存在的合理性,法律就不以人的意志为转移地存在。从法律一产生,人类就面临着认识法律的任务。究竟法律与人类是怎样的关系;法律怎么随着人类社会的发展而发展,变化而变化;法律有着怎样的内在结构、类别划分、部门组合、彼此互动,这些问题都需要加以总结。这种认识的目的在于全面地运用法律管理社会,促进社会进步发展。

法学是人类关于法的科学,它是所有人文社会科学之中专门对法或法律进行概括、总结和研究的科学,认识法或法律是其基本的使命。法学的进步意味着人们对于法律现象认识的进步。对于法的不断深化的认识,是法学认知功能的体现,也是法学学习与研究即法学认知的成果。

二、法学的解释功能

法学具有对法律现象进行阐释的功能。这种功能是法学认识功能在认知基础上的进一步深化。法学的解释功能大致包括两个主要方面。

一是对法律制度进行解释,使人们对法律制度有更好了解。人类的法学思想和法学教育在很大程度上都是从对于法律制度的解释开始的。注释法学可以说是其集中的体现。在西方,是因为需要对古罗马法律制度进行解释,才大大发展并最终形成了西方古代的法律科学。古罗马时代的法学在很大程度上就是对制度进行解释的法学。在罗马法复兴的过程中,注释法学得到了很大发展。也正是注释法学发展,有力地推动了罗马法的复兴,乃至推动了整个法学的发展。在中国,法学同样是以注释法律制度作为重要使命的,中国法学在古代被称为律学,在很大程度上就是由于它的重要任务是对法律进行注疏。《唐律》是中国封建法制的典范,《唐律疏议》则是最著名的法学经典,而《唐律疏议》也就是对《唐律》的解释性著作。

二是对法律实践进行解释。法律实践客观存在,其内容异常丰富。对各种不同的法律实践现象可以进行多种多样的解读。怎样解读才是科学的、正确的,需要进行法学阐释。有些法律实践是在法学理论指导之下进行的,即使如此也有一个评价的问题。有的法律实践并不是在法学理论指导之下进行的,那么它的法律意义是什么,在法律上应该如何认识,应该作出怎样的判断,都需要运用法学知识来得出科学的结论。有的法律实践方案的效果还需要进行法学角度的预测与评估,可能引发的问题,还需要人们从学理上进行分析并采取现实的措施来加以防范与解决。

三、法学的引导功能

法学作为理论的构成部分,是法律制定的引导。法的制定也被称为立法,是十分复杂的社会实践活动。它担负着总结社会法律实践并通过建立新的法律制度或者修改既有的法律制度,引导人们进行社会实践和作出社会行为的重任。法学理论是法律实践的经验总结,立法理论是整个法学理论的构成部分。法律制度的产生导源于法的制定,而法的制定活动与过程必须接受法学理论的指导。在法学理论之中,立法理论是立法实践的经验总结,又是各个具体立法的学理依据。法学对于整个法制与法治发展具有引导性。法的制定是任何法律社会都不可缺少的。法的制定不是盲目的,必须接受法学指导。

法学作为理论的构成部分,是法律实施的引导。法律实施包含法的适用与法的遵守两个方面。法的适用是指国家特定机关依照法定职权和程序,运用法律规范来处理案件,适用于具体的人或事项的活动或行为。法的遵守则是指一切机关、社会组织和个人服从法律的活动与行为。法学对于法律的适用活动具有重要的引导作用。法的适用既包括行政执法,也包括司法。无论是依法行政还是公正司法,都必须准确理解法律,正确适用法律。理解和适用法律的过程中,相关主体都必须自觉遵从法的一般规律,接受法学原理的指导。因为法律制度就是在一定法学理论的指导之下创立的,同时社会现实又是特别复杂的,在这两个意义上,法律实施都离不开作为理论指导的法学指引。

四、法学的教化功能

教化即政教风化与教育感化之意。古代思想家荀子在其《王制》中提出了“论礼乐,正身行,广教化,美风俗”的原则,在《尧问》中作出了“礼仪不行,教化不成”的论断。教化是人类理性的产物,是人类文化与文明得以传承的路径。礼仪之邦的文化正是靠教化得以延续的。人文社会科学都具有重要的社会教化功能。法学如同其他任何人文社会科学一样也有自己的教化功能,甚至还具有比其他许多人文社会科学更强的教化功能。

首先,法学具有教导人类整体如何实行自我管理的教化之功。人类是以社会状态生活的。即使是个体活动也是在社会之中的个体活动。社会中的人就必须相互协调,以使社会得以良性运行和发展。法学教化人类如何运用法律科学地管理社会,管理公共事务,协调人际关系,解决社会矛盾,调整个人行为,整合相互行动,等等。

其次,法学具有教导人类个体如何从事社会生活的教化之功。任何个人的成长过程,都是社会化的过程。在这个过程中,接受教育是必要的。或深或浅的法律知识是每个在法律社会中生活的人所必需的。学习法律知识,能使一个人更好地从事社会生活，并达致随心所欲而不逾矩的地步。只有这样，每个人才可能有遵守法律并获得法律保护的幸福人生。

最后，法学具有教导人类个体处理与其他个体共存共处的教化之功。任何个人都不是孤立的，始终处于复杂的社会关系之中。人与人之间的协调，道德、习惯、传统、教规、法律都发挥一定的作用，但法律是其中特别重要的规范。因为其他规范更多的是由内心压力和舆论强制来保障的，而法律则是由国家强制力来保障的，更具有不由分说的强制性质。个人一旦违反法律，与他人产生冲突，使自己与他人之间的关系出现不协调、相矛盾，就可能招致国家的暴力强制。因此，在法律社会之中，个体的人只有依法办事才可能与他人协调，共存共处。

五、法学的文化功能

法学的文化功能包括法学的文化传承功能与传播功能两个主要方面。

首先，法学的文化传承功能。法学是人类管理社会的经验结晶，是人类法律文化发展的记录，也是人类法律文明进步的标志。法学将人类的法律实践经验加以总结和提升，使关于法律的经验上升到理性的高度，并向后延续。法学为人类法律经验和知识的代代相因、不断更新、持续推进提供了可能。法学成为人类法律知识、法律理论传承的载体。是法学将人类关于法律的经验成果和理性认知一代一代向后传递，这种知识和理论的传承，本身就是人类法律文化传承的构成部分。

其次，法学的文化传播功能。法律既是若干规则的总和，也是一种文化的表现，本身就是文化的组成部分。法学使法律得以文化的方式传播。如果没有法学，法律的发展会受到影响，法律的传播更会受到制约。是法学为法律传播提供了最好的文化性质的条件和途径。法学将法律制度赋予更多的文化内涵与内容，再加以传播，使人们对它的认识更加明晰，了解更为全面。法学还使不同国度、不同时代的人对其他国度或其他时代的法律，有了更全面的认识和更深入的了解。如果没有法学的存在，人们至多只是出于对自身安危的关心，对现实的本国法律加以关注。对于其他国家的法律，人们就很难予以注意和认识。正因为有了法学，人们对于同时代其他国家法律的认识甚至研究，成为题中应有之义。同理，如果没有法学的存在，人们也不会对其他时代的法律予以过多的关注。历史上的法律曾经是怎样的情形，发挥过怎样的作用，产生了怎样的影响，如果没有法学，人们便无法很好地知悉。人类未来的法律将怎样发展，法律发展的历史前景如何，如果没有法学，人类也难以很好地探索与思考。正是因为有了法学，人类不再限于自己的国家来考虑法律的现状，也不再限于当今的法律而忽略法律发展的过去与未来。法学使人们不仅关注自己国家的法律，不仅关注当代的法律，而且注意他国乃至全世界法律，注意过去和未来的法律，这就使法律获得了更好的传播。这是法学文化传播功能的体现。

第三节 法学与其他学科

法学是重要的社会科学之一。法学与其他社会科学,与整个自然科学都有着千丝万缕的联系。认识这种联系是深化对法学认识的需要。

一、法学与哲学

哲学是百科之学,任何学科都会受到哲学的世界观、方法论的指导。法学作为人文社会科学学科之一,与哲学的联系是必然的。

第一,哲学是法学的认识基础与理论基础。哲学是关于世界观与方法论的学问,是人们对于整个世界包括自然界、社会和人类思维的根本认识的理论体系,是对自然科学和社会科学的概括和总结。哲学的基本问题是思维和存在的关系问题。它是在人类长期的社会实践之中产生的。哲学的学科性质决定了它是人们也是一切学科的世界观和方法论基础。于法学也不例外,哲学为法学提供了认识基础和理论基础。

哲学对于法学具有世界观的意义。哲学可以告诉人们如何认识世界,如何认识人类社会,如何认识人类社会的法律现象。哲学所提供的世界观在法学上的运用也就产生了法学的世界观。法学世界观对于人们研究法律的立场立具有决定性意义。世界观问题是前提性质的问题。没有世界观的良好确立,法学的研究就难免会出现错误,或者陷入误区。

哲学对于法学具有方法论的意义。哲学除了是世界观的学问之外,还是方法论的学问,它指导人们运用科学的思维方法来认识法律现象。方法对于学术研究来说,意义是非常重大的。错误的方法不仅仅会导致事倍功半,更可能使人们发生认识错误,出现失误,遭遇挫折。哲学提供的方法论将会使人们更便捷地靠近真理,把握真知,少犯错误或者不犯错误,迅速实现预期的目标。

哲学对于法学来说,除了具有认识论层面上的世界观与方法论的意义之外,还具有理论基础的意义。哲学的世界观和方法论是通过一系列哲学理论来揭示和表达的。哲学理论是法学理论的思想基础。哲学理论对于法学具有先导的意义,是法学理论应有的学术前提。哲学虽然不能代替法学,哲学理论也不是法学理论本身,但是哲学理论对于法学来说,是必需的基础。对于从事法学研究的学者来说,必要的哲学理论根基,是其学术发展的理论准备;对于接受法学教育的学生来说,必要的哲学理论根基,是其学习进步的认识前提。哲学理论对于法学的研究与学习都是十分重要的。

第二,法学是哲学的材料来源与经验来源。哲学是人类认识世界的产物。哲学世界观和方法论,乃至整个哲学理论,都是人类认识世界的工具。对于万事万物的认识之中,显然包括对于重要社会现象法律的认识。法学正是研究法律的学问与科学。哲学是法学的世界观和方法论基础,为法学提供重要的理论指导;同时,法学又是哲学的重要材料与经验来源。材料与经验永远是科学的客观基础,也永远是哲学的实证前提。

哲学的产生与发展是建立在人类对社会实践材料的总结概括的基础之上的。人类的法律实践为哲学对于社会现象的认识,提供了实证的材料。人类社会矛盾发生的情形,人类运用法律来解决人际纠纷的情形,历史和现实中发生的大量案件,都是哲学认识世界和社会的材料来源。人类社会之中纠纷的发生,用以解决纠纷的规则——法律——状况如何,司法官员如何裁判案件,产生了大量的材料,这些材料的累积以及总结,为哲学世界观和方法论的形成与发展提供了现实的材料。

哲学的产生与发展是建立在人类对社会实践经验的总结概括的基础之上的。人类创造法律,调整重大的社会关系,制裁不法,裁判纠纷,消弭争端,必然会积累大量的经验。这些经验日复一日地增加和丰富,就为人类对于社会的理性认识提供了材料和基础。人类运用法律的经验,除了直接推动法学的进步之外,还为哲学理论的建立,为哲学世界观和方法论的进步提供了社会治理与管理的经验。哲学因为有了法学研究而变得更加充实,更加丰富,更加多姿多彩。如果认为哲学对于社会的认识要依赖人类的社会实践,那么法学的研究就是哲学获取社会实践经验的重要来源。在历史和现实之中,哲学的许多理论,都是以法律的经验作为现实基础和经验依据的。

二、法学与其他社会科学

法学作为社会科学的学科之一,与其他社会科学之间必然具有对象关联、方法共享、发展互动等相互关系。这些关系使法学与其他社会科学之间共融、共振,构成社会科学的整体。

(一)与法学相关的社会科学

法学与所有的社会科学都具有这样那样的联系,限于篇幅,在此,仅就与法学联系极为紧密的政治学、社会学、经济学、伦理学作一简要论述。鉴于学者们对这些学科具有不同的定义,本教材仅以一般的定义为基础,来作一个最初步的考察。

政治学是研究政治关系、政治制度和政治活动等政治现象及其发展规律的科学。它以国家政权作为主要的研究对象,研究国家、国家制度、国家结构、国家职能、国家管理、国家政策、国家与国家之间的关系等。政治学是随着阶级和国家的诞生而诞生,发展而发展的。经历了漫长的发展过程,政治学成为一个体系庞大的学科体系。

社会学是将社会作为一个完整的、符合规律的、具有内在联系的统一整体而进行科学研究的综合性学科。它以人类社会的组织形态、结构方式和群体活动规律等作为研究对象,将一切社会现象、社会关系、社会生活、社会问题都作为其研究内容,具有极为广泛的研究领域。

经济学是研究社会物质资料的生产、交换、分配与消费等经济关系与经济活动的规律及其应用的社会科学的总称。经济学是一个体系庞大的学科群,包含政治经济学、历史经济学、国际经济学、区域经济学、部门经济学、技术经济学等广泛的研究领域。

伦理学也称为道德哲学,是研究社会道德现象的本质与发展规律的社会科学。其研究内容包括道德的起源、发展与变化,道德的本质、特点与作用,道德的属性、类型与规范,道德的教化、学说与修养等。伦理学包括善与恶、荣与辱、诚实与虚伪、正义与邪恶、公正与偏私等基本范畴。

(二)对象关联

法学与其他社会科学具有研究对象上的相关性,因而相互之间存在重要的联系。政治学、社会学、经济学、伦理学等都属于社会科学。这些学科研究对象都是社会现象,社会现象之间的联系是必然的,它们与法学之间也就因研究的对象之间的联系而具有密切的相关性。

政治学是对政治进行研究的社会科学,政治现象及其发展变化规律,是其独特的研究对象。“政治学可以一般地定义为研究人类社会生活中的政治现象、政治过程、政治关系以及政治实践的学科,它要揭示政治现象、过程的本质或规律性,提供政治相关知识。”[4]政治学与法学的研究对象之间的联系存在几种情形:一是内容相对分立,但彼此联系。二是内容相互交叉,各自研究不同的部分。三是内容相互等同,仅存视角差异。政治学与法学的密切联系一直为古今中外政治学家和法学家所关注。甚至创立法政治学或者称法律政治学,来专门研究法律与政治之间的关系,来解析法学与政治学共同关注的一些重大的实践与理论问题。无论学者们对法政治学、法律政治学或者政治法学有何种认识上的差异,他们都立足于法律与政治的密切联系,立足于法学与政治学的密切联系却是不争的事实。

法学与社会学的研究对象更是密不可分。首先,法律本身就是重要而重大的社会现象,是社会学的研究对象之一。法律是在社会中产生、发展的,是社会发展变化的产物,也是社会发展变化的内容,还是社会发展变化的表现。社会的很多变

---

〔4〕 陈振明主编:《政治学——概念、理论和方法》(第2版),中国社会科学出版社2004年版,第1页。

化都包括法律的相应变化。社会学对于社会现象的研究当然不能回避对于法律的研究。法律是社会现象意义上的社会学研究对象之一。其次,法律与其他社会现象之间具有千丝万缕的联系。社会学对于众多社会现象的研究,都可能与法律有关。完全忽视了对于法律的关注,社会学也很难全面地研究所有的社会现象。同理,法学研究也不可能忽略社会学对法律、对整个社会现象和其他社会现象的研究,这都是由研究对象的关联性质所决定的。

法学与经济学的研究对象是交叉的,在许多方面甚至是相互重叠的。所有权、债权、股权、承包经营权、知识产权等,既是经济权利也是法律权利,既是经济学问题,也当然地是法学问题。公司、资本、价格、合同等,既是典型的经济学研究对象,也可以毫不牵强地说,它们同样是法学的研究对象,所不同的仅仅是研究视角的差异。

法学与伦理学在研究对象上的紧密联系同样是不可忽略的。法学研究的是法律规则,伦理学研究的是道德规则。两种规则之间相互联系、相互衔接、彼此互动、彼此交错。除道德可以作为人的意识规则调整人们的内心之外,道德与法律作为人的行为规则,都调整着人的行为。一般说来,道德与法律具有同向的价值认识,一致的价值取向是常态,背离的价值判断是特例与偶然。凡是为法律所调整的,并不排斥道德进行调整;凡是道德进行调整的,也不排斥法律进行调整。所不同的仅仅是调整的方式与方法。

(三)方法共享

研究对象的相近性与相关性,决定了研究方法的共享性。法学与其他社会科学都属于社会科学的学科范畴,它们具有相关的研究对象,也具有许多相同的研究方法。

从传统的研究方法来看,哲学方法、价值方法、比较方法、历史方法在法学和其他社会科学之中都被广泛运用。近代日本法学家穗积重远(1883～1951年)在论述"法律学之研究方法"时就认为,通用之法律学研究方法,有下列五种:(1)分析的方法(analytical method);(2)历史的方法(historical method);(3)比较的方法(comparative method);(4)社会学的方法(sociological method);(5)哲学的方法(philosophical method)。中国当代的法学家认为法学的基本方法大致可以分为三类,即阶级分析方法、价值分析方法和实证分析方法。在实证分析方法之中又包括社会调查的方法、历史考察的方法、比较的方法、逻辑分析方法、语义分析方法等。[5] 其实这些研究方法,政治学、社会学、历史学、伦理学都无一例外地采用。

从现代新兴的研究方法来看,行为科学方法、系统论方法、控制论方法、信息论

---

〔5〕 张文显主编:《法理学》(第2版),高等教育出版社2003年版,第46～51页。

方法等既在法学领域被广泛运用,也同样在其他社会科学领域被广泛运用。

(四)发展互动

社会科学的发展具有互动性,这是由其研究对象的相关性和研究方法的共享性所决定的。这种互动性体现在法学与各个相关学科的关系之上。

政治学与法学之间具有互动性。政治学的发展,必然会推动法学的发展,尤其是政治学中关于政治主体、政治行为、政治过程、政治参与、政治责任等的理论发展,必将使民主和法治理论得到完善和推进。民主和法治理论的进步当然会影响法学相关理论的发展变化。同样,法学对于民主和法治理论的完善与推进必将或多或少地影响政治学的发展。

经济学与法学之间具有互动性。经济学的许多内容都与法学密切相关,甚至相互重叠。例如,公司的设立、运行、合并、分立、破产等问题,既是经济学问题,也是法学问题。许多经济现象的出现及其研究成果必将带动法学相关理论的变化与发展。同样,法学对于许多经济制度的研究也必将影响相关经济学理论的变化与发展。

社会学与法学之间具有互动性。法律是一种特殊的社会现象。社会学研究成果必然是对包括法律在内的所有社会现象进行考察与研究的结果。社会学理论的进步对于法学发展来说,必然会提供新的理论和方法、新的视角和手段。法学作为专门研究法律这一社会现象的学科,它对法律现象的研究结论,必然会充实和丰富社会学理论,推进社会学理论的发展。

伦理学与法学之间具有互动性。伦理学研究的是道德问题,道德是与法律并行的社会规范,甚至可以说道德比法律更为基础。道德与法律具有重要的互补性。法律实施的效果在很大程度上依赖于道德建设的状况。伦理学对于道德的研究成果必将有助于人们对于法律的认识。相应地,人们关于法律认识的深化也会在一定程度上增进对于道德的认识。伦理学与法学的研究成果有助于人们正确认识二者之间的关系,并将二者有机地结合起来。

三、法学与自然科学

法学与自然科学之间似乎有着遥远的距离。其实,在法学发展之初,各个学科门类并未严格区分的时候,法学与自然科学之间并没有明确的分野。经历了自然科学与社会科学的分离发展之后,到现代社会,随着自然科学的发展,随着自然科学与社会科学的交叉与交融,法学也伴随着整个社会科学而与自然科学建立了广泛的联系。

第一,法学研究深入自然科学之中。自然科学发展中提出的法律问题需要法学予以解答。自然科学的发展与法律的联系越来越紧密。自然科学的发展提出了众多的法学问题:人类生物科学的发展,提出了生命的法律地位与法律保障问题;环境科学的发展提出了如何运用环境保护法以维持和改善环境的法学问题;医学的发展提出了如何运用法律调整医疗行为、划分医疗责任、裁判医疗纠纷等问题;人类对海洋和太空的探索,导致了海洋与太空利用方面的一系列法律问题。自然科学的发展所带来的法律问题要求法学予以阐释,并提供解决的措施。

自然科学的发展成果需要法学提供法律保护理论。自然科学的进步总是科学家们辛勤劳动的成果,他们的发现权、发明权、著作权如何获得法律保护,是法学必须思考的问题。没有相应的法学研究成果,立法上就必然滞后,执法上也不可能对自然科学成果予以有效的保障,滞后的法律及其实施必然会影响自然科学家们的劳动与创造积极性,必然会阻碍自然科学的发展。自然科学的成果需要法律特别而专门的保护,更需要法学对此种保护加以特别研究,以提供有效的现实措施,确保自然科学始终处于不断进步的发展过程之中。

第二,自然科学方法推进法学发展。在法学研究的发展中,法学家们越来越多地采用自然科学的方法开展相关的法律工作与学术研究。在现代,证据的科学鉴定,涉及大量的自然科学知识与理论。刑事侦查学中大量运用着自然科学知识。对于笔迹、痕迹以及其他物证的法学鉴定,都必须依赖相关的自然科学知识和技术。司法化学、司法物理学、司法弹道学等直接将自然科学的研究成果运用于司法实践和理论研究之中。法医学中医学知识的运用自不待言。新兴的统计科学在法学中的运用也日渐普遍,司法统计已经成为法治建设和法学研究的基本手段。建立在自然科学基础上的系统论、信息论和控制论都在法学中得到了运用和发展。法学领域成为许多自然科学成果得以运用和发挥作用的场所。自然科学研究方法的法学运用,丰富了法学研究方法,更新了法学研究手段,带来了法学研究新的学术成果,极大地推动了法学研究的发展。

思考题

1. 什么是法学?
2. 法学的研究对象是什么?
3. 法学的基本属性。
4. 法学有哪些主要功能?
5. 法学与哲学的基本关系。
6. 法学与其他社会科学的关系。
7. 法与自然科学之间的关系。

第十三章 法学历史

历史是过去，历史也是现在，现在也是历史。不了解历史就无法真切把握现在。历史是基础，是前提，是条件，更是事物本身的演变与发展的流程。法学也不例外，对于法学历史的把握是学习法学的基本内容。

第一节 法学的产生

法学的产生必须依赖立法发展、法学家产生、法律思想累积。法学的产生提升了法律的理性，推动了社会发展，也促进了其他相关学科的进步。

一、法学产生的前提

法学的起源必须具有两个基本的前提：一是立法的相当发展；二是职业法学者阶层的形成。诚如恩格斯所总结："随着立法发展为复杂和广泛的整体，出现了新的社会分工的必要性：一个职业法学者阶层形成起来了，同时也就产生了法学。"〔1〕

（一）立法的相当发展

人类在原始社会后期，原始社会规范逐步丧失了有效地调整社会关系的能力，一种新型的表现为国家意志并由国家强制力保证实施的社会规范产生了。这种新型的社会规范就是法律。

法律的产生具有人类自觉的某些成分，更有人类自发的成分在其中。可以说法的产生是人类面对社会发展，并在社会发展之中自觉与不自觉的产物。法律的产生适应了社会发展的需要，随着社会生活的日益复杂化，社会关系、法律需求也日益复杂起来。为了满足不断增长的法律需要，人类创造了日益丰富的法律规则乃至形成法律制度，并逐步完善。

---

〔1〕《马克思恩格斯全集》（第18卷），人民出版社1965年版，第309～310页。

立法的发展为法学的产生提供了最基本的前提。因为法学是以法律作为研究对象的社会科学,没有法律这一研究对象的发展,法学就是无源之水、无本之木。法律或者说立法的相当发展,为法学创造了得以建立的前提条件。

(二)法学家阶层的出现

法学家阶层的出现或者说是职业法学者阶层的形成,是法学产生的又一前提和标志。法学家也就是专门从事法学研究,并具有相当造诣的人。法学家都是以研究法律为职业的。这也就表明了法学家的专业性质。在职业法学家出现之前,并不是没有人对法律进行研究,但是他们对于法学的研究都是置于其哲学研究和其他学科研究之中的。他们的法律研究不过是其广博研究内容的构成部分。

在古希腊,苏格拉底、柏拉图、亚里士多德都有许多关于法律的论述,他们甚至对法律都很有研究,其中柏拉图和亚里士多德更是西方法治理论的开创者。但是他们首先还是哲学家,法学思想不过是他们宏大思想体系的构成部分而已。他们并不是职业的法学家,因此他们的出现及其成果并不意味着法学的产生。在中国,周公、老子、孔子都对法律颇有研究,但是他们的法学思想不过是其哲学思想和政治思想的一部分,因此,同样不能因为他们的出现而认为法学已经产生。在西方的古罗马法学出现以后,在中国的律学出现之后,才可以说职业的法学家阶层出现了,而法学也在他们的学术成果基础上产生了。

有了立法的相当发展,有了职业的法学者阶层,并不等于法学就天然产生了。法学的产生还必须有法律思想的相当积累这一基础。法律思想的相当积累首先包括在职业法学家出现之前的法律思想。在职业法学家阶层出现之前的哲学家、思想家们对于法律的出现,积累了丰富的法律思想文化成果。这些成果对于立法的发展,对于职业法学家的研究,具有历史前提与学术基础的意义。在西方,古罗马法学正是以古希腊的苏格拉底、柏拉图、亚里士多德关于法律的思想作为前提和基础而形成的。在中国,律学也是以此前的思想家们关于法律的学术成果作为历史前提与学术基础的。法律思想的相当积累更包括职业法学家们的理论贡献。职业的法学家与先前的思想家们关于法律的研究的重大不同是,他们更加专业,更加深入,更加具体地探讨和研究法律的技术性、理论性问题,使法学从整个哲学体系中独立出来,并与其他社会科学相分立、相区别。应该认为职业法学家对于法学的形成的贡献是最直接的。没有他们的努力和学术成果,法学就难以真正成为一个独立的学科出现在社会科学的领域。

二、法学产生的意义

法学的产生对于法律和社会的发展,对于社会科学各个学科的划分与独自发展都发挥了极为重要的促进作用。

第一,提升法律理性。在自发基础上产生和发展的法律只能具有较低的理性层次。随着立法的发展,人类在法律上的理性层次必然会得到提升,但是由于缺乏足够的学理引导和支持,法律仍是相对有限的。在法学产生之后,人类有了对于法律现象的专门化的理性研究,对于法律的认识得到了极大提升,并快速增加法学的学术积累。对于立法来说,法学直接提升了其理性程度。法学对于法律的专门研究,能够为法律发展提供更好的理论指导,使法律更好地由自发向自觉过渡,使法律的拟制与实施更具有科学的成分和性质。法学的产生对于法律发展具有重要的理论意义,这一意义集中体现在它提升了法律的理性水平,促进了法律的理性发展。

第二,推动社会发展。首先,法学推动法律发展就是推动社会发展。法律是重要的社会现象,也是社会重要的上层建筑,法律发展就是社会发展的表现与标志。法律的发展是社会发展的重要构成部分。法学的产生对于法律发展有着重大的影响与意义,有力地推动了社会发展。其次,法学通过法律而推动社会发展。法律是对社会关系进行调整的工具。法学的产生使法律对于社会调整的理性程度得到了提升。法学使法律的技术水平得到了专业化提高,使许多法律原理被发现,许多法律原则被提出,许多法律经验被总结,许多法学理论被创造,这必然极大地提升法律的调整能力与调整实效。法学通过对于法律理论与技术的提升来更好地推动社会发展,促进社会进步。

第三,促进学科发展。法学的产生促进了法学学科的形成和发展,也促进了其他学科的独立发展。法学的产生也就意味着它从包罗万象的哲学中解放出来,独立出来,有别于哲学。在法学从百科之学的哲学中分立出来的同时,其他学科如社会学、伦理学、政治学、经济学等也在逐步与哲学相揖别。它们或先或后地各自发展,并相互影响。法学的产生对其他学科从哲学中分立出来、自成体系、独树一帜发挥了积极的促进作用。

法学的产生划清了与其他学科之间的领域界限,从而促进了其他学科的发展。法学要独立发展就必须将自己与哲学划分开来,同时,还必须和与自己相并行的其他学科如社会学、政治学、伦理学、逻辑学等作出划分。只有这两个划分是明晰的,法学的研究范围才是相对确定的。有了这样的前提,法学才能真正独立地进行自我的学术研究与发展。法学在实现自己独立发展的同时,与其他学科的界限划分也有力地促进了其他学科的独立发展及最终形成。

这当然不是说法学是最早从哲学中独立出来的学科,而只是说,在众多学科或慢或快地从哲学中独立出来的过程中,法学的产生和独立推动了其他学科的产生和独立。法学与其他学科之间是彼此互动的关系,在法学促进了其他学科独立发展的同时,其他学科的独立发展也同样促进了法学的独立发展。

第二节　西方法学的历史发展

法学源远流长，像滔滔江河从远古走来，经历了蛮荒与曲折，直到现代，发展成为蔚为大观的知识洪流，澎湃前行。西方法学为此作出了重要贡献，很有必要对其作一个历史性的梳理，以认识其发展演变的脉络。

一、古希腊的法律思想

古希腊并没有严格意义的法学，但却有非常丰富的法律思想。大批思想家都作出了关于法律的精彩论述。这些论述都是他们对人类法学思想宝库作出的巨大贡献。为了对古希腊的法律思想有一个初步了解，有必要对苏格拉底、柏拉图、亚里士多德以及斯多葛学派的法律思想作一个简要论述。

苏格拉底（公元前 469 ~ 前 339 年），被西方誉为哲学之父，他对法律有许多精辟见解，但没有留下什么著作。只是在一些史料和著作中可以查寻到他的许多观点。他认为，法律是人类幸福的标准。道德方面的混乱是因为在知识方面没有明确划分善恶的标准，国家制定的法律则是体现这一标准的，所以，遵守法律也是一种道德的要求。[2]

柏拉图（公元前 427 ~ 前 347 年）留下了大量的著作。这些著作之中有许多关于法律的论述。其中最著名的有《理想国》《政治家》《法律篇》三部。其中《理想国》也被称为《论正义》。他有很多著名的论述。首先，他提出法律是维护正义的手段。他认为人的品性之中有较善和较恶的两个部分。如果较善的部分占优势，完全处于支配的地位，人就具有了正义，就不需要法律；如果较恶的部分占优势，人不能约束自己，就需要服从外在的权威，这个权威就是法律。法律可以约束人成为有道德的人。他在《法律篇》中提出“可以肯定，每个立法者制定每项法律的目的是获得最大的善”。[3] 他在论述自己对待自己时，曾说：“一个人得到的首要的和最大的胜利就是战胜他自己。反之，可以想象得到，败在自己手里那是最坏和最糟糕的事情。”[4]其次，他倡导贤人政治，经历了从人治向法治的思想转变。他在早年时认为，只有哲学家成为国王，国家才会摆脱灾难，得到安宁。最好的政治便是贤人政治。贤人政治国家是依靠哲学家的智慧进行治理的国家，而不是依靠法律来进

---

〔2〕 张宏生、章若龙主编：《西方法律思想史》，北京大学出版社 1983 年版，第 10、28 页。

〔3〕 ［古希腊］柏拉图：《法律篇》，张智仁、何勤华译，上海人民出版社 2001 年版，第 6 页。

〔4〕 ［古希腊］柏拉图：《法律篇》，张智仁、何勤华译，上海人民出版社 2001 年版，第 4 页。

行治理的国家。到了晚年,他的人治观念实现了向法治观念的转化。他认为,如果国家的统治者不是哲学家,在短期内又不可能把统治者变成哲学家,那么法治就比人治要好。这种情况的法治,虽然称不上最好的政治,但也是第二等好的政治,这样的国家也就是第二等好的国家。[5] 尽管他晚年仍然不改初衷地坚守其贤人政治观念,但是由于他把法治的国家列为第二等好的国家,在贤人政治不可得的情形之下,法治就已经在实质上成为最好的政治。于是,可以认为,柏拉图在晚年实现了从人治向法治的转变。[6] 最后,他对法官选任作出了自己的论述。他认为法官应当是帮助违法者用理性控制欲望的人。法官应该具有很高的理性和很好的品德,经过长期的学习和锻炼,有丰富的社会阅历。法官是以心治心的人,因此要有很高的任职要求。

在古希腊的思想家中,谈到法律,亚里士多德(公元前384~前322年)是最不可忽略的。他写下了《政治学》和《伦理学》等著作,对法律作出了很多经典性论述。首先,亚里士多德对法律与正义之间的关系进行了较为深入的探讨。在他看来,法律应该是正义的体现,判别法律好坏的标准就是看其是否符合正义。如果法律是正义的体现,那么服从法律也就是服从正义。其次,亚里士多德的著作阐述了他对法律的基本分类。他认为法律有基本法和非基本法、自然法和人定法、习惯法和成文法之分。他对不同类别的法律作出了相应的论述。最后,亚里士多德认为"法治应当优于一人之治",[7] 并从法律是众人的智慧更具有正确性、法律没有感情更具有公正性、法律不会说话更具有稳定性、法律借助文字表达更具有明确性这四个方面论证了法治的优越性。[8] 他给法治下了一个著名的定义:"法治应包含两重意义:已成立的法律获得普遍的服从,而大家所服从的法律又应该本身是制订得良好的法律。"[9] 这一定义较为全面地揭示了法治的基本内涵,成为法治的经典性定义之一。

在亚里士多德之后最值得一提的,对于法律颇有研究的是斯多葛学派的思想家们。他们是芝诺(公元前336~前264年)、克吕西波斯(公元前282~前206年)和巴内修斯(公元前185~前100年)等。[10] 其中,以芝诺为其代表。综观整个学

---

[5] 他在晚年依然认为,第一等好的国家是贤人政治的国家;在真正的贤人政治不可得的国家,实行法治的国家便是第二等好的国家。

[6] 这一见解只是本书作者的认识。学术界还是普遍认为柏拉图是一个人治论的主张者。

[7] [古希腊]亚里士多德:《政治学》,吴寿彭译,商务印书馆1965年版,第167~168页。

[8] 张宏生、章若龙主编:《西方法律思想史》,北京大学出版社1983年版,第52页。

[9] [古希腊]亚里士多德:《政治学》,吴寿彭译,商务印书馆1965年版,第199页。

[10] 这几位思想家的名字在不同学术著作之中可能有不同的翻译,克吕西波斯(Cluysippus或者Khrusippos)就有将其翻译为克吕斯帕斯的,巴内修斯(Panaetius或者Panaitios)就有将其翻译为潘乃蒂阿斯的。参见张宏生、章若龙主编:《西方法律思想史》,北京大学出版社1983年版,第11页;卓泽渊主编:《法学导论》(第4版),法律出版社2003年版,第183页。

派的学术主张，他们认为整个世界都为自然所统治，是理性的。人是理性的动物，应该听从理性的支配，根据理性的自然法生活。自然法是普遍存在和至高无上的法则，人们必须遵守。世界上与自然法相对应的是人定法。人定法是从属于自然法的。斯多葛学派的自然法思想对后世影响极大，其后的许多法律思想均发端于此。

二、古罗马法学

古罗马时期是西方法学得以产生和得到重大发展的时期。在罗马帝国前期，随着古罗马大规模的立法发展，职业的法学家阶层出现了，法学作为一个独立的学科出现在西方科学发展的历史舞台上。在古罗马的众多法学家中最值得后世关注的是西塞罗和“五大法学家”。

西塞罗（公约前106～前43年）的主要著作有《论共和国》和《论法律》等。在西塞罗的心目中，人们出生是为了正义以及法律以自然为基础这两个问题是最重要的。“在学者们讨论的所有问题中，没有哪个问题比深刻理解我们出生是为了正义，法不是以人的意见为基础而是以自然为基础这些问题更重要。”[11]“凡被自然赋予理性者，自然赋予他们的必定是正确的理性，因此也便赋予了他们法律，因为法律是允行禁止的正确理性。”[12]首先，西塞罗清楚而简明地论证了法律的权威。就法律与官员之间的关系，他说：“正如你们所看到的，官员的职责在于领导和发布正确的、有益的、与法律一致的政令。犹如法律指导官员，官员也这样指导人民，因此完全可以说，官员是说话的法律，法律是不说话的官员。”[13]就法律与人类生活的关系，他说：“须知即便是宇宙，也都服从于神明，大海、陆地听命于它，人类生活听从最高法律的命令。”[14]就法律与人之间的关系，他有名言说：为了得到自由，我们才是法律的臣仆。[15]　这一论述说明了人作为法律臣仆的目的，同时也指明了法律对于人所应具有的崇高地位。其次，西塞罗倡导人类自然的平等思想，提出了自然平等的法律观。在他看来，在理想的“世界国家”之中，共同服从自然法，不论人的国别、种族、社会地位，即使是奴隶也都是与上帝共享理性的公民。尽管人们的知识、财产状况不同，但都共同具有理性这一最大财富。他们判断光荣与耻辱、善良与邪恶的标准相同，他们都符合人的定义。人都有共同的情感和美德。人类中的每一个人都有成为人类一分子的尊严。最后，西塞罗还根据自己的理想设计了一整套共和主义的法律制度。他对共和政体之中的民选制度、立法机关、行政机

---

〔11〕［古罗马］西塞罗：《论共和国　论法律》，王焕生译，中国政法大学出版社1997年版，第194页。

〔12〕［古罗马］西塞罗：《论共和国　论法律》，王焕生译，中国政法大学出版社1997年版，第196页。

〔13〕［古罗马］西塞罗：《论共和国　论法律》，王焕生译，中国政法大学出版社1997年版，第255页。

〔14〕［古罗马］西塞罗：《论共和国　论法律》，王焕生译，中国政法大学出版社1997年版，第255页。

〔15〕这一名言为许多著作所引证，但是几经考订，本书作者没有能够找到其原始出处。

关、监察机关和司法机关的设置进行了体制设计。

在古罗马,著名的"五大法学家"同样是法学发展史上的杰出代表。他们是盖尤斯(Gaius,117~180年),著有《法学阶梯》;保罗(Paulus,121~180年);乌尔比安(Ulpianus,170~228年),曾任罗马帝国的司法大臣,著有罗马法令的注释共81册;帕比尼安(Papinionus,约150~212年),曾任司法大臣;莫德斯蒂努斯(Modestinus,?~250年)。[16] 罗马帝国皇帝专门颁布引证法作出规定,遇有法律上的疑难问题,成文法无明确规定者,即按照五大法学家的著作办理;五大法学家的观点不一致时,以多数观点为准;不同见解人数相同者,则遵照帕比尼安的学说行事。"五大法学家"为古罗马法学的发展作出了重要贡献。乌尔比安就给法学下有定义:法学即是神事及人事的知识,正与不正的学问。乌尔比安和盖尤斯对法作出了分类。乌尔比安将法律划分为自然法、市民法和万民法三类。盖尤斯将万民法与自然法相等同,将法律分为了市民法和万民法两类。在法律的分类中,古罗马法学家所作出的公法和私法的划分,对后世产生了极为深远的影响。乌尔比安就认为,罗马法的研究对象有两个,公法和私法。公法是有关罗马国家稳定的法,私法是涉及个人利益的法。事实上,它们有的造福于公共利益,有的造福于私人。公法见之于宗教事务、宗教机构和国家管理机构之中。公法与私法的划分对以后的大陆法系国家乃至对全世界都产生了重要影响。在现代,一般认为凡是调整与国家相关的社会关系的法律属于公法范畴,凡是调整私人之间的社会关系的法律则属于私法的范畴。前者包括宪法、行政法、刑法、诉讼法,后者包括民法、商法等。

古罗马法学家关于政治权力和法律效力的理论是很有见地的。盖尤斯说,一切权力都是从人民而来的。皇帝的命令何以有法的效力呢?因为皇帝的地位是由人民给他的;官吏为什么有权力呢?因为官吏是由人民选举出来的。许多罗马法学家都认为,政治权力的根本渊源是人民;法之所以有效力,是经由人民参与政治活动而授予了权力;所有的国家法的制定都必须归诸在政治上有组织的人民。古罗马法学家的这些见解,对于西方民主和法治传统的形成与延续,无疑是极为重要的。

三、中世纪的法学发展

公元476年,日耳曼人攻入罗马城,西罗马帝国宣告灭亡,从此,欧洲进入了中世纪,直至17世纪中叶结束,经历了长达1200年的历史。在这上千年的历史发展之中,欧洲封建社会的法学经历了由低迷走向复苏的历史过程。在欧洲进入中世纪之后,古罗马法学衰落了,代之而起的是以奥古斯丁为代表的基督教神学法学,

---

〔16〕 五大法学家的译名,在不同的著作中大同小异。他们各自的著述情形、生卒年限均存有许多疑问并有待考证。本书只能就主要的已知史料作简要的介绍。

集大成的是托马斯·阿奎那以及反神学的马西利、马基雅弗利、莫尔、康帕内拉等。

奥古斯丁(354～430年),原本是罗马帝国的基督教思想家,著有《上帝之城》,[17]内容涉及宗教、哲学、政治、法律等诸多领域,以此为基础建立了以神权政治论为核心的神学法学的思想体系。在他看来,法律是维护和平与秩序的手段。政治社会是由人组成的,人们需要各种法律规定。法律的作用与目的就在于用命令来控制那些没有理性的人的各种欲望。对于犯罪的惩罚,是为了促使犯罪者改正错误,让没有犯罪的人获得教训。基于神学法学的理论基础,他很自然地把原罪说作为自己法律理论的前提,主张人都应该忍耐,等待死后的审判,以升入天堂。他对所处时代虐杀无辜的审判制度予以严厉的批判。他揭露道,经常由于法官的愚昧无知而给犯人造成无穷的灾难。法官的原意是用拷打以避免杀掉一个无辜者,拷打被告,因为他生怕被告是无辜的而被判死刑,所以,往往由于法官对真情的可怜的无知,却把无辜者折磨致死。作为法官的他,置身其中的痛苦是极大的,他甚至呼吁:"主啊!请把我从困境中解救出来。"

托马斯·阿奎那(1225～1274年)是西欧中世纪最有权威的神学家和神学法学家,著作有《神学大全》、《反异教徒大全》和《论君主政治》等。在托马斯·阿奎那看来,君主高于法律,法律的合法性和强制性都来自君主。当然君主的权力也不是无限的。君主的意志只有受到合理的限制时才具有法律效力。在支配力量上,君主无疑是要受到法律的限制的。托马斯·阿奎那将法律分为著名的四大种类:永恒法,上帝用来统治整个宇宙的大法;自然法,是理性动物对永恒法的参与,本身就是永恒法的组成部分;人法,国家机关制定的反映人类理性的法律;神法,也即《圣经》,它是一切法律的源泉,是主宰人类的法律。在托马斯·阿奎那的法律思想之中,充满了上帝主宰一切、一切归于上帝的核心观念与指导思想。

马西利(约1275～约1342年)出生于意大利,是西欧反对教权、支持王权的著名思想家,著有《和平的维护者》一书。在他的著作中,反对教会对世俗权力的干预,支持能够维护和平的世俗权力。他认为法律的目的是达到社会的共同需要,立法者应该是全体人民或者人民的主要部分,教会和教士都没有凌驾于人类法律之上的特权。[18]

马基雅弗利(1469～1527年),是意大利著名的政治家。他著有《论君主》[19]一书。他提出在论述国家和法律的时候,要注意分清什么是现实的,什么是应该的,二者之间具有巨大的差异。他认为法律是统治者的工具。一个国君的统治,可以选择两条道路:一条是用法律,另一条是用武力。法律是人类独有的,武力是兽

〔17〕　或者翻译为《神之都》。

〔18〕　张宏生、章若龙主编:《西方法律思想史》,北京大学出版社1983年版,第107～114页。

〔19〕　该著作在中国有多种译本,或被翻译为《君主论》或者《霸术》。

类通行的。在法律无能为力时,往往就需要借助武力来维持。法律和军队都是国家的基础,是一切王国的基础。统治者既要学会扮演狮子的角色,也要学会扮演狐狸的角色。因为狮子不能防止自己落入陷阱,而狐狸不能抵御豺狼,因此君主必须是一个狐狸,以便认出哪些是陷阱,同时又是狮子,以便使豺狼恐惧。

英国的莫尔(1478 ~ 1535 年),是空想社会主义的杰出代表。他著有著名的《乌托邦》一书,对封建法律制度予以了坚决的批判,揭露了封建制法律的虚伪与残酷,第一次提出了全面的社会主义方案,对他憧憬中美丽的乌托邦的法律制度进行了细致的描绘。

意大利的康帕内拉(1568 ~ 1639 年),是又一个空想社会主义者。他著有著名的《太阳城》一书,认为私有财产是社会一切恶习的根源,以公有制为基础的社会制度和法律制度才是符合劳动人民利益的理想制度。他对理想的太阳城这一国度的政治机构和法律制度作出了具体的描述。莫尔和康帕内拉的法律思想对后世的空想社会主义者和社会主义者们都产生了巨大而深远的影响。

四、资产阶级革命时期的法学

17、18 世纪,资产阶级革命风起云涌。与社会发展相适应,一大批古典自然法学的思想家、法学家应运而生。他们适应资产阶级革命的需要,为资产阶级革命提供理论,制造舆论,发动群众。古典自然法学的第一个阶段的著名代表有格老秀斯和霍布斯,第二个阶段的著名代表有洛克和孟德斯鸠,第三个阶段的著名代表为卢梭等人。

古典自然法学第一个阶段的代表人物是格老秀斯和霍布斯。格老秀斯(1583 ~ 1645 年)是荷兰的著名法学家,古典自然法学的奠基人,国际法学的创始人;代表性著作为《论海洋自由》和《战争与和平法》。他认为,人类正当生活的规则尽在自然法之中,以理性作为它的基础,以摩西十诫作为指示人们的基本生活信条。自然法与自然权利都是上帝创立的,归根结底直接产生于人类的理智,而无意志成分。自然法是真正理性的命令,也是一切行为的善恶的标准。格老秀斯通过《战争与和平法》一书创立了自己的国际法学说。他将古罗马法中的"万民法"解释为支配国与国相互间交际的法律,也即后来所称的国际法。格老秀斯认为战争并非都是不正当的,那些为了和平,为了保卫生命财产而进行的战争都是正当的战争。他所反对的仅仅是不合法的不正当的战争。他主张在国际法上倡导人道主义。毒杀敌人在自然法上是许可的,但是在国际法上则是禁止的。他从自然法的理论出发,论证海洋如同空气一样是人类皆可自由利用的东西,任何国家都不得据为私有。海洋属于全人类,因此任何国家的公民都有权在海洋(尤其是公海)上通航贸易。他把人类社会分为自然社会和人为社会两个阶段,认为原始的人类不是由于上帝的命令,只是由于他们从经验上知道孤立的家庭不能抵抗强暴,因而一致同意结合起市民的社会,由此生出政府的权力。霍布斯(1588～1679年)是英国的思想家。他的著作有《论公民》和《利维坦》。他认为,人性本恶,人天生就是个人主义者和利己主义者。在人们处于自然状态时,人人都有自然权利,人人都自私自利,互相仇恨,人对人就像狼对狼一样。自然状态即一切人反对一切人的战争状态。为了避免人类的相互伤害,于是人们订立契约,从而进入了国家状态。自然法就是人类建立在理性基础上的普遍法则,用以禁止毁灭自身或者放弃生命。自然法的核心内容就是“己所不欲,勿施于人”。在他看来,国法就是所有国家的人民都普遍遵守和使用的法律,它是国家对人民的命令。

在古典自然法学的第二个阶段,其代表人物为洛克和孟德斯鸠等。洛克(1632～1704年),英国的著名思想家,自由主义的奠基人,也是古典自然法学的杰出代表。他的法律思想的代表作为《政府论》两篇。他认为人类在法律产生之前,一直处于自然状态。那是一个完备无缺的状态。自然法发挥着重要作用,目的在于保护生命、健康、自由和财产不受侵犯。他提出并论证了人的生命权、自由权、财产权。自然状态的缺陷在于缺少明文规定的法律,缺少裁判一切争执的公正的裁判官,缺少一种权力保障判决的执行,总之人们因此而缺乏安全,处于危险之中,于是人们订立契约,组成政府,制定法律。他进而提出国家的权力分为立法权、行政权和外交权三个部分,三种权力。他较为深入地论证了自由与法律的关系,作出了许多极为经典的论述。孟德斯鸠(1689～1755年),法国的著名法学家。他著有《论法的精神》等著作。孟德斯鸠认为,理性是人类社会建立之前就存在的规律,这个规律也就是自然法。在自然状态之下,每个人都有自卑感,所以人们需要和平;人为了生存就去寻找食物;人与人之间存在一种自然的爱慕;人类愿意过社会生活。他认为法律应该和国家的自然状态有关系;和寒、热、温的气候有关系;和土地的质量、形势与面积有关系;和农、猎、牧各种人民的生活方式有关系。法律应该和政制所能容忍的自由程度有关系;和居民的宗教、性癖、财富、人口、财贸、风俗、习惯相适应。最后,法律和法律之间也有关系,法律和它们的渊源,和立法者的目的,以及和作为法律建立的基础的事物的秩序也有关系。应该从所有这些关系去考察法律。他认为,这些关系综合起来就构成法的精神。孟德斯鸠提出并论证了后来一直为资产阶级所推崇的立法权、行政权和司法权相分立的三权分立学说。

在古典自然法学的第三个阶段,其代表人物为卢梭。卢梭(1712～1778年)是法国著名的思想家。他留下了《社会契约论》和《论人类不平等的起源》等著作。他假定人类曾经经历了自然状态,人们按照自然法则,在完全平等的基础上自愿联合起来建立国家,制定法律,以保护每个人的自由、生命和财产。法律是公意的宣告,是主权者为全体人民作出的规定。法律是人民自己意志的记录。法律具有两个特点:第一个特点是意志的普遍性,即是公意;第二个特点是对象的普遍性,即法律针对的是普遍的人或行为,而不是个别的人或个别的行为。他将法律划分为政治法、民法、刑法和习惯法四类。他倡导法治,极力主张法律面前人人平等的法治原则。

五、自由资本主义时期的法学

19 世纪,西方世界进入了自由资本主义的发展阶段。在这一历史阶段,资产阶级的法学表现出新的时代特色,出现了功利主义法学、分析法学、历史法学和哲理法学四大流派。

功利主义法学是以英国著名的法学家边沁(1748 ~ 1832 年)为代表的法学流派。边沁在爱尔维修和贝卡利亚理论的基础之上,创立了功利主义学说,并将其运用于法学的理论研究。他断定人类的本性和基本规律就是“避苦求乐”。这一规律支配着人类的一切行为,成为人生的目的。自然将人置于苦与乐的统治之下,只有它们两个才能指出我们应该做些什么,以及决定我们将要怎样做。这里的“乐”就是功利,是指一切外物给当事者求福避祸的那种特性。由于这种特性,该外物就趋于产生福泽、利益、快乐、善或者幸福,或者防止对利益攸关之当事者的祸患、痛苦、恶或不幸。凡是能够减轻痛苦增加快乐者,在道德上就是良善,在政治上就是优越,在法律上就是权利。立法的根本目的就是增进最大多数人的最大幸福,也即实现避苦求乐。避苦求乐既是道德原则,也是立法原则。立法是否符合这一原则,应该通过对苦乐的计算来判断。他认为,法律是主权者的命令或者是主权者所采纳的命令的总和。边沁还以功利主义的苦乐原则来解析刑法问题,阐述了他的功利主义的刑法思想。

分析法学是以英国的奥斯丁(1790 ~ 1859 年)为代表的。奥斯丁的著作主要有《法理学范围》和其去世后出版的《法理学讲义》。以奥斯丁为代表的分析法学强调对现实的、具体的法律体系进行分析,揭示其组成部分,而不顾及法律的价值等因素。分析法学主张将世界上已经存在的各种法律体系加以比较,作出精细的分析,把组成法律的各种元素抽象出来,找出法律共同的一般原则、概念与特征等。具体地说,奥斯丁就是把罗马法、英国法与德国法放到一起进行比较分析,以找出其共同原则、概念和特征的。这些原则、概念与特征包括:一是义务、权利、自由、伤害、惩罚、赔偿的概念及彼此间的关系等。二是成文法与不成文法之间在司法实践中或由于理解不适当而作出相反解释的区别。三是权利的特征,权利与最大权利之间的对立及其关系。四是权利的特征在进入所有权或主权领域分别对其他权利的限制问题。五是责任的特征。六是损害和不法行为的特征。这些原则、概念和特征是任何一种法律体系中都存在和运用的。[20] 在法律的定义上,奥斯丁将法律定义为政治上最高统治者的一种主权命令。按照分析法学的观点,法律不论好坏,

---

〔20〕 张宏生、章若龙主编:《西方法律思想史》,北京大学出版社 1983 年版,第 107 ~ 114 页。

也不论其是否正义,人们都必须遵守。人们只有执行的义务,而无不服从的权利。人们一旦不服从所招致的后果,必然是制裁。

历史法学派以萨维尼等为主要代表。萨维尼(1779～1861 年)是德国著名的法学家,著有《论当代在立法和法理学方面的使命》、《中世纪罗马法历史》和《当代罗马法制度》等。他认为法律是社会自发产生并按阶段发展的。法律只能是土生土长和几乎是盲目地发展的,不能通过正式理性的立法手段来创建。法律随着民族的成长而成长,随着民族的壮大而壮大,当这一民族丧失其个性时,法便趋于消逝。他认为法的发展经历着习惯法、学术法和编纂法典三个阶段,宣称法是民族精神或民族意识的体现,习惯法是法的基础。

哲理法学派也称为哲学法学派,产生于德国统一的过程之中,当时的德国并未进入自由资本主义时期,但是这一学派从 18 世纪末连续发展到 19 世纪,就整个资本主义世界来说,还是属于自由资本主义时代的产物。其代表人物为康德和黑格尔。康德(1724～1804 年)的主要著作有哲学方面的《纯粹理性批判》、《实践理性批判》和《批判力批判》等以及法学方面的《政治权利原则》、《永久和平》和《法律哲学》。康德认为,人类必须依据法律来生活。国家是许多人依据法律生活而组成的联合体。法律的作用在于调节人们的行为,使之互不侵犯,以便人人都获得自由。他将法律分为自然法和实在法两类,又把实在法分为公法和私法两类。康德论述了法律与道德之间的关系,具有丰富的刑法学思想和国际法学思想。哲理法学派的另一主要代表是德国著名哲学家和法学家黑格尔(1770～1831 年)。黑格尔出版有名著《法哲学原理》等。黑格尔构建了一个庞大的法哲学体系,认为法的发展经历了三个阶段。第一阶段为抽象法,属于狭义法;第二阶段为道德,即主观意志的法;第三阶段为伦理。法哲学作为客观精神哲学,是整个哲学体系的一个组成部分,法学是哲学的一个部门。黑格尔认为自由意志是法律的实质。他把习惯法与法律相区别,反对用习惯法取代法律,主张公布成文法。法典是不断完备的,不能借口不完备而迟迟不公布。法律既应该是完备的统一整体,又应允许不断修订,增加新的内容。主张建立陪审制度和实行公开审判。黑格尔除了在抽象的法哲学研究上很有建树之外,在刑法学和国际法学方面,都有许多重要的学术主张。

第三节　西方现代资本主义法学

现代资本主义法学,一般是指从 19 世纪末期到目前为止的整个资本主义的法学状态。这个时期,各种法学流派纷呈,构成一个十分纷繁的现实图景。具体说来,它包含社会学法学、新自然法学、新分析实证主义法学三大主流派别,以及现实主义法学、经济分析法学、行为主义法学、批判法学等。在此仅对三大主要法学流派作一简要介绍。

一、社会学法学

社会学法学,也称为社会法学或者法学社会学、法社会学。它奠基于 19 世纪的后半期,是 20 世纪占据主导地位的重要法学流派。

社会学法学的代表学说,有奥地利法学家 E. 埃利希(1862 ~ 1922 年)和德国法学家 H. 康特罗维奇(1877 ~ 1940 年)[21]的自由法学和德国法学家 P. 赫克(1858 ~ 1943 年)的利益法学。自由法学认为,法律的核心问题是社会本身而不是立法或者法律科学。重视风俗、礼仪、司法判决等"活的法律",强调法官的任务就是自由地发现和运用这些法律。利益法学认为,法律仅仅是立法者为解决社会利益冲突而制定的原则或准则,而主要不是规范。

在法国,社会学法学的代表学说为 E. 杜尔克姆(1858 ~ 1917 年)和 L. 狄骥(1859 ~ 1928 年)的连带主义法学。杜尔克姆认为法律是社会价值和规范的最高典型,是解决自身问题的程序;劳动分工形成的社会连带关系是法律的基础。狄骥则认为社会连带关系是一切社会的基本事实。人在社会之中,没有权利,只有义务。法律的任务和作用在于适应交换公平的感觉和赏罚公平的感觉,在于维护社会公平与社会连带关系。

在美国,社会学法学的代表学说有霍姆斯(1841 ~ 1935 年)、庞德(1870 ~ 1964 年)和弗兰克(1889 ~ 1957 年)等。霍姆斯认为法律是经验,是人们对于法院将要作出什么判决的预测。庞德认为法律是社会控制的手段,法律是一个庞大的社会系统工程。弗兰克是一个法律虚无主义者,他认为,法律事实不过是法官认定的事实,法官在认定事实的过程中无须接受程序的约束,法官的个人特性及好恶对判决有决定性的影响。[22]

二、新自然法学

新自然法学也被称为复兴自然法学。自然法学在 17、18 世纪经历了古典自然法学的辉煌之后,经过了大约一个世纪的沉默,到 20 世纪初又得到了复兴。20 世纪初期的新自然法学,主要是世俗自然法学占主导地位;20 世纪中期即第二次世界大战之后的新自然法学,主要是神学自然法学占主导地位。

世俗自然法学的代表人,第二次世界大战之前为法国法学家惹尼(1861 ~ 1944 年)、意大利法学家韦基奥(1878 ~ 1970 年)和德国法学家施塔姆勒(1856 ~ 1938

---

〔21〕 有的著作将其翻译为坎托罗维奇、康特洛维奇等。

〔22〕 吕世伦:《法理的积淀与变迁》,法律出版社 2001 年版,第 330 ~ 332 页。

年)等,在第二次世界大战之后为美国法学家富勒(1902～1978年)、罗尔斯(1921～　)和德沃金(1931～　)等。富勒将法理解为把人类置于规范统治之下的事业。他把道德分为愿望道德和义务道德,法律所体现的道德则分为作为程序自然法的法律内在道德和作为实体自然法的法律外在道德。强调法的内在道德具有8个要素,即一般性或普遍性、公布、可预测性或非溯及既往、明确、不矛盾、可为人遵守、稳定性、官员的行为与已公布的规则的一致性。任何例外都必须有充足的理由和在道德上能够成立。罗尔斯认为社会是既合作又冲突的结构,其首要的价值是正义。提出了"原初状态"和"无知之幕"的假说,认为人们在不知道彼此情况的条件下,自然地都会按照理性来选择是适用正义的无差别原则或是差别原则。德沃金认为法律不仅是规则,而且是由规则、原则、政策及其他准则共同编织起来的整体。

神学自然法学的代表人,主要有比利时的达班(1889～?),法国的马里旦(1882～1973年),德国的布伦纳(1889～1966年)等。在达班看来,实证法律不过是自然法的最低限度。一切违反正义的法律都是没有法律效力的恶法。他力图把分析法学和自然法学的理论和方法结合起来。因此他的学说也被称为分析自然法理论。他探讨了自然法的概念、实在法与自然法的关系、法和道德的关系,以及正义等法学的一般问题。认为每个人都有道德义务服从那些符合自然法原则的实在法。为了实现自然法的基本原则,法必须适应特定社会的需要和精神气质。马里旦认为自然法包含表现人类本性常态或理性必然性要求的本体论要素和表现人的认识能力的认识论要素。强调法学是一种实践科学和价值理论,并认为价值具有超越时空的永恒性。布伦纳则认为人民有反抗专制恶法的权利,共同体的地位当然地优越于个人的地位。

三、新分析实证主义法学

新分析实证主义法学是对19世纪奥斯丁分析法学的继承和发展。其代表人主要有美国著名法学家凯尔森(1881～1973年)和英国著名法学家哈特(1907～1992年)。

凯尔森将分析法学的方法贯彻得十分彻底,强调纯粹法学理论是关于实在法的理论,目的是认识和描述对象,并要将不属于法的任何东西从中排除出去。他认为一个共同体的法律规范的总和构成一个严密的规范体系,一个规范的效力来自另一个更高级的规范。最终来自一个基本规范。这个基本规范就是不能从更高级的规范中引申出其效力来源的规范。这一基本规范也就是该法律规范体系的基石。哈特坚持了奥斯丁的主张,认为法学要研究的仅仅是实际上是怎样的法律,而不研究应当是怎样的法律。法律就是指决定什么行为要受国家惩罚以及为什么要惩罚的特殊规则。法律由主要规则(第一级规则、设定义务的规则)和次要规则(第二级规则、授予权利的规则,包括承认规则、改变规则和审判规则)构成。

第四节　中国法学的历史发展

中国法学的发展,可以大体划分为三大历史阶段:一是从春秋战国以来,到1840年中国社会步入半殖民地半封建社会为止的中国古代律学阶段;二是从1840年鸦片战争中国进入半殖民地半封建社会到1949年新中国成立时止的中国近代法学发展阶段;三是从1949年新中国成立以来到目前为止的中国现代法学发展阶段。

一、中国古代的律学

“法学”这一语词,是从西方引入中国的概念。在中国历史发展和传统文化之中,从事法律研究的学科被称为律学。中国律学起源于先秦时期。

(一)春秋战国时期立法与法律思想

中国律学导源于夏、商、西周的立法发展。根据现有的史料记载,中国在夏就有了较为发达的法律制度。“夏有乱政,而作禹刑。商有乱政,而作汤刑。周有乱政,而作九刑。”[23]从《尚书》的记载中就可以看到,到了周朝,法律制度已经相当发达。那时的《吕刑》对于法律与民众的关系即能认识到“伯夷降典,折民惟刑”;对法律与道德的关系就能认识到“惟敬五刑,以成三德”;对诉讼关系即能处置到“两造具备,师听五德”;对刑罚处罚的内容就能丰富到既有“五刑”也有“五罚”,“五辞简孚,正于五刑。五刑不简,正于五罚”。可见,那时的《吕刑》已经发展到了相当发达的程度。立法发展总是法学产生的前提,没有立法作为基础,职业的法学者阶层就不可能产生。

中国律学也导源于夏、商、西周的法律思想积累。夏、商、西周从公元前21世纪到公元前770年,历时一千多年。其间产生了大量的法律思想。居于统治地位的法律思想是王权神授的法律观。《周易》作为先秦时代最早的重要文献,表现了那个时代的法律意识水平。它主张君臣有礼、父子有序的统治秩序,主张仗义行仁、按社会发展规律办事,论述了刑罚、诉讼等的原则与思想。《尚书》中关于《吕刑》的论述,就体现了那个时代的法律思想水平。“明德慎刑”,[24]“上下比罪,无僭乱辞。勿用不行,惟察惟法,其审克之。上刑适轻下服,下刑适重上服,轻重诸罚有

---

〔23〕《左传·昭公六年》。

〔24〕《尚书·康诰》。

权。刑罚世轻世重,惟齐非齐,有伦有要"[25]等关于法律的记载,同样包含了相关的法律认知。中国法律史学家认为,《尚书》对国家根本制度以及统治方式作出了论述和规定,阐述了我国奴隶制时代的五刑体系,论述了德治和教化的思想,提出了一系列定罪量刑的基本原则。《左传》是中国最早的编年体史书,保存了春秋时期珍贵的法学思想史料。它对礼作为经国治民根本大法,作为个人修养与行事做人基本原则的含义进行了阐释,强调德治与教化的作用,提出了宽猛相济、德刑并用的思想,主张公正用刑,正确处理诉讼案件,在对诸侯国关系的论述中萌生了类似的国际法思想。《国语》作为诸侯国的国别史,论述了"大刑用甲兵,其次用斧钺;中刑用刀锯,其次用钻笮;薄刑用鞭扑"的刑罚适中和法的稳定性思想。《周礼》对战国以前的政制和法制进行了总结,论述了"法"和"刑"的思想,区别不同情况用刑的思想,公布法律、使民知法的思想,论述了一曰辞听、二曰色听、三曰气听、四曰耳听、五曰目听的"五声听狱讼"的审案方式。《经法》对法治的作用和意义给予了很高的评价,是我国古代重要的法律文献之一。《吕氏春秋》表达了法天地的道家法学观,以及公正用刑和"义审赏罚"的思想等。[26]

(二)春秋战国时期思想家对法的思考

春秋战国时期产生了一大批著名的政治家、思想家,他们对各种社会现象进行了广泛思考,在他们大量著述之中,也对法律进行了光照后世的论述,留下了精彩的法律和法学见解,为中华民族的法律和法学发展奠定了思想基础,成为中华民族灿烂的法学古代文明的构成部分。

这些思想家是管仲、老聃、孔丘、子产、邓析、李悝、墨翟、吴起、商鞅、慎到、孟苛、荀况、韩非等。管仲的《管子》等提出了修改旧法、顺应民心的法律主张。老聃的《老子》提出了"法自然"的主张,批评了严刑峻法。孔子编辑整理的文献之中包含和体现了大量的法律见解。其弟子编撰的《论语》作为其言论录,也包含着丰富的法律认识。子产的重大贡献是铸刑书,公布成文法;提倡宽猛相济的刑事政策。邓析第一个以私人的名义编撰刑法,对国家的刑事政策进行评论,帮助人民诉讼,传授法律知识。李悝编撰了中国历史上第一部私家法学著作《法经》,论述了"食有劳""禄有功""赏有贤""罚必当"的主张。墨翟提出了"壹同天下之义"的法律起

---

〔25〕《尚书·吕刑》。这段文字中的许多内容都被作多种今译。笔者试今译如下,以供参考:裁处罪犯,予以量刑,应按照罪之轻重以确定,罪重者刑重,罪轻者刑轻。不能听僭乱之词,随意参差。不能用已废之法(或不能采不该采之意见或材料),唯有详察案情,唯法是遵。如果遇重罪可减轻处罚者,就适用减等的刑罚;如果遇轻罪需加重处罚者,就适用加等的刑罚。刑罚随着社会状况的变化而从轻从重,既要严格依法又要灵活掌握,既遵守法条,又得其根本。

〔26〕该部分史料可以直接阅读相关原作,也可以参见何勤华:《中国法学史》(第1卷·修订本),法律出版社2006年版,有关部分;王立民主编:《中国法学经典解读》,上海教育出版社2006年版。

源论,“赏必当贤、罚必当暴”的法律平等观,以及“杀人者死,伤人者刑”的罪刑相适应的刑罚思想。吴起确立了“损有余而继其不足”的变法原则,提出了“明法审令”“使私不害公”的法治主张。商鞅则提出了“定分止乱”的法律起源论,强调了“礼法以时而定,制令各顺其宜”的进化观,明确提出“缘法而治”的口号,提出了“以刑去刑”,以及“壹赏”“壹刑”“壹教”的刑事政策与法律教育方针。申不害提出“圣君任法不任智”的法治主张。慎到提出了“法者,所以齐天下之动,至公大定之制也”的尚法观念,“有法而行私,谓之不法”的法律实施观,“抱法处势”与“事断于法”的理论。孟苛提出了“省刑罚,薄税敛”和“推恩”于民的“仁政”学说,“民贵君轻说”和“暴君放伐论”,以及“徒法不足以自行”的观点。荀况提出了“明分使群”的法律起源学说,“礼与刑”“礼与法”相结合的主张,“君者,舟也;庶人者,水也。水则载舟,水则覆舟”为后世奉为经典的民本思想,以及“有治人,无治法”的人治思想。韩非提出了“禁暴”“止乱”的法律起源理论,“不务德而务法”的法治学说,“法与时转则治,治与世宜则有功”的法律进化观,“以法为本”“法、术、势”相结合的治国理论。〔27〕

(三)秦汉时期中国古代法学——律学的诞生

公元前221年,秦始皇统一六国,建立了统一的中央集权的国家。秦在统一六国之前就已经有了在当时较为完备的法律体系。在统一中国之后,秦国演变成为秦朝,立法得到了全面发展。汉朝取代秦朝之后,秦朝的法律制度在汉朝得到了继承和发扬。法律的表现形式也逐步多元,形成了律、令、制、诏、廷行事(决事比)〔28〕等多种法律形式。立法不断增加,以刑法为主,以民法、行政法为辅的法律体系日渐完善。秦朝推行“以法为教,以吏为师”的文教政策,全社会普遍推行法律教育。到汉朝,随着“罢黜百家,独尊儒术”国策的推行,法律教育以新的形式向前发展。在西汉出现了以乐臣生、陈平、汲黯等为代表的黄老刑名之学,以黄霸、赵禹、张汤、于定国、杜周等为代表的法家私学。法律教育出现了空前的繁荣。秦汉的法律解释都发展到了相当高的境界。秦有《法律答问》可以佐证,汉以《汉书·刑法志》为代表。

中国“律学”的概念在秦汉并未出现,但是对律进行研究和注疏的“律学”实际上已经产生。它的主要内容为:通过对法律用语的注释,使执法的官吏了解法律的含义,使法律得到更好的执行;对律令的文义作出解释,便于人们对法律的认识;对律令的立法背景和历史渊源作出解释,以帮助人们加深对律令规定内容的理解。〔29〕

---

〔27〕 何勤华:《中国法学史》(第1卷·修订本),法律出版社2006年版。

〔28〕 廷行事或决事比,相当于判例法。

〔29〕 何勤华:《中国法学史》(第1卷·修订本),法律出版社2006年版,第203~206页。

中国古代社会律学的发展,成为中国古代法学发展的代表与主要内容。

秦朝"以法为教"的社会法律教育政策,使律学在秦朝得以初步形成,并为律学在汉朝的发展完善奠定了历史与社会的基础。由秦汉开创的律学,作为中国法学的一部分,随着中国社会的发展而不断进步。

二、中国近代的法学

"法"和"学"在中国出现很早,距今有近三千年的历史。虽然偶尔也使用到"法学"一词,但并不是现代法学的意义。现代正在使用的"法学"一词,并不是中国古已有之的,而是在近代由西方经日本传入中国的。到 19 世纪末 20 世纪初,"法学"一词已经在中国广泛使用。

在 19 世纪下半叶,西方法学思想随着传教士的活动及其著述逐步进入中国。他们或者写作中文著作或者创办中文期刊,介绍西方的法律思想。其中著名者如丁韪良(A. P. William Martin,1827 ~ 1916 年),于 1864 年在中国翻译出版惠顿的《万国公法》一书,将"自然法"和"权利"等概念介绍到中国。林则徐为了查禁鸦片也组织人员将瑞士著名国际法学家瓦尔特(E. De. Vattel,1714 ~ 1767 年)的《各国律例》的部分章节翻译成中文。中国的启蒙思想家魏源(1795 ~ 1857 年)出版《海国图志》,积极宣传西方的民主与法治思想。康有为在自己的政治著作之中大量介绍西方法学思想。梁启超写作了《各国宪法异同论》《论立法权》《法理学大家孟德斯鸠之学说》《中国法理学发达史论》《论中国成文法编制之沿革得失》等法学论著。严复大力翻译西方法学著作,如《天演论》(1896 年)、《原富》(1898 年)、《穆勒名学》(1902 年)、《群己权界论》(1903 年)、《社会通诠》(1904 年)、《法意》(1909 年)等。1901 年清政府宣布修律变法,修订法律大臣沈家本、伍廷芳等大力引进西方法学思想和法学著作。

中国法学教育在西方法学的影响之下,顺应时代需要而逐步发展起来。1867 年丁韪良出任京师同文馆国际法教师,讲授美国学者惠顿的《万国公法》。该课程被列为同文馆学生的必修课。1895 年在天津设立的天津中西学堂(1903 年更名为北洋大学堂)将法律列为头等学堂之一。其后开办的大学相继开设法学课程。1903 年清政府颁布《奏定学堂章程》,规定了高等教育的学制与科目,在大学堂中设立法政科大学。法政学堂不断增加,到 1909 年,全国高等学堂有 123 所,学生达 22262 人。其中,法政学堂为 47 所,学生达 12282 人,分别占学堂总数的 38% 和学生总数的 55%。[30] 到北洋政府时期,1913 年和 1922 年对清末高等教育体制进行改革,大学被分为文、理、法、商、医、农、工七科。法学被作为重要的学科分类之一。

---

〔30〕 曲士培:《中国大学教育发展史》,山西教育出版社 1993 年版,第 351 页。转引自何勤华:《中国法学史》(第 3 卷),法律出版社 2006 年版,第 85 页。

在国民党政府时期,1947 年,全国高校 207 所,在校学生 155036 人,法学专业的学生达 37780 人,占学生总数的 24.4%。[31]

中国法学研究随着法律制度和法学教育的发展,逐步发展起来。在以前综合型法学家的基础上,中国法学家更以法理学、法史学、宪法学、行政法学、民法学、商法学、刑法学、诉讼法学、国际法学的学科分别而纷纷涌现。中国法学得到了很大的发展,并在 1949 年进入了新的发展时期。

三、中国现代的法学

1949 年 10 月中华人民共和国中央人民政府成立,中国进入了现代发展阶段,中国法学也进入了现代发展的历史进程。

在 20 世纪 50 年代,中国法学呈现出欣欣向荣的景象。到 50 年代中后期由于"反右"斗争的原因,中国法学政治化倾向日益严重,科学意义的法学发展受到了阻碍。60 年代,由于"文化大革命"的发动及其推进,中国的法学遭受了全面的大破坏。70 年代末 80 年代初一直到 21 世纪初,伴随着改革开放的推进,中国法学经历了恢复重建与蓬勃发展的历史过程。随着新时期"依法治国,建设社会主义法治国家"目标的确立,中国法学进入了有史以来最好的发展时期。法学的科学化程度逐步提升,法学被作为重要的人文社会科学受到了空前关注,也赢得了空前发展。

思考题

1. 法学的产生需要什么前提条件?
2. 法学的产生具有什么意义?
3. 西方法学经历了哪几个主要的发展阶段?
4. 现代西方资本主义法学有哪几大主要流派?
5. 中国法学经历了哪几个主要的发展阶段?

---

〔31〕 张耕主编:《中国政法教育的历史发展》,吉林人民出版社 1995 年版,第 114 页。转引自何勤华:《中国法学史》(第 3 卷),法律出版社 2006 年版,第 86 页。

第十四章　法 学 体 系

法学体系是由各个法学分支学科所构成的统一整体,是对法学的总体描述。对法学体系的认识是对法学的整体性了解。学习和研究法学体系,对于全面认识和建设法学体系都具有基础性的意义。

第一节　法学体系概述

法学体系具有自身的结构状态和基本属性。完备的法学体系并不是自发形成的,尤其是在法学体系建设备受重视的现代,如何建构法学体系,是法学学习者必须了解、法学研究者必须思考的重要问题。

一、法学体系界说

法学体系尽管不是必然地因国家的不同而不同,但是不同国家在法学体系上的分别也是十分明显的。在不同时代、不同国家,法学体系会有所差异。甚至在同一时代、同一国家的不同法学家那里,对于同一国家的法学体系也会有不同的概括。

对法学体系的认识不同,并不妨碍法学体系的客观存在。法学体系是法学的学科体系,是整个社会科学体系的构成部分之一。法学体系如同经济学体系、社会学体系、政治学体系一样,是社会科学体系的子系统。法学体系对外是社会科学体系中的独立单元,对内则是一系列法学分支学科的统称和整体。

法学体系是法学内部结构严谨、有机统一的整体状态。科学的法学体系结构是非常有意义的。首先,它可以使一国的法学研究具有整体性。在法学的一般学术研究中,人们并不刻意地将自己的研究归入什么法学分支学科。但是由于法学体系的客观存在,就为对各种法学研究成果进行学科分类提供了归类并进而整体化的工具。其次,它可以使一国的法学教育具有整体性。法学教育总是以法学学科作为课程设置的主要依据的。有了良好的法学学科体系,就可以使法学教育获得更好的课程设置依据,对不同课程进行不同的教学安排,使法学教学活动顺利开展。最后,它可以使一国法学发展有一个良好的结构体系。法学体系内部科学的结构设置和学科划分有利于法学家根据自己的学术志趣,找到自己的学术领域,发挥自己的学术优势,推动法学的发展;也有利于学术机构或组织设置学术研究计划,科学地分配科研力量,使各个法学学科能够协调发展。在法学体系的整体化作用之下,法学就可以获得良好的结构而顺利发展。

法学的各个分支学科也可以称为法学的各个部门,或者直接称为法学部门。法学学科是对一定法学部门的总称,其实也就是一定的法学部门,因此,人们时常将法学学科与法学部门相混用。法理学或理论法学既是法学的分支学科之一,也是法学部门之一。但是部门法学则与法学部门不同。部门法学是指研究某类特定法律现象的法学分支学科,因而部门法学也就排除了法理学或者理论法学。因为法理学或理论法学是将法学作为整体进行研究的学术成果,它对整个法学体系的各个学科都具有指导意义,所以它不是“部门”的,而是“整体”的。作为部门的法学学科既是一个法学部门,也是一个部门法学。作为法理学这样的法学学科,它是一个法学部门但并不是部门法学。在对法学体系的学习之中,要厘清法学部门与部门法学的差异。

二、法学体系的结构

法学体系是由若干法学学科构成的。所谓法学学科,也就是指对同类法律现象包括法律规范进行专门研究的法学领域。法学学科是构成法学体系的单元,是法学体系的构成部分,是法学内部的领域划分。法学体系是由不同的法学学科以不同的结构形式组合而成的统一整体。法学体系也因此具有了不同的结构形式。对于法学体系结构的研究,如同对整个法学体系的研究一样,必将有助于从总体上把握法学的整体状况;有助于对法学体系的内在结构关系进行理性的认识,并作出更为科学的分类;有助于更好地分配科研力量,全面开展法学研究;有助于法学教育中的学科设置与课程安排。

法学体系并不是由法学学科杂乱地堆砌而成的,其有着严密的内在结构与科学的学科划分。法学体系的内在结构也即法学的学科结构。这种结构之中,包含着不同学科之间的边界划分与学科区别,也包括它们之间的相互联系和相互影响。法学体系,从不同的角度进行考察,其结构方式是不同的。也正是因此,法学体系的科学结构也就十分复杂,并争议不断。从主要的方面来看,法学体系包含以下主要的结构方式或者学科划分。

从研究对象的角度看,法学体系由宪法学、行政法学、民法学、刑法学、劳动与社会保障法学、环境与资源保护法学、诉讼法学等构成。宪法学研究的对象是宪法现象,行政法学研究的是行政现象,民法学研究的是民事法律现象,刑法学研究的是刑事法律现象,环境法学研究的是环境法律现象,诉讼法学研究的是诉讼法律现象。由于研究对象的不同而形成了不同的法学学科，法学体系也就是按照各个学科研究对象的不同及其相互关系来建构的。

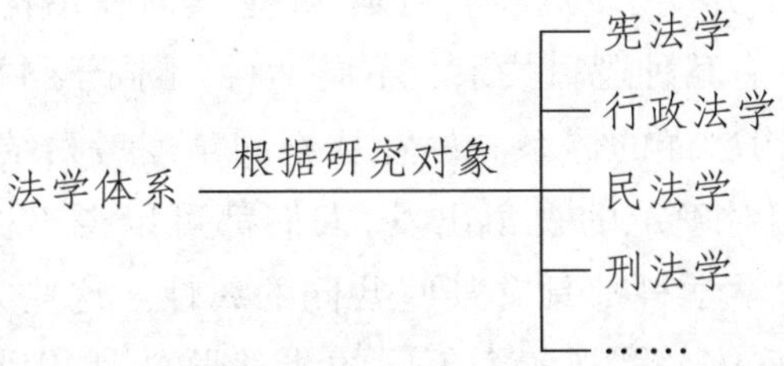

从研究的范围来说，法学体系由国内法学、外国法学和国际法学构成。国内法学由宪法学、行政法学、民法学、商法学、刑法学、环境与资源保护法学、劳动与社会保障法学等研究国内法律现象的学科构成。外国法学则由英国宪法学、法国宪法学、德国宪法学、英国宪法学，英国民法学、法国民法学、德国民法学、美国民法学等构成。国际法学则由国际公法学、国际私法学、国际商法学等研究国际法律现象的学科构成。国内法学、外国法学与国际法学的区别就在于各自研究对象的范围不同，一个是国内的法律现象，一个是国外的法律现象，一个是国际的法律现象。

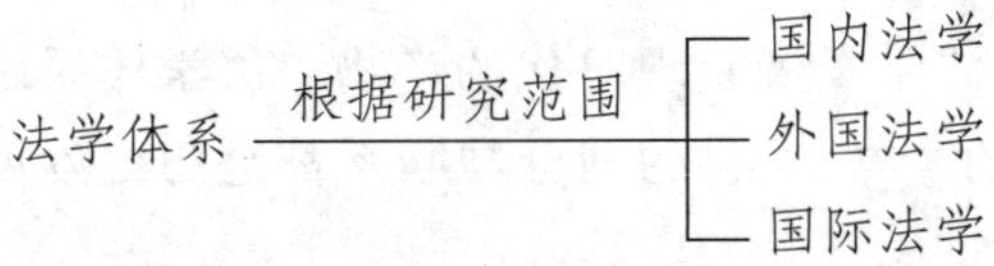

从研究对象的理论性和应用性来看，法学体系由理论法学和应用法学构成。理论法学是对法律的理论问题进行学理研究的学科。理论法学是一个庞大的学科群，其中包括法学理论和法律史学。在法学理论之中包含着法理学、比较法学等。在法律史学中包含法律制度史学和法律思想史学等。法律制度史学之中包括中国法律制度史学、西方法律制度史学或外国法律制度史学等。法律思想史学之中包括的则是中国法律思想史学、西方法律思想史学或外国法律思想史学等。应用法学是对法律的应用问题分门别类地进行研究的学科，它同样甚至更是一个庞大的学科群。应用法学中包括宪法学、民商法学、行政法学、刑法学、劳动法学、环境法学等。

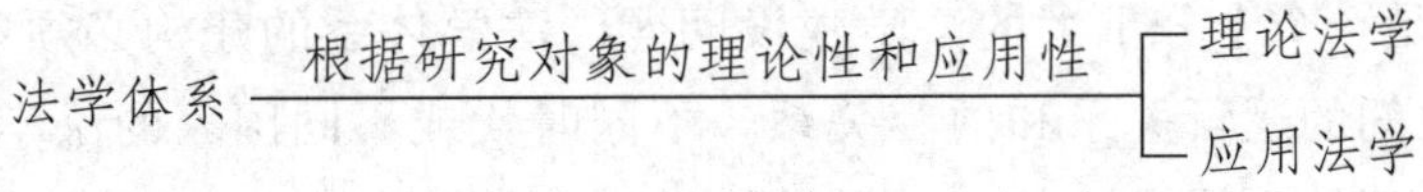

三、法学体系的属性

法学体系作为一个整体有其内在的属性，这些属性主要表现为整体性、现实性和层次性。

法学体系具有整体性。首先,法学体系具有严密的内在逻辑结构关系。法学体系是一个内在结构十分复杂的整体,但是,无论其内在结构如何复杂,内容如何丰富,各个部分之间总有某种逻辑关系。不同学科、不同学科群之间的逻辑关系使法学体系成为一个结构严谨的体系。尽管从不同角度考察结构的方式,可以得出不同的结论,但是从相对确定的视角出发,人们都可以得出彼此接近的认识。其次,法学体系中不同法学学科都具有某些共同的属性。这些共同的属性也使法学体系成为有机联系的整体。综观各个不同的法学学科,它们都是对相关法律现象进行研究而获得的专门知识和理论,或者是对法律制度、法律规范的关注,或者是对法律文化、法律思想的研究。它们都属于对法律现象进行学理探讨的学科范畴,都具有一定理论属性和科学价值。

法学体系具有现实性。这种现实性表现为:第一,法学体系总是与现实的法律体系具有一定的联系。法学体系在一定程度上甚至是现实法律体系的反映,都必须以一定的现实法律体系作为客观基础。第二,法学体系反映了法学研究和法学教育发展的现实水平与状况。法学研究与法学教育的发展状况一定要影响和反映到法学体系的状态与结构之中。法学研究与法学教育是法学体系发展的重要动力。第三,法学体系是法学发展到现时代的产物。法学体系之中的任何学科都是历史发展到所处时代的产物,学科的划分与联系都是历史发展到现时代的成果与现状。

法学体系具有层次性。在法学体系内部存在不同的层次关系。法学是一级学科,宪法学、民法学、行政法学、刑法学、环境法学等是二级学科。宪法学中的中国宪法学和外国宪法学是三级学科。外国宪法学中的英国宪法学、美国宪法学、法国宪法学则是四级学科了。同理,在行政法学这个二级学科中,有财政行政法学、金融行政法学、教育行政法学、军事行政法学、科技行政法学、卫生行政法学等三级学科。在教育行政法学中也许可以分为高等教育法学、职业教育法学和义务教育法学等四级学科。

四、法学体系的建构

法学体系既是法学发展的现实反映,也是对于法学发展的科学设计。如何建构法学体系,是一个十分重大的法学建设问题。法学体系的建构必须尊重法学各个学科相互之间的逻辑关系和内容关系。不同时代或不同国家的法学体系,是由相应的法学家群体集体建构的。在法学体系的建构过程之中,应该注意以下的基本原则。

第一,建构法学体系要注意其科学性。法学体系的建构是一项科学工作,要以科学的态度来对待。尊重法学体系的结构规律,尊重法学学科之间的内在联系,尊重法学学科的发展状况，是法学体系建构过程中必须注意的重大问题。科学性原则始终是法学体系建构过程中必须坚持的第一原则。

第二，建构法学体系要注意其实践性。法学体系建立的目的在于有利于法治建设，有利于法学研究和法学教育，有利于法学的发展。这一原则首先就要求在法学体系的建构之中，必须关注现实的法律体系，以便相关法学理论服务于法治实践。其次，它还要求法学体系要联系并协调法学教育中的学科划分与课程设置的实际，有利于教学开展与人才培养。最后，它也要求法学体系应适合法学研究的学科门类划分的实际，有利于法学研究的开展和发展。

第三，建构法学体系要注意其均衡性。法学体系内各个学科的划分，应在前述两个原则之下特别注意两个方面：一是要适当注意各个学科研究的社会关系范围的大体均衡。也就是说，不能使有的学科研究的社会关系范围过于庞大，有的过于狭小，以保证不同学科研究范围的适度均衡。二是要注意各个学科现实规范性法律文件的大体均衡。也就是说，既不要使有的学科由于规范性法律文件数量过于庞大而难以胜任，也不要使有的学科因规范性法律文件过于少量而难以具有充实的内容。

第四，建构法学体系要注意其前瞻性。建构法学体系务必考虑各个法学学科研究的社会关系的范围、规范性法律文件的数量以及相关方面发展的趋势。要对法学学科的发展具有适度的超前考量，要有一定前瞻性。法学体系的建构也会影响法学的发展方向与重点。某一学科的设置或不设置将促进或者制约社会相关方面的发展。因此，对法学体系的设置必须注意其前瞻性。

第二节　法学学科类别

在法学体系中，人们可以从不同的角度进行学科分类。综合考察整个法学体系，按照中国法学界的普遍认识，其主要包括理论法学、应用法学两个主要部分。需要特别指出的是，这一分类也是具有相对性的。理论法学主要属于理论的范畴，并非说它绝对没有应用价值和实践功用。同理，应用法学也并不意味着它只具有实用性质与功用而无理论成分与意义。理论法学与应用法学的划分，只是根据各个学科的主要方面和性质侧重进行的分类，而不具有决然分别的学科差异。法学学科也可以称为法学部门，它与法律部门有联系，也有区别。应当认为法律部门及其划分对于法学部门及其划分具有影响，但并不等同。具体地说，法律部门及其划分直接地影响着应用法学的部门划分和学科关系，间接地影响着理论法学。当然，法律部门的划分也会在一定程度上影响理论法学中的概念、名词、术语的使用与含义。应用法学的学科分类是以法律部门划分作为基础的,但是并不具有一一对应的关系,学科分类与制度分类的区别也正在于此。

一、理论法学

理论法学是从理论的角度出发,对法律现象进行理论研究的法学学科的总称。理论法学有狭义和广义的差异。在狭义上,理论法学仅指法理学。广义的理论法学则应包括法理学(包括法哲学)、法律制度史学、法律思想史学和比较法学等。

(一)理论法学的学科含义

理论法学
- 法理学(包括法哲学即狭义的理论法学)
- 法律史学(包括法律制度史学和法律思想史学)
- 比较法学(或称比较法)

法理学是法学中最重要的理论学科。人们在狭义上所称的理论法学就仅指法理学。法理学是研究法或法律的产生和发展的一般规律、一般问题、一般原理的理论学科。内容包括法的一般原理、价值理论、运行理论、法治理论等,是法学的基础理论学科。它既是整个法学的理论基础,又是对法学各个部门的理论概括与提升。

法理学与法哲学是怎样的关系,学术界有不同的认识。有的学者认为法理学与法哲学仅仅是称谓不同,实质上是同一的。也有的学者认为法理学与法哲学是不同的理论学科,有不同的研究对象和研究方法,甚至有不同的概念、术语与范畴。当然也有学者认为法哲学不同于法理学,但其对法哲学的理论阐释也总是在法理学的范畴之内,在研究对象、研究方法、名词术语方面与法理学雷同。从目前的法哲学研究来看,基本上还属于法理学的范畴。随着法哲学研究的发展,如果确实突破了既有法理学的研究对象和理论范围,也确立了不完全等同于法理学的理论视角,获得了有别于既有法理学的理论成果,形成自己的理论体系,当然可以认为法哲学真正地成了独立的理论学科。

法律制度史学是对历史上的相关法律制度进行研究的学科。对中国法律制度历史进行研究的学科就是中国法制史学;对外国法律制度历史进行研究的学科就是外国法制史学。对各个国别的法律制度历史的研究即构成国别的法律制度史学。法律制度史学涉及对历史上的法律制度的解析、历史背景的说明、既有意义的阐释,以及它们对现代社会有无参考价值和有何参考价值的认识。法律制度史学是理论法学的重要构成部分,它对于人类法制文化的积累和传承都具有极为重要的意义。

法律思想史学是对法律思想的历史发展与演变进行研究的法学理论学科。人类的历史长河之中积淀了大量的法律思想。这些法律思想之中包含着人类法律认识发展的精华,是人类智慧在法律领域的体现。对于法律思想的历史发展进行研究,是人类法律文化研究的必需,是人类法律思想进步的基础。对中国法律思想发展历史进行研究的学科即是中国法律思想史学;对西方法律思想发展历史进行研究的学科即西方法律思想史学。法律思想史学与法律制度史学都是法学的历史科学,但是前者是以历史人物和历史时代的法律思想作为线索和研究对象,后者则以不同时代不同国家的法律制度作为研究对象。法律思想史学对于法学发展具有极大意义,是历史上法学理论的集成。

比较法学的定义,国内外学术界的认识并不统一。一般认为,比较法学也可以称为比较法,是指将不同国家或地区的法律进行比较研究的科学成果的总称;也是指对不同国家和地区的法律进行比较研究的法学学科。由此可见,比较法是将比较方法运用于法学研究所产生的学术成果,而不是指一个像宪法、民法、刑法那样的法律部门。比较法学的作用是非常巨大的:首先,它有助于各国在立法上的彼此借鉴与参考。通过对不同国家或地区的法律制度进行比较就可以择善而从,从而提出立法建议,完善本国立法。其次,它有助于法律实施上的彼此协调。不同国家与地区的法律制度的差异,可以通过比较而得到更为清楚的认识,各国各地区之间在法律实施上的差异就可以得到更好地协调。再次,它有助于法学研究的发展,可以使相关法学研究因比较而得到深化和提升。最后,它有助于法学教育的发展,使接受法学教育者能够更好地了解其他国家或地区的法律情形,获得更丰富的法律知识。

(二)理论法学的地位

理论法学的地位是相对于其他各个法学部门或者说是相对于整个部门法学而言的。理论法学在整个法学体系之中对各个部门法学都具有重要的基础、概括、深化的学科地位。

第一,理论法学是部门法学的理论基础之所系。在整个法学体系之中,理论法学对于法的产生与发展规律的阐释,对于法的内在结构与内容的揭示,对于法律制定、适用、遵守以及法律监督的解析,对于法的价值、功能和作用的认知,都是各个部门法学必需的理论基础。理论法学所提供的这些理论学说是各个部门法理论得以建立的基石,也是开展相关学术研究的理论前提。

第二,理论法学是对部门法学学科的理论概括。理论法学是在总结各个法学学科的实践与理论的基础上发展形成的。理论法学从一开始就肩负着并且始终肩负着这样的责任和使命,即对各个部门法学的实践和理论不断进行概括。这是理论法学得以产生的前提,也是其得以发展的依据。理论法学必须始终关注各个部门法学的发展,对各个部门法学的实践和理论进行抽象化、一般化和普遍化概括。

第三,理论法学是对部门法学理论的深化。理论法学对部门法学的研究成果并不是进行简单汇总,它必须对各个部门法学的研究成果进行提炼,实现从个别到一般、从特殊到普遍、从浮泛到深刻的转化。理论法学所进行的这一工作对于提升整个法学的理性程度、提高整个法学理论水平都具有重要意义。对部门法学理论进行深化与升华,是理论法学独有而又必需的品质,也强化了理论法学独有的学科地位。

二、应用法学

应用法学的内容丰富,是法学体系之中对特定领域法律现象进行专门研究,并具有实用意义的法学分支学科的总称。

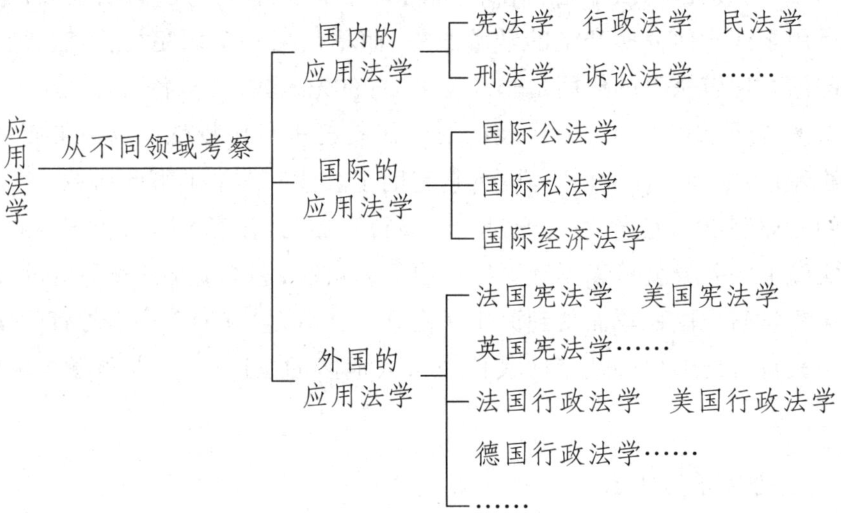

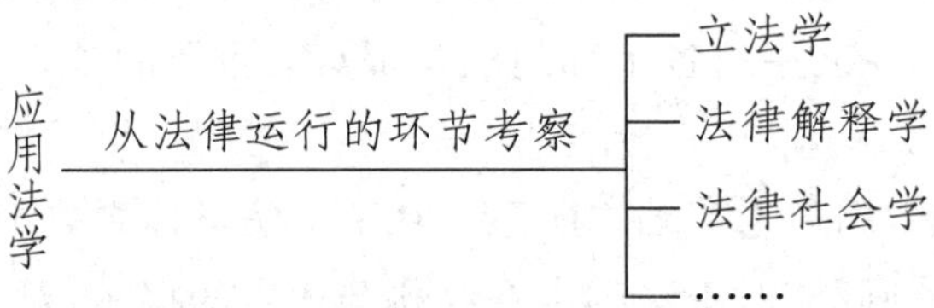

(一)应用法学的解析

应用法学既可以从不同社会领域来考察,也可以从法律自身运行的不同环节来考察。从不同社会领域来考察,应用法学主要是国内的部门法学,如中国宪法学、行政法学、民法学、商法学、刑法学、军事法学、环境法学、诉讼法学、仲裁法学等。应用法学也包括涉及国际领域的国际公法学、国际私法学、国际经济法学等。应用法学还包括研究外国法律制度的外国法学,如美国刑法学、美国行政法学、美国诉讼法学,或者法国行政法学、法国民法学、法国刑法学等。

从法律自身运行的不同阶段来看,应用法学包括立法学、法律解释学和法律社会学等。立法学研究的是立法主体、立法体制(包括立法权限的划分)、立法程序、立法方法与技术等。立法学对于加强立法理论研究和实践具有重要意义,对于提高立法质量具有直接的重大作用,是整个法学理论的重要环节与组成部分。法律解释学则研究法律解释的主体、效力、方法、技术、意义等。法律解释是对立法的补充与完善,是法律实施包括法律执行、法律遵守的必需。法律解释学对于规范法律解释、增强法律解释的科学性具有极为重要的意义。法律社会学主要运用社会学的研究方法,研究法律与社会的内在联系与相互作用,研究法律在社会中的存在、运动与发展变化规律等,促进法律社会作用的发挥。

(二)应用法学的地位

应用法学是法学体系的主干部分。在整个法学体系之中,理论法学虽然具有指导意义,但是它并不居于主干地位。任何一个国家的法学都是为其法制和法治服务的,为其社会现实与社会发展服务的。因此,应用法学就必然会是整个法学教学的主干,在各国的法学教育的学科安排与课程设置之中居于主干地位。在法学教育最重要的本科教学之中,应用法学占有2/3以上的学科分量。民法学、经济法学、行政法学、刑法学、诉讼法学总是教学的重点;宪法学、劳动法学、环境法学等也是不可缺少的教学内容。应用法学是法学理论的材料与经验来源。理论法学是以理论作为其特色的,但是作为理论之基础的材料和经验的相当大部分,都是来自各个法学部门的,甚至主要是来自应用法学各个部门的。没有实践作为基础的理论很可能是荒谬的,犹如缺乏滋养的花朵,也容易枯萎。应用法学的应用性质为法学理论提供了现实的制度样本、鲜活的经验来源、具体的专门知识以及部门的理论认识。正是有了应用法学的贡献,理论法学才具有深刻的实践基础和无限的活力。

第三节　边缘法学

边缘法学也称为交叉法学:一是指法学与其他社会科学、自然科学因研究对象的交叉重叠而产生的法学分支学科;二是指其他社会科学或自然科学方法在法学中的运用而产生的法学分支学科。

一、边缘法学的学科含义

法律现象本身是复杂的社会现象,又与其他社会现象紧密联系,远不是孤立的。有的法律现象同时也是政治现象、经济现象、文化现象、伦理现象、人权现象、科技现象等,既可以归入法学的范畴,也可以归入其他学科的范畴。

人文社会科学的各个学科既有着共同的研究方法,也有着独特的研究方法。当某一学科独特的研究方法运用于其他学科,就可能产生介于二者之间的边缘学科。法学与其他学科在研究方法上就存在这样的关系。其他学科独特的研究方法在法学上的运用,就会形成新兴的法学研究领域,这个新兴的法学研究领域的学术成果逐步累积与汇集,就可能发展成为具有内在有机联系的统一整体,成为一个相对独立的法学知识领域,成为一个相对独立的法学分支学科。对象和方法的交叉性质,都是边缘法学得以建立的前提。大体上,法政治学、法经济学、法伦理学、人权法学、科技法学等主要是因研究对象的交叉而形成的;法社会学、法律逻辑学、司法会计学、法医学、司法精神病学、司法化学、司法物理学、司法弹道学等主要是因研究方法的交叉而形成的。需要特别指出的是,有时是因为研究对象的原因或者是研究方法的原因,有时甚至是两个因素共同作用,形成了特定的边缘法学学科。边缘法学之边缘是就法学与其他学科之间的关系而言的,并不是说边缘法学是不重要的学科。

二、边缘法学的学科定性

边缘法学的学科定性需要通过分析以下问题来确定:

第一,边缘法学是否属于法学学科的问题。所有的边缘法学都属于法学学科,都属于法学体系的范畴。但是值得特别注意的是,它并不仅仅属于法学学科,也属于其他相应的社会科学或自然科学。边缘法学或者交叉法学,顾名思义即可以知道,它们是跨学科的知识领域,当然地具有双重或者多重学科的属性。无论边缘法学对外的联系如何,也无论是什么学科与法学相交叉而成,边缘法学都是法学的分支学科之一,也属于其他学科的范畴。既然边缘法学具有双重或者多重的学科属性,因而各个相关学科对边缘法学的研究,都有其正当性质和重要意义。

第二,边缘法学是属于社会科学还是自然科学的问题。边缘法学的学科定性为社会科学或是自然科学,主要是看与法学交叉的学科是社会科学还是自然科学。如果是法学与其他社会科学交叉结合的产物,该边缘法学学科即为社会科学,如法社会学、法经济学、法政治学、法伦理学等就是这样的学科。如果是法学与自然科学交叉结合的产物,该边缘法学学科既为社会科学,也为自然科学,如法医学、司法化学、司法物理学等学科。

第三,边缘法学是属于理论法学还是应用法学的问题。边缘法学既可能偏重理论研究,也可能偏重社会应用,或者兼而具有理论与应用的双重属性。要对其进行学科定性,应该看其主要倾向。法政治学、法文化学等倾向于理论的学科以定性为理论法学为宜,刑事侦查学、法医学、司法精神病学、司法会计学等则以归入应用法学为宜。

三、边缘法学的意义

边缘法学是法学视野扩展、延伸发展的产物，在法学体系中具有重要地位，对于整个法学体系来说都是不可缺少的重要方面。

其一，边缘法学有利于建立起法学与其他学科之间正常的学科结构关系。法学并不是孤立的学科，它与其他学科之间存在复杂的相互关系。它们或者交叉和重叠，或者相互制约和影响，这都是客观的实际，作为知识和理论的法学必须注意到这一现实，并将其作为自己的知识积累和边缘学科发展的客观基础。

其二，边缘法学有利于全面认识法律现象。法律现象并不是孤立的社会存在，它的内涵也特别丰富而多元，因此对于法律现象的多学科解析与研究就成为全面认识法律现象的必需。法律总是与人的心理分不开的；在各个法律环节，相关主体在心理上有何变化与特征，都是需要认真研究的，法律心理学也就具有重要的现实意义和理论价值。法律要制裁犯罪，侦查犯罪就成为必需，刑事侦查学或犯罪侦查学就有必要建立。法律要保护公民人身安全与健康，只要有人身伤害违法与犯罪存在，法医学就成为必需。

其三，边缘法学有利于丰富法学的学科内容。法学的发展必须拓展自己的学术空间，边缘法学正是法学拓展自己学术空间的重要表现。由于边缘法学的发展，到当代，边缘法学已经成为法学学科的重要组成部分，成为法学中新兴的不断扩展并充满活力的学术领域。法律社会学、法律逻辑学、刑事侦查学、法医学、司法精神病学等都是较为传统的边缘法学。随着时代的发展，法政治学、法伦理学、法经济学、行为法学、科技法学等大量产生，法学因边缘法学学科的增加而更加充实，更有活力。

其四，边缘法学可以更新法学理论，推动法治发展。边缘法学的产生往往都是因应时代发展需要的结果。除了法律本身的属性与外在关系发挥着决定作用之外，时代发展也是许多边缘法学得以建立的催生力量。如科技法学、知识产权法学、信息法学、计算机法学等都是现代社会的产物。这些新学科的产生及其新的学术成果反映了时代进步的要求，对于新形势新时代的法治建设无疑具有重要的理论意义和实践价值。

第四节　主要法学学科

法学学科是极为多元的，哪些是主要的法学学科也极难界定。好在本教科书的目的并不是要去确定哪些是主要学科和哪些不是主要学科,而仅仅是为了帮助学习者对法学体系中主要学科有一个宏观而初步的了解。本教材主要以教育部高教司发布的“全国高等学校法学专业核心课程教学基本要求”为依据进行论述。根据这一要求,法学专业核心课程为法理学、中国法制史、宪法、行政法与行政诉讼法、刑法、刑事诉讼法、民法、知识产权法、商法、经济法、民事诉讼法、国际法、国际私法、国际经济法、环境资源法、劳动与社会保障法。为了论述的方便与表述的统一,以下均以学科介绍之。

法理学是以整个法律现象的共同规律、一般原理和共同性问题作为研究对象的法学理论学科。它所研究的是法的一般规律、一般原理和法的共同性问题。它将对法的起源与发展、法的作用与价值、法的运行、法与其他社会现象之间的关系等进行研究和论述。

中国法制史学是以中国法制的历史发展过程作为研究对象的法律史学学科。人们习惯上称之为“中国法制史”。它研究中国古代的法律制度、近代的法律制度,对中国古代的奴隶制法、封建制法和近代的法作全面的阐释,以勾画出中国法制发展的历史脉络,培养法律人才的历史修养,为法制的历史财富在现代发挥出更好的作用创造条件。

宪法学是以宪法作为研究对象的法学学科。宪法是规定公民基本权利和国家根本制度的,具有最高法律效力的根本法。宪法学研究宪法的基本理论,包括宪法的概念、产生和发展、宪法的制定、宪法的基本原则、宪法典与宪法规范等;宪法的基本制度包括国家的性质、国家的形式、公民的权利和义务、选举制度、国家机构、政党制度等;宪法实施包括宪法实施的条件与过程、宪法解释与修改、合宪性审查制度与宪法秩序等。

行政法与行政诉讼法学。行政法学是以行政法作为研究对象的应用法学学科。行政法是有关国家行政管理的一切法律法规的总称,是独立的法律部门,它规定着国家行政机关的组织体系、职责权限、活动原则、管理制度和工作程序,调整着国家和各种行政机关之间、国家行政机关相互之间,以及国家行政机关同其他国家机关、企业事业单位、社会团体和公民之间发生的社会关系,涉及国家民政、治安、司法、军事、外事、财经、文教、卫生、科技、人事等各方面。行政法学研究行政法的基本原理、行政法律关系、行政行为、行政程序等。行政诉讼法学则是以行政诉讼作为研究对象的学科。它对行政诉讼的管辖、主体、证据、程序、法律适用、裁判等进行研究和论述。行政法学与行政诉讼法学是两个紧密联系的应用法学学科,基于课程内容与体系的考量,在教育部的课程设计中将二者作为一门课程开设和讲授。

民法学是对民事法律进行研究的应用法学学科。所谓民法,是调整平等主体之间人身关系、财产关系法律的总称。民法学除了阐述民法总论之外,还分别论述物权、债权、继承权、人身权、民事责任等。

知识产权法学是以知识产权法律现象作为研究对象的应用法学学科。它论述知识产权原理、著作权法、专利法、商标法、反不正当竞争法、知识产权的国际保护等基本内容。

商法学是对商事法律现象进行研究的应用法学学科。内容包括商法总论、公司法、破产法、票据法、证券法、保险法、海商法等。

经济法学是以经济法律现象作为研究对象的应用法学学科。经济法学研究经济法原理包括经济法的产生和发展、概念和特征、地位和体系;经济法主体包括经济管理主体和企业;市场规制法包括竞争法、消费者权益保护法、产品质量法、价格法、会计法、审计法、特别交易监管法;宏观调控法包括计划法、产业法、投资法、财政法、金融法、对外贸易法等。

民事诉讼法学是以民事诉讼及其法律制度作为研究对象的应用法学学科。民事诉讼法学论述民事诉讼法的基本原理、民事诉讼程序、民事特殊程序、执行程序、涉外民事诉讼程序、诉讼费用与妨害民事诉讼秩序的强制措施等。

刑法学是以刑事法律作为研究对象的应用法学学科。刑法是规定什么是犯罪,对犯罪适用何种刑罚的法律。刑法学一般包括刑法总论和刑法各论两个部分。刑法总论研究刑法的基本原理,犯罪的概念与构成,犯罪的形态,刑罚的体系、种类与裁量、执行等。刑法各论研究各种具体犯罪的构成要件与刑罚处罚。

刑事诉讼法学是以刑事诉讼及其法律制度作为研究对象的应用法学学科。它在总论部分阐述刑事诉讼法的基本原理、刑事诉讼的主体、原则、管辖、回避、辩护与代理、证据、强制措施、附带民事诉讼等。在分论部分,阐述立案、侦查、起诉、第一审程序、第二审程序、死刑复核程序、审判监督程序、执行、涉外刑事诉讼程序和国家赔偿程序等。

国际法学是以国际法律现象作为研究对象的法学学科。国际法学研究国际法上的国家、个人,国际人权法,国际法上的领土,海洋法,航空法和外层空间法,外交和领事关系法,条约法,国际组织法,战争、武装冲突和国际人道主义法以及国际争端的解决等。

国际私法学是以国际民商事法律现象作为研究对象的法学学科。国际私法是以国际民商事法律关系作为调整对象的法律的总称。国际私法学研究国际私法的基本原理、冲突法、统一实体法、国际民事诉讼、国际商事仲裁等。

国际经济法学是以国际经济法律现象作为研究对象的法学学科。所谓国际经济法,是调整国际经济活动和国际经济关系的法律规范的总和。国际经济法学内容涉及国际经济法总论,包括国际经济组织、跨国公司等;国际贸易法律制度,包括国际货物买卖法、国际技术贸易法和国际服务贸易法;国际直接投资法律制度;国际金融法律制度;国际税收法律制度;国际经济争端解决的法律制度等。

环境与资源保护法学,也被称为环境法学、环境保护法学、环境资源法学等。不同的名称,系因相关主体从各自视角出发概括所致。主要是因为,有的学者认为资源保护应是环境保护的构成部分,也有学者认为环境与资源是两个并列的元素。该学科是以环境与资源保护的基本原理、中国环境与资源保护的法律制度为重点,同时对国外和国际相关法律制度进行研究的法学学科。其目的在于相对集中地对相关问题开展学术研究,通过教学活动,帮助学生掌握环境与资源保护法的基本知识与原理。

劳动和社会保障法学。劳动法是调整劳动者与用人单位在劳动过程中所形成劳动关系的法律规范的总称。主要包括劳动关系协调法,如劳动合同法、集体合同法、工会法、劳动争议处理法等;以及劳动基准法,包括工作时间法、工资法、劳动保护法等。社会保障法是以社会保险法律制度、社会救助法律制度、社会优抚法律制度、社会福利法律制度等为主要内容的法律制度的总称,劳动和社会保障法学就是对劳动法和社会保障法进行专门研究的法学学科,并以此开展相应的教学工作。

思考题

1. 法学体系的基本含义与属性。
2. 法学学科如何构成法学体系?
3. 理论法学及其学科地位。
4. 应用法学及其学科地位。
5. 边缘法学的含义与意义。
6. 法学中有哪些主要学科?

第十五章　法学方法

方法是指人们为达成某种目的而需要利用的方式、步骤和手段等的总称。法学作为一门独立的社会科学，有独特的研究对象，也有与其他社会科学共同或不同的研究方法。法学方法就是指法学学习与研究中需要利用的，与其他社会科学既共同而又相分别的方式、步骤和手段等。

第一节　法学方法的意义

法学方法有助于人们认识和研究法律现象，它是法学研究中必须使用的方式、步骤和手段等。法学方法既包括认识和研究法律制度与规范的方法，也包括认识和研究法律规律以及相关法律现象的方法。由于法律和法学自身内容的广博与研究手段的多元，法学方法就必然是丰富多彩的。法学方法对于法律和法学研究具有极为重要的意义，具体表现在法学理论的形成、法学体系的建构和法学理论的更新三个方面。

一、形成法学理论的路径

法学理论的形成是对法律现象进行专门研究的结果，一般地说，也是对法律现象的规律性认识的产物。要对法律现象进行研究，进而形成一系列法学理论，就必须依赖一定方法作为进路。没有适当的方法，人们就无法对现实的法律现象进行总结和概括，更无法总结和创造出内容丰富、结构复杂的法学理论体系。法学理论的形成过程本身就是众多法学方法的运用过程。法学方法的成功运用是法学理论得以形成的前提条件。

二、构建法学体系的手段

法学体系是由众多法学分支学科构成的。法学学科中有理论法学和应用法学，国内法学、外国法学和国际法学的划分与组合。其中，既有法学自身范围之内的众多分支学科，也有法学与其他社会科学、自然科学相互交叉结合的边缘法学。

体系庞大、内容广博的法学体系并不是杂乱的组合,它们有着内在的有机联系和结构方式。法学体系正是众多学科按照一定的方法科学组合的产物,所以,对于法学体系来说,法学方法是其得以建构的必要手段。

三、更新法学理论的动力

法学理论是不断发展的,法学理论的进步往往都与法学方法论的更新分不开。许多重大的法学理论变更都是由法学方法论的变革引发和推动的。法学理论的创新总与法学方法的创新紧密结合在一起。在人类法学发展史上,自然法学方法的创立和创新一次又一次地推动了法学理论的发展。自然法学说的形成及其对整个法学的推动都是以自然法学方法的创立与创新作为动力的。历史上的分析法学理论、历史法学理论、社会学法学理论,现代社会的经济分析法学理论、系统法学理论、行为法学理论,都可以说是相应法学方法论创立与运用的结果。相应地,自然法学派、分析法学派、历史法学派、社会法学派、经济分析法学派、系统法学派、行为法学派等都是这些法学方法论所催生的。各种法学流派的形成和更替,推动了法学理论的繁荣发展,形成了法学理论发展的历史脉络。法学方法论在法学流派与法学理论的演进中发挥了重要的推动作用。法学方法推动了法学理论的形成、发展;同时,新的法学理论又成为新的法学方法论得以建立的土壤,为新的方法论的诞生和运用奠定了理论基础。法学方法在为法学理论服务的同时,又与法学理论相互促进。

第二节 法学方法的发展

法学方法具有历史性,它经历了漫长的历史发展过程,形成了自身的体系与理论。法学方法发展到现代具有了现代与传统相并存、多元与多样相统一、定性与定量相结合的属性。

一、法学方法的历史发展

法学方法是与法学认识和研究相伴随的。从人类认识法律现象开始,就有了法学方法的运用。特别值得说明的是,在广义上,法律方法也属于法学方法的构成部分。法律方法侧重的是法律的运用,法学方法侧重的是法学的研究,因此,二者又可以相对地区别开来。有鉴于此,对被作为法律方法已经论述的解释方法和案例方法,不再论述。此外,传统的法学方法中还有哲学方法、价值方法、历史方法、分析方法、比较方法等。这些方法在传统法学中被经常而普遍地使用。

在现代社会中,传统的法学方法依然被继续使用,但是与整个社会科学和自然科学的发展相适应,法学方法得到了新的发展。经济分析方法、行为科学方法、系统科学方法等得以创立,导致了法学方法上的变革,也引发了法学理论的更新、丰富和发展。传统的数学方法等得到更好更多地运用,从以前不被普遍运用的法学方法转而成为一般的法学方法。

法学方法的不断丰富和发展,尤其是法学方法的现代化,并不是对传统法学方法的抛弃。相反的是,传统的法学方法过去发挥过重要作用,现在和将来还将发挥出重要作用。作为学术方法,只要它本身是科学的,就永远没有过时而被淘汰的问题。法学方法的现代化只是指大量现代化的法学方法被引入法学领域,使法学方法更加充实和多元,使法学的研究手段得到空前的提升和丰富,并不意味着对传统法学方法的抛弃与取代。

二、法学方法的现代属性

法学方法现代化发展的一个极为重要的成果,就是建立了现代的法学方法论。在历史上,法学方法当然是法学须臾不可缺少的。审视现代法学方法,可以认为,它具有一系列现代属性。

(一)现代与传统相并存

现代的法学方法可以从狭义和广义两个层面来理解。从狭义上讲,现代法学方法仅指在现代社会产生和运用的,不同于传统法学方法的新法学方法。这一意义上的现代法学方法当然不包括传统的法学方法在内。二是指广义的现代法学方法,它是现代所运用的法学方法的总称。这样理解的法学方法当然包含着传统的仍然在使用的法学方法在内。一般所使用的是广义的法学方法,对现代整个法学方法的研究当然以广义的现代法学方法作为研究对象,而不能仅仅限于狭义的现代法学方法。

现代法学方法的现代与传统并存,首先就体现在现代方法与传统方法的并用上。就现代社会所运用的法学方法来说,传统的方法和狭义现代的方法都在运用。狭义的现代法学方法并没有取代传统的法学方法,而仅仅是扩展了法学方法,发展了法学方法。从这个意义上说,现代法学方法是传统法学方法的发展,并与传统法学方法相并存的。此其一。其二,各个具体的传统法学方法在现代社会中,也得到了现代化的更新与发展。如现代法学研究中所使用的哲学方法,它虽然是古已有之,但其中已经被加入了现代哲学世界观与方法论的元素。现代法学研究中的价值方法,虽然是传统方法,但是价值理论的最新成果已经随着时代的发展而融入了这一传统方法之中。再如,案例分析方法,它虽然是传统方法,但是已经被加入了计算机、互联网、大数据等现代的分析手段。

(二)多元与多样相统一

历史上的法学方法就是多元的,现代法学方法的多元性得到了更多体现。社会学法学、经济分析法学、系统法学、行为法学等现代法学方法虽然具有联系,但是它们之间的分野也是十分明晰的。许多法学家主要运用某一研究方法即形成了自己独树一帜的理论学说。不同法学家运用不同方法产生的学术成果,如同不同法学方法一样,异彩纷呈,风格各异,各具特色。现代法学流派的纷繁与法学方法的纷繁是分不开的,法学方法的多元性也由此得到了更好体现。

现代法学方法不仅是多元的,而且还是多样的。同一种方法还有多样的运用情形。即使是运用同一研究方法的法学家,由于对于这一方法的认知不同、侧重不同,就可能构建出不同的理论学说。即使同在美国,新自然法学的马里旦(1882～1973年)、富勒(1902～1978年)、罗尔斯(1921～2002年)、德沃金(1931～2013年)等的学说就迥然相异。同为社会学法学的塞尔兹尼克(1919～2010年)、狄骥(1859～1928年)、弗兰克(1889～1957年)、卢埃林(1893～1962年)、庞德(1870～1964年)等的理论就各不相同。这些运用同一法学方法开展法学研究的法学家们,在方法使用上的差异也在一定程度上导致了其理论的差异。

(三)定性与定量相结合

现代法学的研究方法中传统的定性分析并没有被削弱,更没有被遗忘,而新兴的数学方法包括计算机方法等更多地被运用于法学研究。

定性分析是一种传统的分析方法,在法学中被长期而普遍地运用。马克思主义法学正是定性分析的典型代表。它的法的阶级分析方法、法的历史类型分析方法,也就是著名的定性分析方法。定性分析,在历史和现实中都为法学发展作出了重大贡献,而且还在继续发挥着重要作用。

在传统的定性分析继续发挥作用的同时,定量分析在现代社会逐步发展起来。在现代法学研究之中,各种指标、图示、数量计算被大量地运用于法学研究。例如,民法方面,在财产案件处理、知识产权保护问题上,定量分析被运用得越来越普遍。刑法方面,在违法犯罪现象及其预防与控制的研究中,定量分析被广泛采用。现代科技方法的法学应用,为定量分析注入了新的活力,甚至推动了定量分析水平的历史性飞跃。法学一改过去侧重定性分析的方法论状况,将定性分析与定量分析有机地结合起来。在定性分析与定量分析共同或分别作用下,法学获得了更多的研究手段。在法学方法被丰富的同时,有力地推进了法学发展。

第三节　一般的法学方法

法学研究的一般方法是非常多元的,学术界的认识也不尽统一。为了使学习者对法学方法有一个初步认识,在此拟对一些基本的法学方法作一个简要的介绍。

一、哲学方法

哲学方法是任何学科都必须遵循和采用的,由于法学与哲学的历史联系、理论联系,尤其是法学对于哲学的方法论依赖,更使哲学方法成为法学的基本方法。

(一)哲学是法学的方法论基础

哲学方法,是古老而弥新的研究方法,自古以来就是法学的方法论基础。法学最早就是被囊括在哲学之中的,哲学所提供的研究方法就是法学最早的研究方法。在古希腊,大量的法律思想都是哲学家们对法律进行哲学思考的结果。苏格拉底、柏拉图、亚里士多德等一代一代的哲学家,都从哲学的角度,对法律进行了思考和研究,作出了许多极为精彩的法律论述。到了17、18世纪,以康德、黑格尔为代表的哲理法学派,也被称为哲学法学派,将法律放到庞大的哲学体系之中,并运用哲学的方法开展法学研究,取得了重要的法学成果。在论述哲学方法的法学运用时,姑且不论古希腊哲学家和资产阶级革命时期哲学法学派对于哲学方法的法学运用,就现代一般法学研究中的哲学方法运用来说,即可以获得许多学理结论。

哲学作为世界观当然地主导着法学发展。哲学首先就是世界观的学问。它可以告诉人们世界的本原是什么,世界是由什么构成的,世界的发展变化有何内在规律,以及人类社会的形成、发展等。这些基本认识是人类认识法律现象的前提。人类对法律现象的认识是在一定世界观指导下进行的。人类的法律研究活动也需要一定的哲学指导。哲学作为根本的方法指导着法学的认识活动与研究活动。

(二)哲学为法学提供方法论指导

哲学可以为人们提供认识世界的方法,也是人们认识法律现象的根本方法。唯物主义和辩证法,是根本的哲学方法。唯物观、发展观、整体观、认识论、实践论等无不对法学研究具有重要的指导意义。

哲学作为方法论包含着三个层面的含义,一是总体方法,二是一般方法,三是具体方法。哲学方法是最宏观而普遍的,任何思想学说和学术活动都离不开哲学方法的总体指导。作为一般方法和具体方法,哲学方法对于人们有着实在的指导意义。法学在总体、一般和具体三个方面都受到哲学方法的指导,并采用相应方法来认识法律和开展研究。

哲学方法在法学领域,如同在其他领域一样具有实践、反思、批判和预见的四重功能。哲学方法在宏观上高屋建瓴地指导法学,在微观上切实有效地推进法学。法学如同其他社会科学一样,不可能不接受哲学的指导,不可能不采用哲学的方法。

二、价值方法

价值方法,是运用价值理论和价值标准对特定现象进行价值分析的方法。法学上的价值方法,也就是运用价值理论和价值标准对法律现象进行价值分析的方法。

(一)自然法学与价值方法

价值方法是法学基本方法之一,为从古及今的自然法学说所普遍使用。因此,人们甚至称自然法学为价值论法学。

美国法学家庞德曾经论述过价值方法对于法学的意义,以及法学家们对于价值方法的关注与运用。在其《通过法律的社会控制》中专章论述"价值问题"。他认为价值问题是一个困难的问题,但它是法律科学所不能回避的。即使是最粗糙、最草率的或最反复无常的关系调整或行为安排,在其背后总有对各种互相冲突和互相重叠的利益进行评价的某种准则。在每一种场合,人们都使各种价值准则适应当时的法学任务,并使它们符合一定时间和地点的社会理想。[1]

价值方法自古就是法学研究的重要方法。早在古希腊,以芝诺为代表的斯多葛学派的古代自然法学思想中就包含着价值方法的大量运用。在斯多葛学派看来,自然法是普遍正义的体现,是人们行为的规则和准则。法律是公正的规范,命令人们做应做的事情。遵守自然法就是遵守理性,理性就是自然法。自然法是一切法律的来源,是判断一切法律好坏的标准,高于其他一切的法律。[2] 到了近代,古典自然法学的格老秀斯、洛克、卢梭等更是普遍使用价值方法来认识法律和阐释法律。他们普遍地认为法律是理性的体现,是维护正义的工具。正义、理性是法律的最高准则。在古典自然法学那里价值方法的运用达到一个新的阶段。在现代社会中,新自然法学分为神学自然法学和非神学自然法学。以马里旦为代表的神学自然法学认为:"自然法是处理必然地同'行善避恶'这一原则相联系的权利和义务

---

〔1〕［美］庞德:《通过法律的社会控制　法律的任务》,沈宗灵、董世忠译,商务印书馆1984年版,第55页。
〔2〕谷春德主编:《西方法律思想史》,中国人民大学出版社2000年版,第25~26页。

的准则,它是实在法甚至国际法的精髓,是历久不衰、永世生效的部分。”[3]

(二)价值方法是重要的法学方法

价值方法作为一种法学方法,被自然法学普遍使用,但并不意味着只有自然法学才使用它。除了分析实证主义法学,甚至可以说除了纯粹法学之外的其他任何法律学说,都不可避免使用了价值方法或者论及价值问题。价值方法是运用十分广泛的法学方法。价值方法在法学中的运用主要体现在以下诸多方面:

一是认识法在应然意义上的价值属性和价值追求。法学运用价值方法为现实的法律与法治建设确立价值目标,也为现实的法律与法治建设提供价值标准。

二是对各个具体的价值目标、准则,诸如生命、秩序、自由、平等、人权、公正、人的全面自由发展等及其相互关系进行研究,为价值目标或准则的确定,为协调相互之间的关系,解决相互之间的冲突与矛盾寻找解决方案。

三是运用价值方法对现实的法律制度与法律规范进行价值分析。通过这种认识,来了解现实法律制度与法律规范的价值状态,得出“良法”或“恶法”的结论,以达成认识法律的目的。

四是对现实法律事实进行价值分析与判定,从而认识其价值意义。人们可以根据这一价值认识,确定自己的价值态度,对有关法律事实,或者支持或者反对。

五是在一定价值目标的指引下,运用价值方法为特定的法律行为、事项、活动、改革等的方案设定特定的价值理想。相关的价值理想应当在相关的行为、事项、活动和改革中,获得指导性的地位,并随时发挥灵魂性质的功用。

三、历史方法

历史方法,是几乎每一个学科都不可缺少的方法。历史方法具有其他任何方法都不可取代的独特意义。对法律和法学的历史研究,始终是对法律进行深入认识和研究的需要。

(一)历史方法的法学运用

法律是历史发展的产物,历史是法律得以产生的基础。法律的产生、发展又有自己的历史。历史中的法律和法学,以及法律和法学发展的历史都表明了历史与法学之间的密切关系。历史方法在法学中的运用,是历史和法学的双重必然。其实,在历史上,历史方法在法学中也一直被广泛使用。“用法律去阐明历史,用历史去阐明法律”[4]是法学方法论上的名言。孟德斯鸠对于历史方法的运用就是一个

---

〔3〕 谷春德主编:《西方法律思想史》,中国人民大学出版社 2000 年版,第 227 页。

〔4〕 [法]孟德斯鸠:《论法的精神》(下册),张雁深译,商务印书馆 1963 年版,第 363 页。

典型先例。他主张法学应当运用历史的方法进行学术研究。他的《罗马盛衰原因论》就是运用历史方法进行法学研究的代表作。该书在描述罗马国家盛衰历史的同时,考察了其国家政治法律制度盛衰的原因及其教训。在《论法的精神》一书中,他继续采用历史方法,对各种法律制度的成因进行研究。他说:“我建立了一些原则,我看见了:个别的情况是服从这些原则的,仿佛是由原则引申而出的;所有各国的历史都不过是由这些原则而来的结果;每一个个别法律都和另一个法律联系着,或者是依赖于一个更具有一般性的法律。”“当我回顾古代,我便追寻它的精神之所在,以免把实际不同的情况当作相同,或是看不出外貌相似的情况间的差别。”[5]

历史方法一直被法学普遍使用,尤其是19世纪的历史法学派,对其特别注重。以德国法学家萨维尼为代表的历史法学认为,法是自发产生并按阶段发展的。法的发展的第一个阶段为习惯法阶段,法直接存在于民族的共同意识之中。法的发展的第二个阶段为学术法阶段,[6]法表现在法学家的意识之中,使法律科学化起来。在这一阶段法既是民族生活的一部分,又是法学家的一门特殊科学。法的发展的第三个阶段为法典法阶段。在这个阶段,编纂法典,制定法律,使学术法与习惯法统一起来。在他看来,法学家必须具备两个条件:一是要有敏锐的历史眼光,熟悉每个时代各种法律的历史精神;二是要有渊博的法律知识。显然,历史眼光是第一位的。历史法学派对于历史的倚重,是一个特例,但是可以说,任何法学学说都不可能彻底地置历史于不顾。相反地,几乎所有的法学学说都将历史研究作为重要方法在法学研究中加以应用。

(二)历史方法的法学任务

法学中的历史方法,具有两个层面的含义。一是将历史作为一种哲学的世界观和方法论加以认识和应用。在这个层面上,也就是指运用历史的眼光来认识法律现象,即相关的法学成果是运用科学的历史观进行研究的产物。二是将历史科学中的考据方法、解释方法、分期方法、叙述方法、训诂方法、文献编辑与分类方法等在法学中加以运用。历史方法在法学中的运用有以下重要任务:

一是寻找法律与法学的历史真相,恢复法律与法学的历史原貌。对于历史遗迹与过程进行探究,是人类向前发展的需要。真切把握法律和法学的历史过程,是法律史学与法学史学所必须担负的学术责任。

二是探索法律与法学发展的历史规律。对法律发展的历史材料进行概括、总

---

[5] [法]孟德斯鸠:《论法的精神》(上册),张雁深译,商务印书馆1961年版,第37页。

[6] 有的著作称为学术法阶段,如张宏生、章若龙主编:《西方法律思想史》,北京大学出版社1983年版,第369页;也有著作称之为学问法阶段,如谷春德主编:《西方法律思想史》,中国人民大学出版社2000年版,第206页。

结和提炼,使对于历史发展的认识上升到理性认识的高度。这种研究的目的在于使人类深化对法律这一历史现象的认识,从理性的高度认识法律的产生、发展和变化的规律。

三是对法律与其他社会现象之间的关系演变作出历史考察,为推动法律发展提供相关的理论支持。法律并不是孤立的社会现象,它作为一种社会现象,在历史和现实之中一直与其他社会现象联系与互动。认识这种联系与互动的关系必然有助于正确处理现实的法与其他社会现象之间的关系。

四是总结历史的经验和教训。前事不忘后事之师。历史方法的一个重要功用就是为人类的决策和发展提供镜鉴,使人类不断总结自己的历史实践。法律已经伴随人类走过了数千年的历程。在漫漫的历史进程之中,法律的经验和教训都是丰富而深刻的。如何保证这些经验和教训能够被科学总结,科学的历史方法就成为必需的手段。

四、比较方法

比较方法是法学与其他学科共同使用的方法,也是法学的常用方法。法学学科中的比较法或者比较法学就是以比较方法作为自己的学术手段而得以建立的。比较方法对于法学研究具有重要意义。

(一)法的比较是比较法的基础

比较法或者比较法学,就是以比较方法研究法律的产物。比较法的方法表现为将不同国家或地区的法律制度进行比较研究。“比较法或比较法学的特征主要在于通过比较的方法来研究法律……就法学而论,我们通过比较而区分民法和刑法,实体法和程序法,犯罪未遂和犯罪中止,所有权和占有权,等等。但比较法不同于法学其他学科;比较宪法或比较刑法也不同于一般的宪法学或一般的刑法学,比较法的主要特征和方法在于比较。”[7]

比较法学包括三个层次的内容,也即三个层次的比较研究。第一个层次是对各个法系或者作为整体的社会法律制度进行比较研究,如大陆法系与英美法系的比较、中华法系与其他法系的比较、亚洲法律与非洲法律的比较,等等。这属于比较法总论的范畴。第二个层次是在部门法之间进行比较研究。这种研究形成比较部门法学,如比较宪法学、比较刑法学和比较民法学等。第三个层次是就一些专题进行的比较研究,如立法机关比较研究、诉讼制度比较研究、法官地位比较研究等。

---

〔7〕 沈宗灵:《比较法研究》,北京大学出版社 1998 年版,第 5 页。

(二)法学比较方法的历史运用

比较方法是十分普遍的法学方法。在西方古代,古希腊的雅典执政官梭伦就对各个城邦的法律进行比较研究,以制定自己的法律。亚里士多德就对150多部宪法进行了比较研究,并使用比较方法等学术方法写作了《政治学》等巨著。有史学家考证,古罗马在制定著名的《十二铜表法》的时候就曾派人前去希腊考察,其中当然会有比较方法的运用。公元4世纪,西方有了第一本以比较研究作为主旨的法学著作《摩西法和罗马法合编》,内容是对犹太法与罗马法的比较。在中国先秦时代,李悝"集诸国刑典,造法经六篇"[8]。其"集诸国刑典"当然就有进行比较分析的目的,其"造法经六篇"必然是对诸国刑典进行比较研究的结果。

西方近代资产阶级革命以来,法学中的比较方法受到了空前重视。法国著名的法学家孟德斯鸠对法学中比较方法的运用作出了卓越贡献。他的《论法的精神》一书,就是在广泛研究古希腊、古罗马、英、法、德、意、日、西班牙、印度、美洲各国和中国等各个主要国家法律体系的基础之上写成的。该著作的每一章都把世界上各个主要国家的法从历史和现实两个角度进行反复、交错的比较研究,甚至直接论述了"对两种不同的法律应该怎样进行比较"的主题。他得出了许多极为精辟的结论,如"要判断这些法律中哪些最合乎理性,就不应当逐条地比较;而应当把它们作为一个整体来看,进行整体的比较"[9];以及,相似的法律未必就有相同的效果,相同的法律未必出自相同的动机;相反的法律有时是从相同的精神出发的,相同的法律有时实在是不相同的。这一著作论及了法与政体、法与教育、法与权力、法与婚姻、法与家庭、法与防御力量、法与攻击力量、法与自由、法与公民权利、法与气候、法与土壤、法与人口、法与货币、法与风俗习惯、法与礼仪、法与宗教、法与民族性格、法与贸易、法与对外政策、法与革命等的关系;内容涉及民法、刑法、诉讼法和继承法等各个法律部门。所以,孟德斯鸠的《论法的精神》被誉为运用法学比较方法进行法学研究的"小百科全书"。[10]

(三)法学比较方法的运用步骤

比较方法的法学运用,可以推动立法发展,促进法律实施,协调各国法律,发展法学研究与法学教育。由于比较方法的意义与比较法学的意义相近,鉴于在前面有关章节对比较法学的意义已有论述,在此不再详述。综观国内外有关法学家的认识,可以认为,比较方法的运用一般具有以下步骤:

---

[8] 《唐律疏议》(第1卷)。

[9] [法]孟德斯鸠:《论法的精神》(上册),张雁深译,商务印书馆1961年版,第293页。

[10] 谷春德主编:《西方法律思想史》,中国人民大学出版社2000年版,第141页。

第一,确定比较主题。这是进行比较研究的动因所在与目标设定,是极为重要的环节。法学中的比较并不是毫无目的的任意行为。它有着动因与目的。主题确定是由动机和目标决定的。

第二,掌握比较材料。进行比较研究,掌握比较材料是最基本的。没有对于有关材料的把握,比较就成为无米之炊,无法进行。材料的获得,是比较的前提和准备。

第三,发现异同所在。通过比较,就是要真切地发现被比较的各方之间有何相同与差异。在这个环节需要做由表及里、去伪存真的工作,找到异同之所在。

第四,解读异同之处。发现异同是一个关键环节,随后即需要对异同进行解读。如果没有解读,发现异同的目的就无法实现;如果没有正确的解读,就可能使比较误入歧途。正确的解读使比较的意义得到了更进一步的体现。

第五,归结比较结论。通过比较而得出的结论,应能回答比较主题所提出的问题。结论对于主题问题是否定或者肯定,都不重要;重要的是必须要得出相应的结论。凡是不能归结到比较主题上的结论,都无法达到比较的目的。

五、政治学方法

政治学是一个独立于法学,又与法学具有紧密联系的社会科学。政治学在自己的发展过程中形成了自己的研究方法体系。由于法律与政治、法学与政治学的天然联系,政治学的方法就一直在法学领域之中备受重视,其在法学领域的运用给法学带来了丰硕的研究成果,丰富了法学理论。

(一)法学中政治学方法的运用

政治学研究方法是多元的。它广泛吸收了其他领域的方法,形成了自己丰富的研究方法体系。这是由方法的普适性所决定的。但是,政治学也有其相对独特的方法。法学一直与政治学分享着许多方法,也特别广泛地使用着主要由政治学所使用的方法。在政治学中,阶级分析方法是被普遍运用的重要方法,在法学中也得到广泛的运用。著名的集团理论、精英理论、过程理论、制度理论、新制度理论、博弈论等主要为政治学所使用的方法论,也在法学中被广泛运用。

新兴的法政治学或者称为法律政治学,除了强调法律与政治的密切联系与内在关系之外,也同样强调法学方法的政治学运用和政治学方法的法学运用。法政治学在一定意义上就是政治学方法论在法学领域运用产生的新成果。法政治学“在研究方法上,它除了要使用法学的研究方法之外,还要使用政治学的研究方法。政治学有自己相对独特或侧重使用的研究方法,比如在法学中经常采用的阶级分析方法,严格地说,它更多是属于政治学的方法”。[11]

(二)现代法学运用的政治学方法

由于法律与政治的密切关系,法律在一定意义上就属于政治的范畴,又由于法学是与政治学孪生并从传统政治学中独立出来的历史事实,政治学方法就自然在法学中得到了普遍运用。现代阶级分析方法、集团理论、精英理论、过程理论、制度理论、新制度理论、博弈论等都是法学中经常使用的,原本主要属于政治学的方法。

阶级分析方法,是重要的政治分析方法。在阶级冲突的社会之中,“出现过各种各样政治形式,各种各样的政治学说、政治见解和政治革命,要弄清楚这一切光怪陆离、异常繁杂的情况……就必须牢牢地把握社会阶级划分的事实,阶级统治形式改变的事实,把它作为基本的指导线索,并用这个观点去分析一切社会问题,即经济、政治、精神和宗教等的问题”。[12] 在我国现代社会,尽管阶级状况发生了巨大变化,但是对政治现象的阶级分析依然是必要的,只是在分析时,必须注意到对这一方法的科学运用。一是不能离开经济而孤立地考察、分析政治;二是要注意从实际出发,考虑它的实际适用范围和时间限度。[13] 此外,在政治学中还有具体的诸如集团理论、精英理论、过程理论、制度理论、新制度理论、博弈论等政治学研究路径。集团理论是以政治利益集团的行为为分析中心,通过研究政治利益集团的性质和互动来考察分析政治现象的研究途径。精英理论是通过分析统治者和杰出人物的性格及其政治统治行为来考察分析政治现象的研究途径。过程理论是通过研究政治现象的运动和变化即政治过程来考察政治现象的研究途径。制度理论是以政治制度和政府机构为分析中心,通过研究制度和机构具体的政治形式来考察分析政治现象的研究途径。新制度理论主张从分析现实、解释历史出发,反对科学的抽象的研究方法,力图用简单的理论描述最复杂的现实,并且运用经济学的一些新的研究方法来分析政治制度,从而为政治学研究提供了崭新的视角。博弈论则是通过分析政治参与者理性的应对行为或决策行为,来考察政治现象的研究途径。[14]

六、社会学方法

社会学是古老而庞大的学科,社会学方法为众多学科所采用,法学也不例外。法学研究中大量采用社会学方法,在使社会学成果得到广泛运用的同时,更使法学理论获得了新的研究手段,也获得了新的研究成果。

---

〔11〕 卓泽渊:《法政治学》,法律出版社 2005 年版,第 12 页。

〔12〕 陈振明主编:《政治学——概念、理论和方法》,中国社会科学出版社 2000 年版,第 68 ~ 69 页。

〔13〕 陈振明主编:《政治学——概念、理论和方法》,中国社会科学出版社 2000 年版,第 69 页。

〔14〕 陈振明主编:《政治学——概念、理论和方法》,中国社会科学出版社 2000 年版,第 73 ~ 83 页。

（一）社会学法学与社会学方法

社会学方法是在法学及其发展中被广泛采用的方法。在19世纪，西方出现了著名的社会学法学，或称法社会学、法律社会学。社会学法学、法社会学、法律社会学的概念是经常被混用的。它们之间也许有着某些细微的差异，但在一般的论述和表述之中，人们并不予以严格的区分。有学者认为："社会法学，全称应为'社会学法学'（sociology jurisprudence），与法律社会学（sociology of law）是两个基本一致，略有区别的概念。前者是从学派、即从研究方法和理论重心上说，后者是从学科意义、即从法学与社会学跨学科的意义上说的。"[15]有学者认为："法律社会学（sociology of law）和社会学法学（sociology jurisprudence）两个名词从含义来看是有一定区别的。一般而论，社会学法学是指与自然法学、分析法学两大法学派别并驾齐驱的一个法学流派；而法律社会学是指社会学中的一个分支学科，在社会学的范围内使用。"美国法学家帕特森认为："法律社会学是'描述性的'，即着重陈述社会、法律事实；社会学法学是'规定性的'，即着重法律的规定。实际上，二者有许多共同之处，例如它们都注重以社会学的观点、方法研究法律，都注重研究法律的实际社会效果等等。因此，从这个意义上来讲，我们不将这两个名词做严格的区分。"[16]还有学者认为："社会学法学派（sociology school of law）、社会学法学（sociology jurisprudence）和法律社会学（sociology of law）三个概念实质上是同一含义，只是由于研究者本人是法学家或社会学家，在研究同一问题（如青少年犯罪与法的关系问题）时，其研究的角度和着重点有所不同。"[17]"社会学法学注重法的作用和效果，强调所要促进的社会目的；把视角放在法的实际运行和操作上，而不是法典中的条文和判例；把法律的改进、改革、完善，缓和资本主义社会矛盾作为其终极理论关怀。社会学法学引入社会学的理论和方法，但它仍然是法哲学中的一个流派。"[18]这就表明，无论学者们对社会学法学、法律社会学或法社会学的区别有怎样的认识，但是他们都强调以社会学的观点和方法来研究法律。

（二）社会学方法是重要的法学方法

社会学方法之所以能够在法学中被普遍运用，一个根本的原因就在于法律是一种社会现象，可以而且必须进行社会学研究。社会学研究方法本身就是研究社会现象的工具，作为社会重要现象的法律，在对其进行研究的过程中运用社会学方

---

〔15〕 张文显：《二十世纪西方法哲学思潮研究》，法律出版社1996年版，第107页。

〔16〕 吕世伦：《现代西方法学流派》（上卷），中国大百科全书出版社2000年版，第275页。

〔17〕 周旺生主编：《法理学》，西安交通大学出版社2006年版，第421页。

〔18〕 张文显：《二十世纪西方法哲学思潮研究》，法律出版社1996年版，第107页（原文标点即如此）。

法正是题中之义。再说,社会学方法也是人类研究社会现象的重要成果和有效工具,对于法学来说,不能拒绝。任何研究都是为了探索未知、认识真理,法学研究也不例外。为了实现这样的目标,任何有效的方法都可以作为法学研究方法之一,都是必要而可取的。社会学方法是社会学家们千锤百炼、日积月累的经验结晶,也是他们卓有成效、重复使用的研究手段。法学借用其经验与手段开展自己的学术研究和进行学术活动,无疑是具有重要意义的。也正是因此,社会学法学将社会学方法引入法学领域,开展法学研究,对于法学发展起到极为重大的推动作用。

社会学的方法本身也是多元而复杂的。从理论研究方法与经验社会调查方法逐步扩展到现在,社会学形成了十分庞大的方法论体系。就方法论来说,就有实证主义方法论、反实证主义方法论和马克思主义方法论。马克思主义方法论也是一个内容十分丰富的整体。他将辩证法运用于社会学研究,强调研究过程的经验性和实践性,强调要把社会作为整体来加以研究。此外,就社会学的具体研究方法来说,就有社会调查方法、实验方法、个案方法和间接方法。仅仅是社会学中搜集资料的方法就有观察法、谈访法和问卷法等。社会学方法在法学中的运用也是极为多元的。“西方法律社会学研究中常用的方法论主要有:功能主义、现象学、结构主义、系统论、冲突论、进化论、行为主义。”[19]社会学方法为法学提供了大量工具,为法学发展注入了新的活力。在目前的法律研究中,广泛使用社会学的社会调查方法、社会实验方法、社会统计分析方法等。

七、行为科学方法

行为科学方法是随着行为科学的发展而形成的。由于法律是人们的行为规则,因此行为科学方法在法学研究中具有特别重要的意义。行为科学方法在法律领域中的运用,是法学方法论的重大发展和丰富,为法学研究提供了新的研究手段。

(一)行为科学及其方法

行为科学是新兴的社会科学,它是对人的行为进行专门研究而形成的学术领域,或者被定义为专门研究人类行为客观规律的科学。或者研究个人或者小集体的行动理论,被称为微观行为科学;或者研究大的社会集团的行为,被称为宏观行为理论。它广泛地运用了心理学、社会学、人类学、生理学、教育学等学科的方法和理论,来研究人的各种行为。行为科学运用各种方法专注于人类行为的研究,形成了自己整体性的独特研究方法与丰富的学术成果。在行为科学看来,人的行为决定于人的动机,而人的动机又是由人的需要所引发的,需要和动机是人行为的动

---

〔19〕 田成有:《法律社会学的学理与运用》,中国检察出版社2002年版,第22页。

力。人的行为就是为了使自己的需要得以满足。在行为科学的需要理论中,最著名的有马斯洛的需要层次理论。它将人的需要分为生理需要、安全需要、社会需要、尊重需要和自我实现的需要。生理需要是指人对于空气、水以及衣食住行的需要;安全需要是指人对于劳动安全、职业安全、社会安全、生存安全等的需要;社会需要则是指与人交往、建立友谊、拥有情感、具有组织归属与为社会所接纳等方面的需要。尊重的需要就是满足自尊与被人尊重的需要,表现为获得满意的评价、一定的荣誉和为人所重视等。自我实现的需要则指个人的理想得以实现,人生的价值得以体现等。五种需要呈递进的关系。前两种为低级需要,后两种为高级需要,中间为过渡性的需要。行为科学研究在积累了相关学术理论成果的同时,也为整个社会科学研究贡献了自己的研究方法。

（二）行为科学方法的法学运用

法学领域中的行为科学运用,是在两个方面展开的。一是将行为科学的学术成果运用于法学的研究;二是指将行为科学研究中使用的研究方法在法学研究中加以运用。在行为科学的研究中,人们使用了人类学、生理学、心理学、教育学、社会学、系统论、控制论、信息论等大量的新兴科学研究方法。这些方法被用以研究法律行为,以构筑行为法学的理论基础。

西方行为科学理论与方法在法学中的运用产生了行为主义法学。它主要研究人的法律行为,重点是官方的立法行为,尤其是审判行为。“行为主义法学的方法论给法律的应用提供了一个崭新的手段。它效能高,准确度大,比较客观,从而帮助人们更好地进行法律的研究和应用。”〔20〕

从20世纪80年代中后期以来,中国法学界开始了行为法学研究。中国的行为法学一是在研究对象上,以法律行为或者法行为作为研究对象,并以此来建立行为法学;二是在研究方法上,使用行为科学的研究方法或者以行为科学作为研究方法,来研究法律现象,以此来建立行为法学。二者在表面上有着重大分歧,事实上却有着很大的重合性质。因为,研究法律行为必然会关注行为科学等对于行为研究的既有成果。运用行为科学的方法来研究法律现象,首先也是对于法律行为的研究,其研究的成果必然是以法律的行为解析作为重点和核心的。中国行为法学的学术研究推动了中国法学界对于法律行为的理论认知,将行为科学方法运用于法学研究也推动了法学的发展。中国行为法学在目前还并不是一个学术流派,只是在研究对象和研究方法上的一种学术倾向。众多的相关学术研究及其成果形成了行为法学的学术思潮,丰富了中国法学,推进了中国法学的发展。

---

〔20〕 信春鹰主编、中国社会科学院法学研究所法律辞典编委会编:《法律辞典》,法律出版社2003年版,第1628～1629页。

八、经济分析方法

经济分析方法是悠久而又新颖的研究方法。经济分析方法在法学研究中的运用,给法学研究增添了活力,使法学研究因之而获得新的发展契机。经济分析的方法如同其他方法一样,都难免具有自身的局限,但是它对法学理论进步的意义是不容低估的。

(一)法学中的经济分析方法

经济分析是法学研究中经常运用的方法,尤其是在现代法学研究之中,法律的经济分析更是被广泛运用。经济分析方法在法学上的运用具有多个方面的含义。

法律的经济分析方法,首先是指从法律的经济决定意义和法律的经济基础意义等角度来研究法律现象的方法。生产力与生产关系、上层建筑(包括法律)与经济基础之间的适应与不适应的冲突矛盾,是社会发展的动力,决定了社会的发展变化。这个意义的经济分析方法,是马克思主义法学经常运用的方法,也可以将其归入唯物辩证法的法学研究方法之中。马克思和恩格斯就是运用经济分析方法研究法律的典范。这种研究方法主要在社会主义国家的法学研究中被普遍运用。一些资产阶级的学者也采用这样的方法来解析法律现象。

法律的经济分析方法,其次是指从经济理论的角度来对法律进行分析研究的方法。它是"运用市场经济的理论分析法律制度的一种方法。其代表人物是 R. 科斯、G. 克莱布里斯和 R. A. 波斯纳。法律经济分析理论认为,所有的法律活动如立法、执法、诉讼等和全部法律制度都以充分有效地利用社会资源,最大限度地增加社会财富为目的。经济效益是法律活动的唯一宗旨"。[21]"法律经济分析方法促进了法律与经济学的结合,目前已经成为一种普遍接受的有重大实际价值的法学研究方法,特别是在市场经济发达的西方国家中,法律经济分析方法正在被广泛应用于法律实践之中。"[22]

(二)经济分析方法的法学运用

经济分析方法,在当代法学中得到了更广泛的运用,其最具有代表性的成果就是形成了经济分析法学。经济分析法学或称"法的经济学""经济学法学""法经济学",其主要的特征就是经济分析方法的法学运用。它是运用微观经济学理论与方

---

〔21〕 信春鹰主编、中国社会科学院法学研究所法律辞典编委会编:《法律辞典》,法律出版社 2003 年版,第 301 页。

〔22〕 信春鹰主编、中国社会科学院法学研究所法律辞典编委会编:《法律辞典》,法律出版社 2003 年版,第 301 页。

法研究法律现象的重要的跨学科领域，是运用公共选择理论及其他有关实证和规范方法考察、研究法律制度的形成、结构、过程、效果、效率、创新及未来发展的学科。[23]

西方的经济分析法学家波斯纳、考特、尤伦就是将经济分析方法运用于法学领域的典型代表。他们将成本、效益以及成本效益关系等概念引入法学研究领域，对立法、司法、执法和守法进行成本分析，对权利问题、刑法问题、知识产权问题等进行经济分析，对犯罪与惩罚之间的关系进行经济学探讨，对犯罪预防与控制进行成本解析，等等，“几乎涉及全部的法律制度并将重点置于非市场行为的法律管制——不仅包括我们熟悉的犯罪、事故和法律诉讼等例证，而且包括（经济学家们）不太熟悉的吸毒成瘾、性行为、代理母亲身份、海上救助、宗教礼仪等例证”。[24] 经济分析法学力图以对法律的经济分析来认识法律，推进法制，指导法律的实践活动。他们的努力常常为传统的法学家们所不理解。“像澳大利亚的兔子一样，经济学家发现了一块法学家们尚未涉足的领域——具体地说是缺乏数量的推理，并在迅速充实它。他们走进这块新的领地一直是令人困惑的。不少传统的法学家瞧不起分析法律的经济学家的工作，却又因之忐忑不安。他们常常还没有弄懂经济的方法就试图反驳经济方法。这些贬低经济方法的人声称经济方法太抽象，不可检验，而且与审判无关。”[25] 其实，当代的经济分析方法在法律与法学的运用上，也许过分侧重于数量计算和成本效益的考量，因此也就难免使某些结论不甚科学，或者具有拒绝和否定价值判断的弊端。但是作为一种法学研究方法，它有其他方法所不具有的优势，只要理性地认识其局限性，充分发挥其优势，必将有利于法学研究的发展和法学视野的扩展，丰富法学理论，推动法律实践。法学发展证明，法律的经济分析方法对于法学发展具有重要的理论贡献和现实意义。法律经济分析方法的运用，成功地形成了经济分析法学一系列重要的学术成果，甚至发展形成了“经济分析法学”这个重要的法学学术流派和边缘性法学分支学科。这不能不说是经济分析方法在法律和法学领域的重大成就。“经济分析法学（Jurisprudence of Economic Analysis）是用经济学方法来分析法律问题的边缘学科，主要是立足在新制度经济学理论基础上，运用微观经济学、公共选择理论及其他有关实证和规范方法来考察、研究法律制度的形成、结构、过程、效率、创新及未来发展……它代表法学和经济学研究方法的变革，也代表了法学和经济学相互交叉渗透的前沿学科、边

---

〔23〕 信春鹰主编、中国社会科学院法学研究所法律辞典编委会编：《法律辞典》，法律出版社 2003 年版，第 301 页。

〔24〕 ［美］理查德·A. 波斯纳：《法律的经济分析》（上），蒋兆康译，中国大百科全书出版社 1997 年版，“第四版序言”。

〔25〕 ［美］罗伯特·考特、托马斯·尤伦：《法和经济学》，张军等译，上海人民出版社、上海三联书店 1994 年版，第 11 页。

缘学科和综合学科的重大新成就。”[26]

中国的经济分析法学是从西方引入的。经历了短暂的介绍和引入之后,中国自身的经济分析法学逐步产生和发展起来,相关的学术著述相继问世。法律的经济分析作为一种重要的研究方法逐步得到中国法学界的普遍承认和较为广泛的使用。

思考题

1. 法学方法的基本含义。
2. 法学方法的意义有哪些?
3. 法学方法有哪些主要的现代属性?
4. 一般的法学方法有哪些?

〔26〕 钱弘道:《经济分析法学》,法律出版社 2003 年版,第 44 页。

第十六章 法学教育

法学教育几乎是与法律相伴而生的，大体上它与法律发展同步而互动，有力地推动了法律和法学的发展。法学教育是法律发展的基础，是法学进步的阶梯。任何法律专家和法学专家一般来说都必须接受法学教育，其中的优秀者不断为法律和法学发展作出重要贡献。

第一节 法学教育的目的

法学教育是教育的重要构成部分。这里的法学教育特指由专门学校或其院、系、专业所进行的关于法的专门化教育。它不同于社会一般的非专门化的法律教育。社会一般的法律教育，包括普法宣传、中小学法律知识教育、普通高校非专业化的法律教育、执法机关在执法活动中对有关当事人和其他公民所进行的法律教育等。法学教育与一般法律教育的区别在于，所传授的法律知识是否具有较高的理论性，相关理论是否具有系统性和全面性，以及教育者与受教育者对于法律的认识是否具有专门性。法学教育的目的在于为国家和社会培养精通法律的治理人才，为法学教育和法学研究培养法律理论人才，为立法与执法培养法律实践人才，以及培养和提升社会民众的法律意识。

一、培养治理人才

法学教育一直以来都担负着培养法律专业人才与培养国家和社会治理人才的双重任务。就治理人才的培养来说，国家和社会的治理者必须具有一定的法律修养，而且这种法律修养必须是良好的而不是畸形的。这就对他们的法律知识培养，对他们的法律意识的确立与提升提出了特别的要求。法学教育正是为此服务并实现这一目标的最好途径。

依法治国是我国治国理政的基本方略，是发展市场经济的客观需要，是社会文明进步的重要标志，是国家长治久安的重要保障。依法治国的主要内容就是广大人民群众依照宪法和法律规定，通过各种途径和形式管理国家事务，管理经济文化事业,管理社会事务,保证国家各项工作都依法进行,逐步实现民主的制度化、法律化,使这种制度和法律不因领导人的改变而改变,不因领导人看法和注意力的改变而改变。这些管理(也是治理)都是由特定的主体来进行和完成的,都必须依法进行,因此一定的法律修养就成了相应主体必备的知识基础。

从传统法学性质上讲,法律科学也是管理科学;从现代法学性质上讲,法律科学也是治理科学。随着国家和社会的现代化和民主化发展,国家和社会管理逐步让位于国家和社会治理。本书在此也就不再从管理,而是从治理的视角展开论述。国家和社会治理都是由一定的主体来完成的。治理国家和社会的规范和手段是多样的,但法律规则和法律手段长期是最基本的规范和手段。系统的法律知识主要是由法学教育传播并由此而使人接受的。国家和社会的治理者必须具有良好的法律修养。当代世界各国,许多政治家都是系统学习过法律的,接受过系统的法学教育。即使是那些非法学专业毕业的政治家们,大多数都具有良好的法律知识、法治观念和法律修养。尤其是那些杰出的政治家,他们都能较好地遵守法律,依法执政或依法行政。国家和社会治理者一般来说,都只有在接受了良好的法学教育之后,才可能很好地运用法律开展工作,有效而良好地进行治理。这是因为:

第一,法律是国家和社会治理的规范。国家和社会治理的规范包括政策、道德、纪律和法律等。这些规范各有特点,各有不尽相同的适用范围,无法评价也不能评价孰优孰劣,但与政策、道德、纪律相比较,法律在国家和社会治理上具有独特的优势。法律能够以自己明确而具体的规定,指引人们的行为,告知人们具体的权利和义务,使人们能够清楚地知道,依照法律应做什么、不能做什么,以及必须做什么。政策、道德和纪律都不具有法律所具有的那种明确具体的性质,无法普遍而准确地指引人们的行为。法律的这一性质使其在国家和社会治理的众多规范中具有独特的地位。

法律比政策、道德、纪律具有更大的强制性和强制力,即国家强制性和国家强制力。法律具有国家强制性,是由国家强制力保障实施的。对于法律,任何人都只有服从与遵守的义务,而没有违反的权利。任何人一旦违反法律的规定,就应当承担法律责任,受到相应的法律制裁。这种责任和制裁是由国家强制力作保障的。国家强制力以警察、法庭、监狱作为自己的后盾,通过一定程序,以暴力的方式直接施加于违法者身上。法律的国家强制力使违法者受到应有的惩罚,迫使其服从法律;使其他人引以为戒,自觉地遵守法律。政策、道德、纪律也具有自己的强制性和强制力,但这种强制性和强制力与法律是不同的。它们的强制力都不是国家的强制力。政策、道德具有的往往是感召性和感召力。政策、道德、纪律都具有舆论谴责、良心责备等强制力量。纪律有纪律处罚作保障。但无论如何,它们在强度上都不及法律的强制性和强制力。

第二,法律是国家和社会治理的手段。国家和社会治理的手段中主要有教育手段、经济手段、行政手段等。这些手段都离不开法律手段。教育手段是国家和社会治理中必不可少的,尤其是在民主国家,教育更是经常而必需的。但是在治理活动中的教育,必然包括有关的法律教育在内。经济手段和行政手段都是国家和社会治理手段的重要组成部分,但是,经济手段和行政手段都有一个何以合法的问题,它们要具有足够的权威性和强制力,也还必须依赖法律。经济手段和行政手段只有得到了法律的认可,或者转化为法律手段,才可能具有法律的权威与效力。如果经济手段和行政手段是不合法的,就应当受到抑制,就应当被禁止。

第三,法律是国家和社会治理的保障。国家和社会的许多治理者都是一定国家权力的行使者。法律对于他们的意义主要表现在两个方面。其一,法律为国家和社会治理者的治理行为提供法律根据。国家和社会治理者的治理权是由法律所赋予的,法律规定了其权力的性质、内容、范围。法律是其行使治理权的根据,也是其权力的制度来源。没有相关的法律规定,任何权力都可能是非法的。法律不仅是治理者拥有权力的根据,而且也是其行使权力的根据。治理者的治理行为必须依照法律规定的程序和内容来行使。依法行使的权力便具有法律上的效力,否则就将承担法律责任。法律使国家和社会治理具有合法的性质和法律的保障。熟知相关法律是国家和社会治理者完成其治理工作的基本要求。其二,法律对国家和社会治理者的治理行为实施法律约束。任何国家和社会治理者行使的权力都是有限的,都有一定的范围,这个范围是由法律来确定的,超越这一范围的治理行为就是非法。法律在对治理者授权的同时,也约束着权力的行使。这种约束是一个国家和社会民主的保证,是国家和社会治理者忠于人民的保证,是国家和社会治理者不至于非法治理甚至违法犯罪的保证。国家和社会治理者对法律的了解,既是其从政的素质要求,也是其合法从政的根本保障。由于法律是国家和社会治理的重要规范和重要手段,由于法律对于国家和社会治理者的重要意义,良好的法律知识就必然应当是国家和社会治理者必备的基本素质。所有的国家和社会治理者都应当具有良好的法律修养。

这里需要特别说明的是,并非只有法学人才才能成为国家与社会治理的人才。学校教育,无论是什么专业,除了知识之外,更重要的是培养素质与能力。不同学科的学生,知识是不同的,但其素质与能力是可以相通和比较的。国家与社会治理人才并无严格的专业限制与要求,而且也需要多学科人才的共同参与。只是由于法学等社会科学的属性更接近于国家与社会治理的工作性质,也就决定了参与其中的法学人才相对较多而已。在民主和法治的背景下,谁能担当国家与社会治理的重任,远不是由专业决定的,更重要的是素质与能力,最根本的是通过法定程序获得人民的信任、为人民所选择,为人民所决定。只要是人民所认同的,都应该为法律、国家、社会、所认同。

二、培养法律理论人才

在广义上,法律理论人才包括一切具有较高法律理论修养、能够从事法律理论工作的人。为了更准确地描述法学教育的目的,这里所讲的法律理论人才是从职业人才的专门化角度来定义的。

(一)培养法学教师

法学教育除了为国家和社会培养治理者以外,还必须为法学教育本身的发展而培养法学教育者——法学教师。

一个国家,法学教师的学术水平和教学状况如何,直接影响着法律教育的状况和法律文明的程度,直接影响着这个国家的法治状况。法学教师是一个国家法律和法学发展的重要基础和基本保障。法学教师是法律知识的传授者,也是法律知识的创造者。历史上许多法学教师既是教育工作者,又是研究工作者。他们教学的过程也是创造的过程。法学教育的发展离不开他们,法学研究的发展也同样离不开他们。应当说,中国法学研究除了一部分是由附设在社会科学研究机构中的法学研究所(室)的科研人员承担的以外,大部分都是由法学教师在教学的同时承担的。

在“文化大革命”结束后,中国法学教育亟待恢复时,一些其他学科的学者进入了法学教育的领域。他们通过自己对法律的学习或接受法学教育,成为法学教师。他们为法学教育的发展作出了贡献。但随着时间的推移,不能再依赖非法学教育来培养法学教师。法学教师的培养责任理所当然地应当由法学教育自己来承担。为法学教育的持续发展而培养法学教师是法学教育的重要任务。

(二)培养法学研究人员

法学研究人员与法学教师之间是交叉关系。从逻辑与应然意义上讲,所有法学教师都同时也是法学研究人员。法学教育除了培养法学教师这一类法学研究人员之外,还有培养专门研究人员的任务。这些研究人员主要存在于我国的社会科学研究机构的法学研究所(室)之中。此外,我国一些法律机构、政府机关内也设有类似“法制办”“法制局”“法制处”“法制室”之类的内部研究机构。[1] 他们研究的内容主要是自己所属部门工作中的一些具体法律问题,目的是为自己所在机关的工作提供法律服务。

一个国家,并不需要所有学习法律的人都去从事研究法律的职业,都成为法学专家。但一个社会不可缺少法学专家。他们对于法律的精深研究是一个国家法律

---

〔1〕 类似名称的机构,有的并不是研究机构而是所属机关的工作部门。

乃至社会进步的基础与动力，是一国法治的理论保障。没有法学专家的社会，必然是法律停滞的社会，必然是法律落后于时代的社会。

三、培养法律实践人才

法律实践人才是指具有法律专门知识，从事或有能力从事立法、执法和社会法律服务工作的人。其中包括立法工作者、执法工作者和社会法律服务工作者在内。

法律实践人才需要接受法学教育。法学教育对于法律实践人才的成长来说，是必不可少的。社会根本就不应该存在那种没有接受过法学教育的法律实践人才。认为法律实践人才无须接受法学教育的说法是极其错误的。培养法律实践人才是法学教育最主要的任务。法学教育是由法学教育机构来承担的。古往今来，学校都是培养法律实践人才的场所。尤其是专业化的高等法学教育，必须由专业化的法学教育机构来进行。之所以如此，是由法学本身和社会对法学的要求所决定的。法学是一门艰深的学问，人类为此进行了千百年的探索，积累了大量的知识和理论。从事法律学习的人根本就不可能一蹴而就。在全世界的所有国家，法学几乎都被作为需要长时期学习的科学。有许多国家学习法学的学生都被要求具有大学本科以上学历，或须经过比学习其他社会科学更长的学习时间。法律实践人才是社会需要的。社会需要其明辨是非、解决纷争、化解矛盾、维护正义、制裁违法。社会的需要就决定了他们应当由社会的优秀分子来充任，应当由具有高深而专门的法律知识的人来担当。

（一）培养立法工作者

立法工作者在广义上包括两重意义上的立法工作人员。一是指从事法律的起草等技术性工作的专门人员。他们可以是纯粹的立法专家，而不必是立法机构的组成人员。二是指依法从事法律的制定、修改或废止的国家立法机关的构成人员。他们是代表机构成员，在其他国家称为议员，在我国称为人民代表。这两种意义上的立法工作者，都应当懂得必要的法律知识，包括立法技术等。尤其是从事法律起草等技术性工作的专门人员应主要由法律专家构成，每一个主要成员都应当具有必要的法律知识。

世界在不断变化，法律要适应变化的形势而不断发展与更新，立法工作也应不断及时适应。对于一个国家和社会来说，法律的立、改、废，始终是一项至关重要的工作。由于立法对一个国家或社会有深刻而重大影响，由于立法本身是一个复杂的技术工作，因而应由具有一定法律知识的人来进行，甚至必须有职业的法律专家介入并担负重要责任。职业法律专家只能来自法学教育。其实不仅是法律专家，就是一般立法工作者的培养，也必须由法学教育来承担。法学教育应把培养立法工作者作为自己的重要任务。

(二)培养法律适用官员

法律适用是指国家特定机关或组织将规范性法律文件的规定运用于具体的人或事件的专门活动。这些机关也就是相应的法律适用机关,其中代表该机关进行法律适用活动的工作人员,即法律适用官员。法律适用官员中有法官、检察官、监察官、警察,还有海关官员、税务官员和其他行政官员等。

培养法律适用官员,是法学教育最经常、最主要的任务。如果说法学教师、法学研究人员和立法工作者的社会需求都较少的话,那么法律适用官员的社会需求却十分普遍,数量庞大。我国目前需要大量合格的法律适用官员。

(三)培养法律服务人才

法律服务人才是指具有法律专门知识,并运用自己的法律知识为社会提供法律服务的社会工作者,包括仲裁员、律师、公证员等。

我国民事和商事仲裁机构不是国家机关。它是根据法律规定和当事人自主选择,而对平等主体的自然人、法人和其他组织之间发生的合同纠纷和其他财产权益纠纷进行裁决的社会法律服务机构。它可以在直辖市和省、自治区人民政府所在地的市设立,也可以根据需要在其他设区的市设立,由其所在地的市人民政府有关部门与商会统一组建。民事和商事仲裁机构的仲裁员一般都是兼职的,他们是社会法律服务工作者。我国仲裁机构在目前有国家机关或准国家机关性质,在仲裁机构的进一步发展中,其社会法律服务机构性质将会日益得以更充分的体现。

律师是专门为社会提供法律帮助的职业法律服务人员。他们运用自己的法律知识为社会的自然人、法人和其他社会组织处理法律事务,提供诉讼和非诉讼的法律服务。律师在我国改革开放的初期,依然具有国家工作人员的性质,随着律师事业的发展,日益具有社会法律服务者的性质,现在已经在很大程度上实现了这种转变。

公证员是在我国公证机构对一定法律关系和法律事实予以证明,而提供公证法律服务的专门人员。我国公证员在目前还是事业单位工作人员的身份,随着我国公证制度的改革与完善,公证机构将越来越具有社会法律服务机构的特点,公证员也将逐步向社会法律服务人员转化。

四、培养民众的法律意识

法律意识的培养是一个不间断的过程。未成年的社会成员在其社会化的过程中,必须培养一定的法律意识;成年的社会成员的法律意识也有不断更新和提升的问题。培养法律意识,是推进法治发展、构建法治国家和法治社会的现实需要。

第一,法学教育为民众提供法律技能。法学教育不仅是为法学家或法律家而存在的。在现代法治社会和法治国家中，人们无法摆脱法律而生存。从人的出生到死亡，许许多多的事务都与法律密切相关。人们的行为及其社会生活都不可能远离法律。必要的法律技能是公民生存的基本手段之一。作为公民来说，也不可能将每一个与法律相关的事务都委托法律服务人员代为办理。尤其是在公民作为具体的法律关系主体时，其意思表示或许可以由他人代为作出，但其“意思”还得出自作为每一个法律关系主体的公民（或法人）自身。公民掌握一定的法律知识，对于公民的社会生活来说是必要而有益的。法学教育也有为社会民众提供法律技能的意义。正是因此，法学院校毕业的学生也未必一定要从事职业的法律工作。然而，他们所接受的法学教育也并非毫无意义，法学教育使其获得的法律知识是其社会生活的基本技能之一，对其未来社会生活和事业发展是大有裨益的。

第二，法学教育为法治提供民众基础。实行法治，建设法治国家、法治社会已经成为法治目标。在法治国家中，仅有法学和法律专家熟知法律还远远不够。“中国近百年法治建设的未能成功，在很大程度上都缘于中国的法治理想缺乏民众基础。仅靠社会的优秀分子，无论这些优秀分子是多么优秀，要建立起以社会状态存在的法治，也是绝无可能的。”〔2〕要实现法治，首先是领导干部要学习并熟知法律。其次是广大人民群众要学习并熟知法律。任何法治都是以民众具有较高的法律意识作为社会意识基础的。只有全体人民在总体上具有良好的法律意识，人民才可能依法当家作主，权力也才可能尊重而不践踏人民的权利，人民的利益才可能得到保障，法治才可能成为现实。

第二节　法学教育的概况

法学教育在现代世界已经是一个朝气蓬勃的领域。法学教育曾经经历了曲折的发展过程，其过去与现状都值得予以特别关注。

一、法学教育的历史发展

西方法学教育产生于古希腊，形成于古罗马。在古希腊，由于没有专门而独立的法学，当然不可能有专门的法学教育。那时的法学教育是在百科全书式的教育中存在的。苏格拉底、柏拉图、亚里士多德、芝诺等，他们所接受与传授的法学都是蕴含在包括哲学、政治学、社会学等在内的整个学说和理论中的，法学教育不是独立的教育类别。在古罗马，正式的法学教育出现并得到了极大的发展。一大批法

〔2〕　卓泽渊：《法治泛论》，法律出版社2001年版，第25～26页。

学家从事法学教育,培养了一代又一代的法学家。法学教育的发展极大地推动了法学研究的进步。许多法学著作既是法律专著,也是法学教科书。

中国法学教育的起源是与中国法学的起源相联系的。中国古代的律学不是现代意义上的"法学",但它属于法学的范畴。中国古代的法学教育也即律学教育。除了特殊的情形之外,这种教育一般是附属于百科全书式的教育之中的。完整意义的法学应当是在清末法制改革时,从西方引进的;完整意义的法学教育也应当认为始于清末。

现在,法学教育在世界各国都受到了特别的重视。从清末以来,中国法学教育不断发展。就法学教育与社会发展的现实需要来看,发展法学教育,对于中国来说任重道远。

二、中国法学教育的现实状况

了解中国法学教育的现实状况,是对法学现状予以把握并有效推进的需要。中国现实的法学教育还有诸多不足,但是其发展的速度和进程都是令人欣喜的。

(一)中国法学教育的体系

法学教育体系是指由不同类别的法学专门教育机构及其教学活动构成的统一整体。法学教育体系之中的法学教育是专门性的法学教育,而不是社会大众的法律宣传。它主要由普通法学教育、成人法学教育和法学高等教育自学考试三大部分构成。

我国现有的普通法学教育,包括法律中专(设置于司法学校、警察学校或公安学校等)、法学专科、法学本科、法学研究生(硕士研究生和博士研究生)四个层次。

目前我国有一批分属教育部与相关省市的,以政法大学或政法学院命名的,以法学教育为主要特色的高等院校。公安部、安全部下属有少量法律类高校。一些综合性大学的法学院和法律系也承担了相当的法学教育任务。一些省、自治区、直辖市的政法干部管理学院也部分地开展了法学学历教育。

我国法律中专,是法律类中等专科学校的简称,类同于其他中等专科教育,范围和数量都十分有限。法律专业的专科,以高中毕业生为招收对象,学制为 3 年。本科,以高中毕业生为招收对象,学制 4 年。硕士研究生,以本科毕业生(或同等学力者)为招收对象,学制 2 ~3 年。博士研究生,以硕士研究生(或同等学力者)为招收对象,学制 2 ~3 年。在硕士研究生层次中,分为法学硕士研究生和法律硕士研究生两类,前者侧重法学理论的学习与研究,重点培养理论人才;后者侧重法律应用的学习与研究,重点培养的是应用人才。

(二)中国法学教育的走向

中国法学教育是在"文化大革命"结束后匆忙恢复的,在恢复时来不及仔细地思考和深入地研究。在发展中就必然有一个反思、改革与再发展的过程。

普通法学教育将在更大的意义上成为中国法学教育的主流，高层次法学教育应有较大发展。法学教育与其他教育相比较，有其特殊的性质。它需要更多的知识基础，所以英美法系国家都要求法科学生具有较好的知识基础，甚至以学生已具有非法学专业的第一学士学位作为其进行法学学习的前提。其学习的时间往往可能比其他专业的学生要求更长。大陆法系国家的法学本科教育，没有必须先有学士学位的要求。但是他们特别强调法学专业毕业生，在通过法官等资格考试后、从事法官工作之前，必须接受严格的、国家法官学院约三年的职业培训。我国目前，法学本科毕业生如果说尚可从事相应司法工作的话，而法科的职业中学、中专、大专显然不能适应法律理论人才和法律实践人才的知识需要。发展本科及其以上学历的硕士研究生、博士研究生的法学教育都是现实的重要任务。

法学教育有一个竞争与发展的淘汰过程。在长期忽视法律和法学教育的情况下，中国法律人才极其匮乏，市场对法律人才的需求缺口很大，加速培养法律人才就成为法学教育的重要任务。在这种情况下，一些本不具备举办正规法学教育条件的高校也竞相开办法学教育，一些司法机关也自办非培训类的普通教育机构。目前，中国法律人才已经有了相当大的数量积累，有的法律机构甚至出现了人才壅塞现象：劣者难出，优者难进。法学教育中，人才产出质量参差、供求不相应的问题仍然突出。涉外和国际法律人才的缺乏，已经成为制约我国对外开放和担当国际责任的重要因素。中国的法学教育正处于发展与调适的阶段，在改革的大潮中，法学教育将会得到改革和发展，这是历史的必然。未来的中国法学教育必将更加科学而规范。

第三节　法律教育与法律人才

法律教育是法律人才产生的前提与过程，法律人才则是法律教育的成果。一般的普法教育与宣传当然是公共而大众的。严格意义的法律教育即法学教育则是极为专门的，法律人才正是接受这种教育并达到一定水准的人。一般来说，人们只有接受严格的法学专业训练与职业培养才可能成为真正职业的法律人才。

一、法律人才的含义

任何法律都是由人制定或认可的，任何法律都是由人贯彻实施的。法不能离开人，必须依赖人的社会行为与活动。这里的人当然是对法律有所了解、认识，甚至有非常精深的了解和认识的人。这些人就是其所处时代的法律人才。没有法律人才,即无所谓良好的立法、执法、司法,更无所谓法治或法治国家。

法律人才是指具有系统而理性化的法律知识,能从事法律理论工作和法律实践工作的专门人才。对于法律人才,也像其他任何人才一样,可以进行多种种类划分。为了便于对法律人才进行分析,这里仅从法律人才在理论或实践上的特长和职业倾向进行分析,将其划分为法律理论人才和法律实践人才两类。[3]

(一)法律理论人才的含义

法律理论人才是指具有较高法学理论修养,并专门从事法学教育和法学研究的人员。首先,具有较高的法学理论修养,是法律理论人才的基本素质。这里的"较高"具有一定的相对性,应以社会中法学普及程度和法学发展水平为参照。在我国目前,法律理论人才至少应当具有法学教育本科及其以上的学历,并在法律或法学方面具有相当的造诣。其次,从事法学教育和法学研究工作是法律理论人才的职业表征。这里的法学教育是各类专门的法学教育,而不是指偶尔的普法宣传和法律讲座。法学研究方面的法律理论人才是指以法学研究为其职业的科研工作者,而不是从其他学科出发偶尔涉及法律或法学的其他学科的科研工作者。

(二)法律实践人才的含义

法律实践人才是指从事法律工作的、合格的职业工作者。这里的法律工作包括立法事务工作、公安工作、监察工作、检察工作、审判工作,以及律师、公证、法律顾问工作等。从事这些职业的法律工作者就是法律实践人才。法律实践人才包括立法机关的法律工作者、行政执法人员(含警察)、监察官、检察官、法官等。

二、法律人才与法学教育

法律人才如同其他人才一样,其培养的途径在逻辑上可以有三条:一是教育成才;二是家传成才;三是自学成才。

实际上,家传成才以及单纯的自学成才,对于法律人才的成长越来越不可能。因为法律人才的培养较之其他任何人才的培养,更有其独特的性质,内容庞大而艰深的法学要靠传统的家传,是不可能的。因为对于现代复杂的法律,任何人都不可能全面精通,凭一己之力要完成现代法学教育的教学工作根本就不可能。任何一个家庭都无法全面担负起完整的法学教育任务。自学成才,有两层意义,一是指通过国家高等教育法学自学考试的自学成才,二是指不通过高等教育法学自学考试的自学成才。前一类自学成才并不是传统意义上的自学成才,因为他需要学习系

---

〔3〕 人才类型的划分标准与划分种类都很多。这里借鉴了意大利哲学家克罗采根据职业划分人才类型的方法,即将人才划分为"理论活动人才"和"实践活动人才"的方法。

统而规范的教材,并通过法定的高等教育考试。这类自学成才者实际上是接受了法学教育的。后一类自学成才者,由于未经过规范化的学习并接受国家和社会认同的考试,知识的完整性令人质疑;其自学的结果是否“成才”,缺乏量度标准。面对复杂的法学,要绝对靠自学也不是一件容易的事情。

法学教育是法律人才成长的基本条件和最重要途径。法学教育的规模制约着法律人才的数量,法学教育的水平制约着法律人才的能力。法学教育的场所是法学院、校、系,法学教育的主体是法学教育工作者——法学教师,法学教育的对象是未来的法律人才和现实的法律人才。未来法律人才是由法学教育培养的。现实的法律人才,他们已经是法律人才,但还应当接受新的法学教育。现代教育学表明,终身教育已经成为人类发展的普遍现象和客观要求。整天忙于法律实务的法律人才,一旦较长时期离开法学教育就可能将曾经获得的法学知识遗忘。在日常工作中,他们也难以关注法律和法学的最新发展。因此他们也有一个更新知识的问题。接受新的法学教育是法律人才保持其法律职业身份的必需。现代法学教育应改变其只培养未来法律人才的观念,应在未来法律人才教育和法律人才再教育两个方面作出应有的努力。

认识了法学教育与法律人才之间的关系,就应摒弃那种认为法律人才无须法学教育的观念,把法学教育提高到培养法律人才的根本途径与必要途径的高度来认识。

三、法律人才的知识结构

法律人才应当具有良好的知识结构,他们应当是社会的精英,应当具有广博而高深的知识。

所谓知识的广博,是指横向的知识范围,一是法学之外的相关知识应当广泛,二是法学之内的知识应有相当广度。法律理论人才和法律实践人才都应对法学之外的哲学、政治学、经济学、社会学、逻辑学、历史学、文化学、人类学、伦理学、宗教学等,以及一定的自然科学知识有一定的了解。非但在书面知识上有一定的广度,在社会知识上也应当有一定的广度。这是由他们所从事的工作所要求的。在法学范围之内,法律理论人才和法律实践人才都应当熟知常见的法学部门和法律部门,并对各个法学部门和法律部门有普遍的了解与认识。不能只知应用法学而疏于理论法学或只知理论法学而疏于应用法学,也不能只知实体法而疏于程序法或只知程序法而疏于实体法。法学是一个整体。在现代,也许很难有精通法学内外,包括法学之各科的百科全书式的人才,但法律理论人才或法律实践人才尽可能地是通才,应当是不难的。

所谓知识的高深是指法律理论人才和法律实践人才相对于整个知识体系而言,对于法学应当是精深的;相对于整个法学而言,对于自己所从事的专业或专门性法学或法律工作,应当是精深的。法律理论人才对于自己所从事的法学理论研究应当是很有造诣的;法律实践人才对于自己所从事的法律实务工作应当是有相当高水平的。

我国法学和法律领域复合型、高层次人才的缺乏,实际上也就表明了我国一些法律人才在知识结构上,既不广博也不高深。法律人才的知识,在各学科知识与法学或法律知识之间,在法学或法律知识与自己的专业性法律知识之间,都应当有一个“T”形结构,上面一横表示知识的广度,纵向一竖表示知识的深度。第一层面,即各学科知识与法学或法律知识之间的“T”形结构,在任何意义上都是必需的。第二层面,即法学或法律知识与自己专业性法律知识之间的“T”形结构来说,也是非常重要的。法科学生的大学阶段还是一个学习基本知识的阶段,对各科知识都应当努力学习,不可偏废。法科本科学生不应在学校课程学习中确定一个“T”形结构,因为这个“T”形结构的纵向深化应当是在大学毕业以后的研究生学习中或实际工作中,根据自己的学习方向与工作需要学习形成的。也就是说,大学生的纵向知识,还需要在研究生阶段和在实际工作中进一步提高。这样,完善的知识结构才可能最终形成。

四、法律人才的能力要求

法律人才与其他专业人才一样具有某些共同的能力要求。但与其他人才相比较,社会和职业对法律人才又有特殊的能力要求。

(一)学习能力

法律理论人才的学习能力对于其成长是极其重要的,对于其工作也是不可缺少的。法学教育工作者,要能胜任自己的教育工作,就必须不断学习新的法学理论,不断学习新的法律规范。对于法学研究工作者,学习能力也同样是必不可少的。他们进行研究的前提是必要的学习,他们的研究本身也无法离开必要知识的学习。法律实践人才的学习能力,是他们与时俱进的保证。要处理新的法律事务,掌握新的法律法规,都必须学习。学习能力对于法律人才十分重要,是他们成为相应人才的先决条件,也是他们保持相应人才身份的能力保证。

(二)概括能力

法律理论人才必须既注意理论的进步又关注实践的发展。对于众说纷纭的理论必须要有概括。对于纷繁的法律实践,概括能力更有其重大意义。概括能力对于法律理论人才来说是特别重要的。对理论与实践的总结,都离不开概括思维。概括对于法律实践人才也是不能缺少的。法律实践人才会面对各种案件。各种案件都是由各种证据材料来说明案件真实情况的。将各种证据材料加以综合就需要概括。没有这种概括,就无法把握案件的全貌,无法对错综复杂的案件进行归纳。

(三)分析能力

分析能力对于法律理论人才来说是一种最基本的能力。没有这种能力,法律理论人才甚至就徒有虚名。在法学教育与法学研究的工作中,分析是最经常的思维手段。将艰深的理论加以明晰的解析是其最经常的工作。对一些法学理论予以条分缕析,是进行法学教育和法学研究的必需。分析能力对于法律实践人才也是特别重要的。摆在法律实践人才面前的可能是十分复杂的案件情况。对于这些情况如何认识,必然要依赖分析的方法。通过分析才能把握案件的真实情况,由此及彼,由表及里,才能正确适用法律。这种分析既包括对客观情况、案件事实、证据材料的分析,也包括对相关法律规范的分析。只有对这两个方面的分析都很好地进行了,法律才可能被很好地适用。

(四)解决问题能力

法律理论人才面对的是无穷无尽的理论难题,他们不仅要对这些难题进行分析,而且也需要对这些难题加以解决。对于法律实践人才来说,随时都面临着如何解决问题的任务。每一个案件就是一个问题,或很多问题。这些问题只有一个一个都被解决了,才可能在教育过程、理论研究和案件处理上得到科学的结果,才可能实现预定的目标。

思考题

1. 法学教育的目的是什么?
2. 法律人才的含义为何?
3. 法律人才应有怎样的知识结构?
4. 法律人才应具备哪些能力?

第十七章 法律职业

为法律职业培养人才,是法学教育严格意义的根本目标。法学教育不同于普法教育,它有着严格的入学条件、培训课程、时间期限、通过标准等。这种意义的法学教育主要是为法律职业人才的培养服务的,因此,本教材在下篇法学部分设此专章讲述法律职业,目的是使从事法学学习的学子了解自己的职业道路,亦使社会大众对法律职业有一个初步认识。

第一节 法律职业特征

法律职业有不同含义。在广义上是指人们所从事的以法律作为工具的具有确定性质的专业化工作。根据这一定义,法律职业的范围就十分广泛,包括在法院、检察院、监察机关、警察局、律师事务所、公证事务所、法学院以及议会、政府、企业、社会团体等机构的工作人员所从事的法律方面的工作。广义的法律职业人士包括法官、检察官、监察官、警察、律师、公证员、法学教师、立法机关法律官员、政府法律官员(包括公职律师)、专业法律顾问等。在狭义上法律职业则仅指需要经过专门法律专业训练,具有较高法律工作技能,在专门法律机构,以处理法律事务作为工作内容的专业工作。在狭义上的法律职业只能是审判工作、检察工作、监察工作、警察工作和专业的法律服务工作等,相关的工作人员分别是法官、检察官、监察官、警察和律师等。法官、检察官、监察官、警察、律师等语词在人们的表达之中,既是社会职业身份,也是一种职业种类。因此,可以直接把法官、检察官、监察官、警察、律师作为一种职业来加以认知。在此所论述的法律职业,未加特别说明的均是指严格意义的法律职业。在狭义上的从事法律职业的人,主要是法官、检察官、监察官、律师等,西方称为法律人或者法律家。由这些法律职业人士构成的职业群体,西方有的著作称其为法律人或者法律家职业共同体。根据我国法律规定,法官是依法行使国家审判权的审判人员,包括最高人民法院、地方各级人民法院和军事法院等专门人民法院的院长、副院长、审判委员会委员、庭长、副庭长、审判员。检察官是依法行使国家检察权的检察人员,包括最高人民检察院、地方各级人民检察院和军事检察院等专门人民检察院的检察长、副检察长、检察委员会委员、检察员。监察官是在国家监察机关依法行使监察权的监察工作人员。包括各级监察委员会的主任、副主任、委员；各级监察机关中的监察人员；各级监察委员会派驻或者派出到中国共产党机关、国家机关、法律法规授权或者委托管理公共事务的组织和单位以及所管辖的行政区域等监察机构中的监察人员、监察专员；以及其他依法行使监察权的监察机构中的监察人员（含各级监察委员会派驻到国有企业的监察机构工作人员、监察专员，以及国有企业中其他依法行使监察权的监察机构工作人员）等。律师，则是指依法取得律师执业证书，为社会提供法律服务的执业人员。根据不同的标准可以将律师划分为专职律师和兼职律师，社会律师、公司律师、公职律师等。以上各种法律职业工作人员，他们共同构成了我国的法律职业群体。法律职业区别于其他社会职业，作为一个整体具有一系列共同特征。

一、从事法律工作为职业内容

法律职业是指个人以处理法律事务作为自己服务社会和获得生活来源的工作。无论是法官、检察官、监察官、警察还是律师都以实施法律作为自己的工作内容。作为法官来说，日常的工作就是审判工作，审判案件的依据就是法律。检察官以监督法律实施尤其是以依法控诉犯罪，保障法律实施作为自己的使命。监察官以行使国家监察权为己任。以作为律师来说，无论是作为民事案件的代理人或者是刑事案件的辩护人，或者是非诉讼法律事务的服务者，其宗旨都是通过提供法律服务，确保当事人的合法权益，促进法律的良好实施。法官、检察官、监察官、警察、律师的一切职业工作都是以法律为工具和目标的。法律职业具有排他的工作属性。一般地说，法律人都以法律为专业。但法律职业人士所从事的、与法律无关的工作，就不属于法律职业的内容。

二、经过严格的法律专业训练

法律职业都以必要的法律专业训练作为前提。法律职业是极为专门化的职业，并不是由一般的公民或者社会成员随意担任的。有学者将法律职业中的法官和律师比喻为社会的医生，说“法官与律师——通过共同努力而使争议得到公平合理的裁决——就是在执行社会医生的任务。如果一个纠纷根本得不到解决，那么社会机体上就可能产生溃烂的伤口；如果此纠纷是以不适当的和不公正的方式解决的，那么社会机体上就会留下一个创伤，而且这种创伤的增多，又有可能严重危及人们对令人满意的社会秩序的维护”。[1]　这一比喻极好地说明了对于法律职业

---

〔1〕［美］E. 博登海默：《法理学：法律哲学与法律方法》，邓正来译，中国政法大学出版社1999年版，第505页。

人特别的专业要求。因为任何医生都必须经过严格的专业训练。就法律职业来说,没有足够的专业修养和素养的人是无法承担的。正是因此,世界上的绝大多数国家都对法律职业人有严格的职业训练要求。法律职业的专业培训是其任职的前提条件。法律事关人们的利害得失,事关社会的稳定发展,事关人间的公平正义。因此,在漫长的历史发展中,各国都对法律职业提出了严格的专业训练要求,并且现在依然坚守并不断完善着这种要求。这是法律职业性质所决定和所要求的。

三、具有较高的法律专业技能

法律职业是一种专业化的工作,就必然要求其从业者具有较高的专业技能。法律职业人在理解法律和运用法律上缺乏技术、技巧和能力,就必然会影响他对法律的实施。值得注意的是,专业技能的获得一定要经过严格的职业训练。对于法律职业人士任职条件的特别要求,是其工作能力的基本保证,也是社会大众的普遍要求,是由其职业的特殊性质所决定的,是不可忽略的。

四、拥有良好的法律道德修养

良好的法律道德修养首先是指个人道德品质。法律职业具有特别的道德要求。这种道德要求,首先是对个人的。法律职业人士要有良好的个人品德。个人道德低下者必然无法主张社会公正。良好的道德修养首先是指其自身应具有良好的道德观念,其次是指具有良好的道德判别能力,再次是指能用良好的道德观念引导自己的法律职业工作。法律职业的特殊性质要求法律职业人具有并运用其判别是与非、公与私、善与恶、正与邪的道德能力。这种能力还不仅是个人品格问题,没有它的保证,就无法完成职业任务,无法实现职业使命。

五、通过特定的专业资格认定

法律职业是受人尊敬和令人羡慕的。它崇高的社会地位和丰厚的薪酬收入都令人神往。尤其是它所担负的神圣职责,是社会所必需而极为重要的。其工作者必须具有特定的专业知识和良好的道德品格。对于法律职业的从业者,应该有从知识要求着眼的严格的资格认定。世界上许多国家都为本国法官、检察官、律师等的任职资格确立了确认制度。其中包括必要的资格考试制度、资格确认标准与资格确认程序。在法治发展的进程中,相应的资格认定制度逐步得以确立和完善,已经成为我国法律职业建设的重要环节与有力措施。

第二节　法律职业资格

法律职业的任职资格是由多个方面构成的。一般都会有学历要求、考试要求和品行要求。学历要求是考试要求、品行要求的基础。但事实上学历要求是最为客观的，它有确定的衡定标准。除此之外，考试就是最为重要的，它是实质上的前置程序。如果没有通过考试，其他各项认定都无法相继进行。

一、国家法律职业的资格考试

关于如何获得法律职业资格，各国有不同的制度规定，世界上许多国家都为此设立了专门的考试制度。美国设立了专门的律师资格考试，只有被律师协会认可的法学院的毕业生才有资格参加考试。律师和检察官都需要通过律师资格考试才能担任。由于只有担任了一定期间律师或检察官职位的人才能出任法官，因此，律师资格考试实际上也是法官任职的前置考试。日本和德国则将法官、检察官和律师的考试三者同一，对他们实行同考同训制度。

中国现行的法律职业资格考试制度，源自律师资格考试制度的启动。1986 年，我国首开律师资格考试，从而开始了对法律职业资格考试制度的探索。随后，启动了"初任法官资格考试"和"初任检察官资格考试"。2001 年 10 月，最高人民法院、最高人民检察院、司法部发布了《国家司法考试实施办法（试行）》，将法官、检察官和律师的职业资格考试统一其中，从 2002 年 1 月 1 日开始实施。2015 年 12 月，中共中央办公厅、国务院办公厅印发了《关于完善国家统一法律职业资格制度的意见》，提出了完善国家统一法律职业资格制度的目标任务和重要举措，据此建立全国统一的法律职业资格考试制度。2018 年 4 月，司法部公布了《国家统一法律职业资格考试实施办法》，并从公布之日起施行。简单地说，国家统一法律职业资格考试是我国司法部依据《法官法》《检察官法》《公务员法》《律师法》《公证法》《仲裁法》《行政复议法》《行政处罚法》及有关规定设立的职业证书考试。这一考试制度，从 2018 年开始试行。从此，法律职业资格考试进入了新的历史时期。

根据相关规定，国家统一法律职业资格考试是国家统一组织的选拔合格法律职业人才的国家考试。初任法官、初任检察官，申请律师执业、公证员执业和初次担任法律类仲裁员，以及行政机关中初次从事行政处罚决定审核、行政复议、行政裁决、法律顾问的公务员，应当通过国家统一法律职业资格考试，取得法律职业资格。国家统一法律职业资格考试坚持依法、公平、公正原则。司法部会同最高人民法院、最高人民检察院等有关部门、单位组成国家统一法律职业资格考试协调委员会,就国家统一法律职业资格考试的重大事项进行协商。

国家统一法律职业资格考试由司法部负责实施。各省、自治区、直辖市司法行政机关明确专门机构,按照有关规定承办国家统一法律职业资格考试的考务等工作。设区的市级或者直辖市的区(县)司法行政机关,应当在上级司法行政机关的监督指导下,承担本辖区内的国家统一法律职业资格考试的考务等工作。

报名条件包括:第一,具有中华人民共和国国籍。第二,拥护中华人民共和国宪法,享有选举权和被选举权。第三,具有良好的政治、业务素质和道德品行。第四,具有完全民事行为能力。第五,具备全日制普通高等学校法学类本科学历并获得学士及以上学位;全日制普通高等学校非法学类本科及以上学历,并获得法律硕士、法学硕士及以上学位;全日制普通高等学校非法学类本科及以上学历并获得相应学位且从事法律工作满三年。

不得报名参加国家统一法律职业资格考试的情形包括:一是因故意犯罪受过刑事处罚的;二是曾被开除公职或者曾被吊销律师执业证书、公证员执业证书的;三是被吊销法律职业资格证书的;四是被给予二年内不得报名参加国家统一法律职业资格考试(国家司法考试)处理期限未满或者被给予终身不得报名参加国家统一法律职业资格考试(国家司法考试)处理的;五是因严重失信行为被国家有关单位确定为失信联合惩戒对象并纳入国家信用信息共享平台的;六是因其他情形被给予终身禁止从事法律职业处理的。

国家统一法律职业资格考试的具体考试时间和相关安排在举行考试三个月前向社会公布。实行全国统一命题。考试内容和命题范围以司法部当年公布的《国家统一法律职业资格考试大纲》为准。考试每年举行一次,分为客观题考试和主观题考试两部分,综合考查应试人员从事法律职业应当具有的政治素养、业务能力和职业伦理。应试人员客观题考试成绩合格的,方可参加主观题考试,客观题考试合格成绩在本年度和下一个考试年度内有效。国家统一法律职业资格考试实行纸笔考试或者计算机化考试。考试实行全国统一评卷,统一确定合格分数线,考试成绩及合格分数线由司法部公布。

参加国家统一法律职业资格考试成绩合格,按照规定程序申请授予法律职业资格,由司法部颁发法律职业资格证书。司法行政机关应当将取得法律职业资格人员的有关信息,录入国家法律职业资格管理系统,在司法部官方网站上公布。

国家统一法律职业资格考试的实施,可以在一定时期内,对艰苦边远和少数民族地区的应试人员,在报名学历条件、考试合格标准等方面适当放宽,对其取得的法律职业资格实行分别管理。在民族自治地方组织国家统一法律职业资格考试,应试人员可以使用民族语言文字进行考试。香港特别行政区、澳门特别行政区永久性居民中的中国公民和台湾地区居民参加国家统一法律职业资格考试,适用《国家统一法律职业资格考试实施办法》的规定。

二、法律职业的任职资格

法律职业的任职资格,在世界各国一般都有严格的法律规定,都会要求经过正规的法学教育,通过必要的资格考试,并加以正式确认。法律职业任职资格的特别要求是由法律职业的特殊性和国家、社会公众对法律职业的特别要求所决定的。在此,根据我国法官法、检察官法、监察官法、警察法、律师法等的有关规定予以简要介绍。

(一)法官任职资格

根据有关规定,在我国担任法官必须具备下列条件:具有中华人民共和国国籍;拥护中华人民共和国宪法,拥护中国共产党领导和社会主义制度;具有良好的政治、业务素质和道德品行;具有正常履行职责的身体条件;具备普通高等学校法学类本科学历并获得学士及以上学位;或者普通高等学校非法学类本科及以上学历并获得法律硕士、法学硕士及以上学位;或者普通高等学校非法学类本科及以上学历,获得其他相应学位,并具有法律专业知识;从事法律工作满五年。其中获得法律硕士、法学硕士学位,或者获得法学博士学位的,从事法律工作的年限可以分别放宽至四年、三年;初任法官应当通过国家统一法律职业资格考试取得法律职业资格。

不得担任法官的情形包括:因犯罪受过刑事处罚的;被开除公职的;被吊销律师、公证员执业证书或者被仲裁委员会除名的;有法律规定的其他情形的。

初任法官采用考试、考核的办法,按照德才兼备的标准,从具备法官条件的人员中择优提出人选。人民法院的院长应当具有法学专业知识和法律职业经历。副院长、审判委员会委员应当从法官、检察官或者其他具备法官条件的人员中产生。

人民法院可以根据审判工作需要,从律师或者法学教学、研究人员等从事法律职业的人员中公开选拔法官。

初任法官一般到基层人民法院任职。上级人民法院法官一般逐级遴选;最高人民法院和高级人民法院法官可以从下两级人民法院遴选。参加上级人民法院遴选的法官应当在下级人民法院担任法官一定年限,并具有遴选职位相关工作经历。[2]

(二)检察官任职资格

根据我国有关法律的规定,检察官任职资格主要包含以下基本内容。具体地说,必须具备下列条件:具有中华人民共和国国籍;拥护中华人民共和国宪法,拥护

〔2〕 参见《法官法》的有关规定。

中国共产党领导和社会主义制度;具有良好的政治、业务素质和道德品行;具有正常履行职责的身体条件;具备普通高等学校法学类本科学历并获得学士及以上学位;或者普通高等学校非法学类本科及以上学历并获得法律硕士、法学硕士及以上学位;或者普通高等学校非法学类本科及以上学历,获得其他相应学位,并具有法律专业知识;从事法律工作满五年。其中获得法律硕士、法学硕士学位,或者获得法学博士学位的,从事法律工作的年限可以分别放宽至四年、三年;初任检察官应当通过国家统一法律职业资格考试取得法律职业资格。

具有下列情形的人员不得担任检察官:因犯罪受过刑事处罚的;被开除公职的;被吊销律师、公证员执业证书或者被仲裁委员会除名的;有法律规定的其他情形的。

初任检察官采用考试、考核的办法,按照德才兼备的标准,从具备检察官条件的人员中择优提出人选。人民检察院的检察长应当具有法学专业知识和法律职业经历。副检察长、检察委员会委员应当从检察官、法官或者其他具备检察官条件的人员中产生。

人民检察院可以根据检察工作需要,从律师或者法学教学、研究人员等从事法律职业的人员中公开选拔检察官。

初任检察官一般到基层人民检察院任职。上级人民检察院检察官一般逐级遴选;最高人民检察院和省级人民检察院检察官可以从下两级人民检察院遴选。参加上级人民检察院遴选的检察官应当在下级人民检察院担任检察官一定年限,并具有遴选职位相关工作经历。[3]

(三)监察官的任职资格

根据我国有关法律规定的精神,担任监察官应当具备的主要条件有以下几个方面:一是具有中华人民共和国国籍;二是忠于宪法,拥护中国共产党领导和社会主义制度;三是具有良好的政治素质、道德品行和廉洁作风;四是具备运用法律、法规、政策实施监督、调查、处置等能力;五是具有正常履行职责的身体条件和心理素质;六是具备普通高等学校本科及以上学历,以及法律规定的其他条件。

但有下列情形之一的,不得担任监察官:第一,因犯罪受过刑事处罚,以及因犯罪情节轻微被人民检察院依法作出不起诉决定或者被人民法院依法免予刑事处罚的;第二,被撤销中国共产党党内职务、留党察看、开除党籍的;第三,被撤职或者开除公职的;第四,被依法列为失信联合惩戒对象的;第五,配偶已移居国(境)外,或者没有配偶但是子女均已移居国(境)外的;第六,法律规定的其他情形。

此外,监察委员会根据监察工作需要,按照规定程序,可以从中国共产党机关、

---

〔3〕 参见《检察官法》的有关规定。

国家机关、事业单位、国有企业等机关、单位从事公务的人员中选择符合任职条件的人员担任监察官；可以根据监察工作需要，在从事与监察机关职能职责相关的职业或者教学、研究的人员中选拔或聘任符合任职条件的人员担任监察官。

（四）警察任职资格

在我国，担任人民警察应当具备的条件包括：年满18岁的公民；拥护中华人民共和国宪法；有良好的政治、业务素质和良好的品行；身体健康；具有高中毕业以上文化程度；自愿从事人民警察工作。但曾因犯罪受过刑事处罚的，曾被开除公职的，不得担任人民警察职务。录用人民警察，必须按照国家规定，公开考试，严格考核，择优选用。

担任人民警察领导职务的人员，应当具有法律专业知识，政法工作经验和一定的组织管理、指挥能力，大学专科以上学历，经人民警察院校培训，考试合格。[4]

（五）律师任职资格

根据我国法律的规定，申请律师执业，应当具备下列条件：拥护中华人民共和国宪法；通过国家统一法律职业资格考试取得法律职业资格；在律师事务所实习满一年；品行良好。在实行国家统一法律职业资格考试前取得的国家统一司法考试合格证书、律师资格凭证，与国家统一法律职业资格证书具有同等效力。

申请人有下列情形之一的，不予颁发律师执业证书：一是无民事行为能力或者限制民事行为能力的；二是受过刑事处罚的，但过失犯罪的除外；三是被开除公职或者被吊销律师、公证员执业证书的。

公务员不得兼任执业律师。律师担任各级人民代表大会常务委员会组成人员的，任职期间不得从事诉讼代理或者辩护业务。在高等院校、科研机构中从事法学教育、研究工作的人员，符合规定条件，经所在单位同意的，依照规定程序，可以申请兼职律师执业。没有取得律师执业证书的人员，不得以律师名义从事法律服务业务。[5]

三、法律职业的品行资格

品行资格是各国在法律职业任职标准中必须要求的。美国的律师任职资格之中就明确提出学历、考试和品行的三项要求。我国国家统一法律职业资格考试的报名条件中就道德品行的要求，我国法官法、检察官法、监察官法、警察法中都有相应的道德品行要求。

---

〔4〕 参见《人民警察法》的有关规定。

〔5〕 参见《律师法》的有关规定。

法律职业的品行资格并不是要求每一个申请任职者都达到道德典范的标准,而是指他们中的任何人不能低于某些特定的道德底线。如果跌破道德底线就将被视为不可录用者而被拒之门外。这种品行要求只是申请任职者的入门要求,在进入法律职业群体以后,他们还必须遵守这个职业群体和所在组织的职业伦理要求,否则就可能因为违纪违法而被处罚,甚至被革除相应职务与岗位。这也就是下一节所要讲述的法律职业伦理。

综上所述,我们所学习的只是制度意义上的任职资格要求。其实,社会、时代、人民对于法律人具有更多超乎制度的任职资格期待。作为未来的法律人,自己也许应该有更多的期许。身负着父辈、先祖乃至社会公众的寄望,前路漫漫,何以能胜任法律人的使命并使自己的人生因此而获得应有意义,是每一个未来法律人都应思考的问题。我们必须全方位准备自己,确立并牢记可以终生坚守的初心,滋养此生,无怨无悔。

第三节　法律职业伦理

法律职业伦理也可以称为法律职业道德,是政治、社会、时代对法律职业从业者所提出的道德要求。法律的职业伦理与一般社会伦理不同,它有出自职业属性与特征的特别要求。作为法律职业从业者,必须将伦理要求放到极为重要的位置。在其整个伦理要求中,良知是最不可缺少,也是最必须苛求的。一个具有良知的法律人,还必须将自己的良知体现出来。良知与良能是法律人必须具有的两大秉性。没有良知,也很难说其具有良能。法律人具有良知还只是基点,将良知与良能在自己的职业中体现出来才是最根本的。只有良知与良能同在,法律人才能体现出自己应有的价值,体现出自己人生的意义。

一、法官职业伦理

法官作为一个特殊的职业群体当然有自己的道德要求。千百年来,法官积淀了自己的文化,锻造了自己的伦理规则。法官职业伦理成为其普适而经典的规范。

最高人民法院于 2001 年 10 月 18 日发布了《法官职业道德基本准则》,又于 2010 年 12 月 6 日加以修订。最高人民法院在重新印发《法官职业道德基本准则》的通知中,要求各省、自治区、直辖市高级人民法院,解放军军事法院,新疆维吾尔自治区高级人民法院生产建设兵团分院,认真贯彻执行。该准则制定的目的在于加强法官职业道德建设,保证法官正确履行法律赋予的职责。该准则的总则规定,法官职业道德的核心是公正、廉洁、为民;基本要求是忠诚司法事业、保证司法公正、确保司法廉洁、坚持司法为民、维护司法形象,并要求法官自觉遵守法官职业道德,在本职工作和业外活动中严格要求自己,维护人民法院形象和司法公信力。法官的职业道德的具体内容包括:

(一)忠诚司法事业

法官要牢固树立社会主义法治理念,忠于党、忠于国家、忠于人民、忠于法律,做中国特色社会主义事业建设者和捍卫者。坚持和维护中国特色社会主义司法制度,认真贯彻落实依法治国基本方略,尊崇和信仰法律,模范遵守法律,严格执行法律,自觉维护法律的权威和尊严。热爱司法事业,珍惜法官荣誉,坚持职业操守,恪守法官良知,牢固树立司法核心价值观,以维护社会公平正义为己任,认真履行法官职责。维护国家利益,遵守政治纪律,保守国家秘密和审判工作秘密,不从事或参与有损国家利益和司法权威的活动,不发表有损国家利益和司法权威的言论。

(二)保证司法公正

法官应坚持和维护人民法院依法独立行使审判权的原则,客观公正审理案件,在审判活动中独立思考、自主判断,敢于坚持原则,不受任何行政机关、社会团体和个人的干涉,不受权势、人情等因素的影响。坚持以事实为根据,以法律为准绳,努力查明案件事实,准确把握法律精神,正确适用法律,合理行使裁量权,避免主观臆断、超越职权、滥用职权,确保案件裁判结果公平公正。牢固树立程序意识,坚持实体公正与程序公正并重,严格按照法定程序执法办案,充分保障当事人和其他诉讼参与人的诉讼权利,避免执法办案中的随意行为。严格遵守法定办案时限,提高审判执行效率,及时化解纠纷,注重节约司法资源,杜绝玩忽职守、拖延办案等行为。认真贯彻司法公开原则,尊重人民群众的知情权,自觉接受法律监督和社会监督,同时避免司法审判受到外界的不当影响。自觉遵守司法回避制度,审理案件保持中立公正的立场,平等对待当事人和其他诉讼参与人,不偏袒或歧视任何一方当事人,不私自单独会见当事人及其代理人、辩护人。尊重其他法官对审判职权的依法行使,除履行工作职责或者通过正当程序外,不过问、不干预、不评论其他法官正在审理的案件。

(三)确保司法廉洁

法官应树立正确的权力观、地位观、利益观,坚持自重、自省、自警、自励,坚守廉洁底线,依法正确行使审判权、执行权,杜绝以权谋私、贪赃枉法行为。严格遵守廉洁司法规定,不接受案件当事人及相关人员的请客送礼,不利用职务便利或者法官身份谋取不正当利益,不违反规定与当事人或者其他诉讼参与人进行不正当交往,不在执法办案中徇私舞弊。不从事或者参与营利性的经营活动,不在企业及其他营利性组织中兼任法律顾问等职务,不就未决案件或者再审案件给当事人及其他诉讼参与人提供咨询意见。妥善处理个人和家庭事务,不利用法官身份寻求特殊利益。按规定如实报告个人有关事项,教育督促家庭成员不利用法官的职权、地位谋取不正当利益。

(四)坚持司法为民

法官应牢固树立以人为本、司法为民的理念,强化群众观念,重视群众诉求,关注群众感受,自觉维护人民群众的合法权益。注重发挥司法的能动作用,积极寻求有利于案结事了的纠纷解决办法,努力实现法律效果与社会效果的统一。认真执行司法便民规定,努力为当事人和其他诉讼参与人提供必要的诉讼便利,尽可能降低其诉讼成本。尊重当事人和其他诉讼参与人的人格尊严,避免盛气凌人、"冷硬横推"等不良作风;尊重律师,依法保障律师参与诉讼活动的权利。

(五)维护司法形象

法官应坚持学习,精研业务,忠于职守,秉公办案,惩恶扬善,弘扬正义,保持昂扬的精神状态和良好的职业操守。坚持文明司法,遵守司法礼仪,在履行职责过程中行为规范、着装得体、语言文明、态度平和,保持良好的职业修养和司法作风。加强自身修养,培育高尚道德操守和健康生活情趣,杜绝与法官职业形象不相称、与法官职业道德相违背的不良嗜好和行为,遵守社会公德和家庭美德,维护良好的个人声誉。法官退休后应当遵守国家相关规定,不利用自己的原有身份和便利条件过问、干预执法办案,避免因个人不当言行对法官职业形象造成不良影响。

二、检察官职业伦理

2009 年 9 月最高人民检察院发布了《检察官职业道德基本准则(试行)》,2016 年 11 月,最高人民检察院发布了《检察官职业道德基本准则》,同时要求全体检察官遵照执行,检察辅助人员参照执行。内容为五条:

第 1 条为坚持忠诚品格,永葆政治本色。

第 2 条为坚持为民宗旨,保障人民权益。

第 3 条为坚持担当精神,强化法律监督。

第 4 条为坚持公正理念,维护法制统一。

第 5 条为坚持廉洁操守,自觉接受监督。

三、监察官职业伦理

监察人员是国家监察机关的工作人员,担负着极为重要的任务。正是因此,也对其职业伦理有着特别的要求。我国有关立法就明确要求,监察官的选用,必须坚持德才兼备、以德为先，坚持五湖四海、任人唯贤，坚持事业为上、公道正派，突出政治标准，注重工作实绩。具体来说，其职业的伦理要求，至少包括：首先，必须具有良好的政治素质。其次，必须具有忠诚、干净、担当的品格要求。再次，必须模范遵守宪法和法律，忠于职守、秉公执法，清正廉洁、保守秘密。最后，必须熟悉监察业务，具备运用法律、法规、政策和调查取证等能力，自觉接受监督。法律对监察官在政治、品格、法治、业务方面的要求，也充分体现着对于他们特定的职业伦理要求。

四、警察职业伦理

根据《人民警察法》第 20 条的规定，人民警察必须做到：秉公执法，办事公道；模范遵守社会公德；礼貌待人，文明执勤；尊重人民群众的风俗习惯。根据这一法律要求，有关部门制定了人民警察职业道德规范要求，其基本内容是：

忠诚可靠：听党指挥，热爱人民，忠于法律。

秉公执法：事实为据，秉持公正，惩恶扬善。

英勇善战：坚忍不拔，机智果敢，崇尚荣誉。

热诚服务：情系民生，服务社会，热情周到。

文明理性：理性平和，文明礼貌，诚信友善。

严守纪律：遵章守纪，保守秘密，令行禁止。

爱岗敬业：恪尽职守，勤学善思，精益求精。

甘于奉献：任劳任怨，顾全大局，献身使命。

清正廉洁：艰苦朴素，情趣健康，克己奉公。

团结协作：精诚合作，勇于担当，积极向上。

五、律师职业伦理

1993 年司法部发布了《律师职业道德和执业纪律规范》，此后司法部又于 2014 年 5 月印发了《司法部关于进一步加强律师职业道德建设的意见》。为贯彻落实司法部意见，促进律师依法规范诚信执业，中华全国律师协会于 2014 年 6 月制定了《律师职业道德基本准则》。此外，中华全国律师协会 2004 年制定了《律师执业行为规范（试行）》，在 2009 年、2011 年、2017 年进行了三次修订。综观有关文件，对律师界职业道德的基本要求包括：

第一，坚定中国特色社会主义理想信念，坚持中国特色社会主义律师制度的本质属性，拥护党的领导，拥护社会主义制度，自觉维护宪法和法律尊严。

第二，始终把执业为民作为根本宗旨，全心全意为人民群众服务，通过执业活动努力维护人民群众的根本利益，维护公民、法人和其他组织的合法权益。认真履行法律援助义务，积极参加社会公益活动，自觉承担社会责任。

第三，坚定法治信仰，牢固树立法治意识，模范遵守宪法和法律，切实维护宪法和法律尊严。在执业中坚持以事实为根据,以法律为准绳,严格依法履责,尊重司法权威,遵守诉讼规则和法庭纪律,与司法人员建立良性互动关系,维护法律正确实施,促进司法公正。

第四,把维护公平正义作为核心价值追求,为当事人提供勤勉尽责、优质高效的法律服务,努力维护当事人合法权益。引导当事人依法理性维权,维护社会大局稳定。依法充分履行辩护或代理职责,促进案件依法、公正解决。

第五,牢固树立诚信意识,自觉遵守执业行为规范,在执业中恪尽职守、诚实守信、勤勉尽责、严格自律。积极履行合同约定义务和法定义务,维护委托人合法权益,保守在执业活动中知悉的国家机密、商业秘密和个人隐私。

第六,热爱律师职业,珍惜律师荣誉,树立正确的执业理念,不断提高专业素质和执业水平,注重陶冶个人品行和道德情操,忠于职守,爱岗敬业,尊重同行,维护律师的个人声誉和律师行业形象。

思考题

1. 法律职业有哪些特征?
2. 法官、检察官需怎样的任职资格?
3. 监察官需怎样的任职资格?
4. 警察需怎样的任职资格?
5. 律师需怎样的任职资格?
6. 法官职业伦理的基本要求。
7. 检察官职业伦理的基本要求。
8. 监察官职业伦理的基本要求。
9. 警察职业伦理的基本要求。
10. 律师职业伦理的基本要求。

重要名词索引*

（以字母为序）

* 此处页码为该名词首次释义出现的页码。

初版后记

这部教材是写给法学专业大学一年级同学的。它可以作为他们进入法学殿堂的登堂入室之阶梯，可以为他们对于法学其他课程的学习奠定最基本的法律与法学知识基础，它将与其他法学课程，以及在高年级开设的法理学相呼应，首尾贯通，构成“法学导论”入门引导、“法学部门”分类学习与“法理学科”理论深化的完整体系与过程。

这部教材也是写给非法学专业的同学的。如果他们能将其前置于现有法学概论或法学通论的课程与教材之前并与之相配套，相信它是一个不错的入门引导，可以为同学们对于法学课程的学习和以后对于法律的自学奠定最基本的知识基础。

这部教材还是写给法学院外的法律或法学爱好者的。它可以成为他们了解法律与法学的指南，使他们能够对博大精深的法学一窥堂奥，作一管窥，由此开始他们对于法律与法学的关注。

这部教材是写给领导干部们的。相信其中最基本的法律知识可以为领导干部开启学习法律、了解法学的大门，可以使他们对法律和法学予以更多的关注，并使其法律意识因此而得以提升，为他们对于法律和法学的学习进行必要的知识准备。

我从 1984 年在西南政法大学留校任教到现在，已经二十多年了。在二十多年的岁月里，我几乎没有离开过法学教育的课堂。从法学基础理论教学到法理学教学，再到法学导论与法理学并行的教学，在这些模式中不断递进式转换。其间，积累了大量的教学心得，主编、副主编、参加编写了多部相应的高校教材。

在诸多的教学活动与教材写作中，最令我无法忘却的是在西南政法大学工作的时候，我与我的朋友和同事们共同进行的将既有的法理学课程一分为二，在大学一年级开设法学导论，在大学三、四年级开设法理学的课程改革，以及与之相应的教材编写。我主编了由法律出版社出版的相应教材即在 1998 年出版的《法学导论》和 1999 年出版的《法理学》。这两部教材出版后得到了法学界的积极响应，十年间出版了四版之多，众多高校甚至一些著名大学的法学院也选用了这套教材的全部或者其中的一部。2003 年，我根据组织决定调入中共中央党校政法部任教，继续着以法理学为中心的教学工作。很欣喜地看到西南政法大学法理学科，在法学导论与法理学教学模式基础上又迈出了新的步伐，推出了新的教材并早已再版。

多年以来，一个几乎无法实现的心愿一直在我的心头激荡，就是个人独立写作一部高校法学教材。2006 年，法律出版社邀请我撰写《法学导论》和《法理学》的教材提纲，向国家教育部申报“普通高等教育‘十一五’国家级规划教材”。幸运的是以我个人名义撰写的《法学导论》的提纲出乎意料地被选中了。由此,不能不感谢法律出版社教育分社的丁小宣、张德军等同志,以及那些匿名的评委们。

由于前述我主编的四版《法理学》和《法学导论》教材,其提纲是由我提出并主持讨论确定的,编写中又是由我修改定稿的,因此,本书不可避免地带有那两部著作的痕迹。这既是无法避免的,也是我心之所愿。考虑到教材所讲述的大量内容都应当是学科领域内的公共知识,因此,对于其他教材的借鉴,不仅是难免的,甚至是必需的。为此,我要真诚地向此前与我共同编写《法学导论》和《法理学》的同事和朋友们,向一切给我这一写作以启示的学界同人,表示最衷心的感谢!附带还需要说明的是,由于这部教材是以传授基本知识为使命的入门引导,为了保证论述的准确性,一些权威性的资讯如教育部核心课程设置问题,法官、检察官、律师职业伦理规范,都大胆采用了官方文件资料。

在这里还得衷心感谢我指导的博士研究生张金来同学。在本书初稿完成后,我嘱其通改一遍文字。他做了极为认真的工作,修正了我原稿中的不少错漏,在此深表谢意!最后还要衷心地感谢本书的责任编辑朱荃女士。虽未谋面,但是她的催促一定是我必须尽快完成该教材的最经常的压力。

卓泽渊

2007 年 3 月 28 日

再版后记

自2007年初版以来，该书得到了众多老师、同学、领导厚爱，一再重印，成为同类著作中的领先者。及至2014年春天，法律出版社负责拙著的陈慧编辑，根据教育分社丁小宣社长的意见，多次与我商讨何以修订，使我深受感动，也被深深鼓舞。于是，我开始了具体的修订工作。

这次修订意在使该教材更加科学而经典。具体来说，力求用语更为准确、定义更为精当、表述更为明晰、观点更为公允、论述更为学理，对一些不恰当的文字和阐释予以坚决修正。根据中国法制建设的发展尤其是法治中国建设的推进、法学理论的进步和本人学术认知的变化，对教材作一次全面的更新，增加了若干图示和章末思考题。

在修订即将完成之际，我要真诚地向小宣社长、陈慧女士表达最深切的谢意。是他们的帮助成为我修订的动力。我还要真诚地期待，使用这一教材的老师、同学和领导们，给我提出进一步修正的意见与建议，以使之臻于完善。

卓泽渊

2014年5月6日于中央党校南院(自得园)

第三版后记

在2021年春夏,根据出版社同志的建议,我对该书第二版进行了全面修订,形成了现在读者手中的第三版。本次修订是全面的,对此前的疏漏进行了补正,尤其是对与现实联系十分紧密的部分,诸如各法律职业的任职资格、职业伦理等,进行了完善和更新。对于一些在以前看来无关宏旨的用语,进行了与时俱进的修订。诸如,尽我所能地将国家和社会"管理"修改为"治理",将法律行为"调控"修改为"调整"等,其中都蕴含和体现着作者的思虑。就在本书修订前,根据本书第二版翻译的藏文版即将出版,希望有关译者能够及时跟进,适当时候依此第三版作出修订。每一次的修订,都是作者严肃的自我审视与坚决的自我批判,久久的内疚与深深的期待总是在心头萦绕。但愿这一版使我遗憾更少,期冀更多。

修订完第三版,静坐沉思,浮想联翩。本书也许过度注重知识甚至是技术的讲授,这是本课程应该担任的使命。但这显然是不够的,而且是严重不够的。教育的目的并非只是知识传授,只有借助知识并超越知识的价值观引导才能达成崇高的教育目标。我衷心希望使用本教材的同行,能够在教学过程中超越本书的知识层面,更多立足课程内容,关注对学生的人性启迪、人生引导、人格塑造、人品修炼,使每一位同学或许能因本课程而免于堕落与自弃,能有更美好的人生,能为彰显自己的人生价值、实现自己的崇高理想而孜孜以求。

卓泽渊

2021年5月

附录:卓泽渊主要著作

书名	出版单位	出版时间
我们与世界	商务印书馆	2020 年 10 月
法治期待	法律出版社	2019 年 8 月
法政讲堂	法律出版社	2019 年 8 月
法之言说	法律出版社	2019 年 8 月
法眼园窥	法律出版社	2019 年 8 月
中国的法治之路	外文出版社	2018 年 11 月
Rule of law in China	中国国际出版社集团	2018 年 11 月
法的价值论(第三版)	法律出版社	2018 年 1 月
法的价值论(第二版)	法律出版社	2006 年 8 月
法的价值论	法律出版社	1999 年 7 月
法的价值总论	人民出版社	2001 年 9 月
法律价值	重庆大学出版社	1994 年 9 月
法政治学研究(第三版)	法律出版社	2018 年 1 月
法政治学研究(第二版)	法律出版社	2008 年 1 月
法政治学	法律出版社	2005 年 3 月
法治国家论(第四版)	法律出版社	2018 年 1 月
法治国家论(第三版)	法律出版社	2008 年 1 月
法治国家论(第二版)	法律出版社	2004 年 7 月
法治国家论	法律出版社	2003 年 9 月
法治国家	中国方正出版社	2001 年 12 月
法理学(第二版)	法律出版社	2016 年 2 月
法理学	法律出版社	2009 年 7 月
法学导论(第二版)	法律出版社	2014 年 8 月
法学导论	法律出版社	2007 年 9 月
法治泛论	法律出版社	2001 年 6 月

图书在版编目(CIP)数据

法学导论 / 卓泽渊著. -- 3版. -- 北京 : 法律出版社, 2021(2025.7重印)
ISBN 978-7-5197-5770-0

Ⅰ. ①法… Ⅱ. ①卓… Ⅲ. ①法学－高等学校－教材 Ⅳ. ①D90

中国版本图书馆CIP数据核字(2021)第145129号

法学导论(第三版)
FAXUE DAOLUN
(DI-SAN BAN)

卓泽渊 著

责任编辑 陈 慧
装帧设计 乔智炜

出版发行 法律出版社
编辑统筹 法律教育出版分社
责任校对 王晓萍 王语童
责任印制 刘晓伟
经　　销 新华书店

开本 787毫米×1092毫米 1/16
印张 18.25 **字数** 343千
版本 2021年8月第3版
印次 2025年7月第5次印刷
印刷 三河市兴达印务有限公司

地址:北京市丰台区莲花池西里7号(100073)
网址:www.lawpress.com.cn
投稿邮箱:info@lawpress.com.cn
举报盗版邮箱:jbwq@lawpress.com.cn

销售电话:010-83938349
客服电话:010-83938350
咨询电话:010-63939796

书号:ISBN 978-7-5197-5770-0
定价:39.00元

凡购买本社图书,如有印装错误,我社负责退换。电话:010-83938349